壓力是健康無形的殺手！
讓您身心恢復元氣的減壓大作戰！

減壓平衡生活

宇琦、魯直　編著

序文

光怪陸離的都市生活，有那麼一群人以寫字樓（辦公室）爲家，在那裏，他們以不懈的努力向人們證實自己對於夢想的執著追求。寫字樓，無情的鋼筋水泥混凝土的建築物，承載著這樣一群光輝的理想。他們是我們眼中生活色彩最爲絢麗的人群，他們是許多人仰起脖子去仰望和追求的目標。他們的衣著常常被人談論，他們的舉止常常被人效仿，他們的故事被鍍上金邊，他們的辛勞卻無人理會。

這群人被命名爲「白領」，靠著智慧的頭腦穿梭於都市叢林之間。清晨，他們最早迎接朝陽；午夜，他們踏著月光回家。一天24個小時，卻還常常顯得不夠用。

現代人的壓力是雙重的。在生活中，我們不僅在精神上要承受壓力，在身體方面也承受壓力，有壓力未必是一件壞事，適當的壓力可以激發人的潛能。但是，誰能控制好壓力的強度呢?所以，更多的人在忙碌的工作中，於不經意間，給自己施加了過於沉重的壓力，就像給自己的身體和心靈銬上了沉重的枷鎖。

然而，壓力太大了，會給自己造成怎樣的困擾呢？有的人會變得消沉，有的人會失去信心，有的人還會因此而對身邊的人造成傷害。總之，這些都是壓力失控，開始向你發飆的表現……

許多的疾病就是在你稍不留心的時候，悄悄地潛入你的身體內。爲了能更好好地在工作中實現自己的人生追求，身體是一切的原動力。許多的疾病在你的體內形成之前，都會以各種各樣的形式，向你的大腦發送信號。利用這些紅色信號，將最壞的結果扼殺在萌芽之前。特別是許多職業都有自己所謂的「職業病」，在它向你進攻之前，就做好一切的防禦措施。所謂的機會是留給有準備的人，有準備的你，自然會隨時保持健康的良機。就如同在工作中，抓住了好時機。壓力可以無限的大，但我們也可以有自己的良方，來釋放它、來消除它……

沉重的壓力，不只是讓我們的精神飽受折磨，還會影響我們的鬥志與體魄。這時的我們，身體和心靈共同遇到了強而有力的對手，慌張也是無濟於事的。找到切實可行的解決途徑，才能讓身體和心靈都感到無比輕鬆。

只知道一味地管理壓力，並不能眞正的解決壓力問題，所以必須要學會緩解壓力，在壓力還不夠強大的時候，就驅散它們。這就要求自己主動地去尋找身體的解壓管道，時常關注自己，無論是精神還是身體，都會有一些小提示告訴你，壓力有多大了。讓心靈不再被沉重的肉身拖累，實現身心一起放鬆，壓力當然就不會是難題了。

本書就是針對「現代人如何減壓」而完成的，她不是教條式的提綱，也不是指導者的訓示，她是以您的心情，您的可能遭遇做考量，她建議您如何從身心方面做起，如何去改變自己——面對壓力、承受壓力以及駕馭壓力……

CONTENTS

第一章　釋放壓力：整頓心情是最好的解壓閥

在這個「速食」生活中，我們要承受沒完沒了的壓力，無法逃避。因此，面對壓力，我們首先要做到釋放壓力：給自己一個好情緒，從容面對壓力，讓疲憊的心靈充滿激情與活力！

第二章　控制壓力：平衡自我身心的祕訣

如果我們無法釋放壓力，那麼我們就做到盡可能控制壓力。

第三章　安撫壓力：別讓壓力向你發飆

如果壓力失控了，那麼我們還有一大法寶：管理壓力……

第四章　緩解壓力：身體與心靈共輕鬆

只知道一味地管理壓力，並不能真正解決壓力問題，所以必須要學會緩解壓力……

第五章　抗擊壓力：全方位總動員

兵法有云：「進攻是最好的防守。」解決壓力問題也是如此，學會與壓力對抗……

第六章　解放壓力：導引解壓，輕輕一按一身輕

壓力是雙重的！生活中，我們不僅在精神上要承受壓力，在身體方面也要承受壓力。消除了精神壓力等於治了標，要標本兼治，就必須解放身體。

第七章　警戒壓力：做自己的健康顧問

第一章

釋放壓力

——整頓心情是最好的解壓閥

光怪陸離的都市生活，有那麼一群人以寫字樓（辦公室）爲家，在那裏，他們以不懈的努力向人們證實自己對於夢想的執著追求。寫字樓，無情的鋼筋水泥混凝土的建築物，承載著這樣一群人光輝的理想。他們是我們眼中生活色彩最爲絢麗的人群，他們是許多人仰起脖子去仰望和追求的目標。他們的衣著常常被人談論，他們的舉止常常被人效仿，他們的故事被鍍上金邊，他們的辛勞卻無人理會。

這群人被命名爲「白領」，靠著智慧的頭腦穿梭於都市叢林之間。清晨，他們最早迎接朝陽；午夜，他們踏著月光回家。一天24個小時，卻還常常顯得不夠用。

當金融危機的鐘聲敲響時，這群占著極大社會比重的人，將又一次面臨激烈的職場爭鬥。像蝸牛一般，背負著重重的殼，仍然要一步一步地向前爬。

在這個「速食」式的時代生活中，我們要承受沒完沒了的壓力，無法逃避。因此，面對壓力，我們首先要做到釋放壓力：給自己一個好情緒，從容面對壓力，讓疲憊的心靈充滿激情與活力！

整頓心情，「捨」得更輕鬆

很多時候面對人生的選擇都會讓人無所適從，但又不想放棄其中的任何一方。本來就很壓抑的內心，因此而變得更加沉重。

我有一位朋友韓女士，是一家私人企業的老闆，近年來她開始出現焦慮、失眠、脫髮……後來常伴有月經失調的問題，每天都要靠安眠藥才能入睡。看了好幾位名醫，吃了許多藥也不管用。特別是公司面臨兼併，許多事情都必須她親力親爲。直到自己的身體每況愈下，時常感到力不從心時。於是她開始面對選擇的難題了，是繼續留守在生意場上，還是該「歇業」了？

但她又覺得生意人就是得抓住商機，錯過就意味著失去競爭力，那時你再想翻身有多困難啊！「管家、管孩子，我也想，我也知道自己欠他們的太多太多了，可我實在是不甘心拋棄我現在擁有的一切啊！」

可是看到自己的身體並不能隨著自己的意志長行此路，終於決定「歇業」回家，過自得其樂的安逸生活。現在連她自己就經常說：「有的時候我是把自己的『弦』繃得太緊了。壓力、競爭、勞累、焦慮這些經常與我結伴而行，從來就沒有輕鬆的時候。」

職場如戰場。很多人像韓女士這樣，經過拼搏，創下了自己的佳績。但是，正如時下流行的一句話——「出來混，遲早都是要還的」。

沒錯，許多的成功都是有代價的。適時地做出選擇，適當地放棄一些，就能讓自己活得輕鬆一點。

職場人最大的心病就是捨不得、放不下。然而，人生在世，有得有失。面對選擇的時候，一個不懂適時捨棄的人，就是一個迷惑、愚蠢、可歎的人，至少是一個不懂珍惜健康的人。在紛繁複雜的事業和生活中我們誰都免不了選擇，但是如何放棄，也需要掌握一些方法。

【減壓ＡＢＣ】學會放棄

一、放棄人生唯有金錢的想法　要活出輕鬆與幸福，必須學會發現與品嘗生活中的樂趣，哪怕是草莓的甜美、陽光的和煦，這樣簡簡單單的事物都會帶給你無限的美好情緒。當你爲了財富而晝夜難眠的時候，爲了地位而阿諛奉承的時候，不如多花點時間在朋友與親人身上，多花點時間在心靈陶冶上，要知道金錢不是人生的唯一追求，除金錢之外還有好多好多東西，值得你去珍惜與把握。

二、遠離憂鬱、悲觀，這些不利健康的想法　學會合理運動、充足睡眠、笑口常開，不僅有利於改善心情，而且對增強體質也大有裨益。相信經常如此，你定會對生活充滿熱情，對自己會更積極。

三、放棄積怨、憎恨，甚至是鉤心鬥角的想法　任何良好、持久的人際關係，都少不了一顆寬恕與感激的心。對曾經傷害與誤解過你的人，不如放下怒氣與怨氣，試一試多些溝通與交流。對於那個經常在背後講你壞話的同事，與其自己生怨氣，還不如主動調解一下你們的關係，讓對方知道你對她不會造成威脅，而且你也不是那種嫉惡如仇的人。下次當她換新衣服時，可以這樣的讚美——「你這件外套很配你的氣質，是在哪裡買的啊，眞有眼光！」寬恕是一種曠世的美德，相信當你把歡樂留給大家時，自己也會有個美麗心情！

四、有捨才有得　人常說付出才會有收穫，放棄一些自己無法承受的夢想，才會發現生活其實有很多可以把握的快樂。就像韓女士，雖然放棄了自己拼搏多年的事業，但獲得的是幸福的家庭生活。當初事業蒸蒸日上的時候，卻不能履行一個做母親的責任，照顧好自己的家人。如今，處於「休業」中，反而可以盡享天倫之樂。捨與得常常相伴隨著，魚和熊掌不可兼得的道理，在任何時候都是很適用的。

五、不做「貪婪的猴子」　從小就聽到的「撿了芝麻，丟了西瓜」的故事，長大後仍然會被現世的諸多誘惑吸引，想要的實在是太多。買了房子想買車，買了車又想換大房子，無休無止地追求下去，似乎永遠都不會有滿足的那一刻。身體奔波精神勞碌，其實值得我們的珍惜的，很多都在觸手可及的地方。

人生在世，房子、車子、位子，這些東西固然重要，但是一旦經歷過波折，就會發現往往有比它們更有意義的東西，值得我們去珍惜，該放棄時就要學會放棄。當然，放棄並不意味著失去，更不是失敗，而是另一種希望的誕生。這就像我們放棄了舊年，才會迎來嶄新的滿懷憧憬的新年；蝴蝶放棄了蛹殼，才會飛得更高、更遠……

∞換一種思考方式，壓力成動力

「壓力」這個詞產生於力學領域，它表示給物體施加力量從而使其變形。一根鋼尺，如果被壓彎，稍微一鬆，鋼尺就會恢復到原來的狀態。這是因爲鋼尺產生了一種對抗彎曲的反作用力。這種反作用力放在醫學和心理學領域內，就被稱爲「壓力」。

人的身體也可以承受住一定的壓力，並且在一定的範圍內，可以像鋼條一樣恢復原狀。然而，壓力過重，身體雖然暫時會適應環境，但身體的器官卻開始發生了異常反應，並最終會患上疾病。

壓力是客觀存在的，每個人都無法避免，有的時候，換一種思考方式來看待壓力，壓力也能變爲動力。那麼，如何才能通過調整自己的思維方式，來實現化壓力爲動力呢？還是有一些很實用的方法，您可以參考一下的。

【減壓ABC】化壓力爲動力

一、首先要冷靜客觀地看待壓力　在哪裡跌倒就要從哪裡爬起來，這個道理人人都懂。既然是敗在了壓力的手上，那也沒啥可怕的。我們要以正確的態度來面對不管是多麼沉重的壓力，而不是迴避和拒絕。我們還可以通過各種學習管道去認清壓力，獲取有關壓力的相關資訊。在獲得資訊後，就可以針對自己的情況，認眞體察自己的受壓狀況了。在接受這個壓力教育的過程中，每一個環節最好都是由受壓人自己積極主動地去完成。對自己進行壓力教育的過程，也是一個釋放壓力的過程，讓自己不再對壓力感到恐懼，而是正面、積極、主動地去迎接挑戰。

二、放棄一些、妥協一點，不再強迫自己做「超人」　壓力大，與自己對自己的逼迫有著相當密切的關係。每個人都會有承受不起的時候，承認自己扛不住，不是什麼可恥的事情。相反，在重壓之下，勉力而爲之，不僅是對自己的身體不負責，對於接手的工作，也不能保證其完成的品質。在自己所能承受的限度內，去完成自己力所能及的任務，更加有利於自己出色地發揮個人潛力。以退爲進，是兵家慣用的伎倆，在職場上，我們不妨換一種「進攻」的方式，「以守爲攻」既能讓自己減壓，也可以爲以後的戰鬥養精蓄銳，說不定，還能有意想不到的收穫。

三、與壓力做朋友　有這樣一則小故事，「在生命中，當一隻猛虎（壓力）接近你的時候，我們可以選擇轉身逃跑，但是這樣老虎很有可能咬到我們的屁股。我們可以對著老虎驚聲尖叫，而那樣我們的腦袋也可能會被咬掉。那麼我們不如保持鎮定，意守丹田，給老虎一個深情的擁抱！（大家知道，老虎也需要愛）當我們勇敢地去擁抱猛虎（壓力）的時候，我們會發現它（壓力）是一個強有力的盟友！」

把壓力當做是我們的朋友，是以一種逆轉的方式來改變壓力與我們的關係。這隻「老虎」在我們遇到挑戰的時候，可以是我們前進的動力也可以是我們前進的阻力。關鍵是轉換一下我們的慣性思維模式，主動去擁抱壓力，不要把所有的問題都怪罪在壓力的身上，一定會有別的原因導致我們行動受阻。換一種姿態去看待壓力，不僅心情會好許多，而且壓力也會與你成爲朋友，成爲你前進的動力源。

事實證明，能夠處理好與壓力的關係的人，往往會生活得豁達得多；反之，則會陷入各種各樣的心理隱患之中，難以自拔。天下所有的事情並非只有一個答案，採取彈性的思維方式，不要冥頑不靈，頓時就會有通透的感覺。就像我們只是換一種思考方式，就再也不會受到壓力的困擾了，何樂而不爲呢？

換種活法，世界其實很寬

小璐在公司做財務工作已經三年多了，三年的硬撐，給小璐帶來了一系列後遺症。偶爾不用加班，也沒有電話的時候，小璐會莫名其妙地無所適從，焦躁難安。當初是沒有時間去玩，現在突然會有一些空餘時間，卻發現自己不能適應了。

就像米蘭．昆德拉所說的，生命中不能承受之輕，突然生活從沉重變得稍微輕鬆一些，卻發現自己承受不起了。

小璐把自己的生活逼上了「梁山」，好像生活中除了工作就沒有別的事可以做了。結果，既沒時間陪家人，也沒時間談戀愛，年紀輕輕的卻被工作弄得整天愁眉苦臉的。由於長期以來高強度的工作，讓小璐養成了固定的生活模式，而小璐缺少的是變通，於是自然而然地就成了工作的奴隸，總是覺得眼前最重要的事情莫過於工作了。

活著，我們不得不讓自己與周遭的人、事、物融合在一起，但是我們不能把自己局限在某種不變的形象下，並且拒絕其他的出路，這無疑是作繭自縛。爲了理想孜孜不倦地去奮鬥是值得的，但是生活中，除了工作之外，還有很多很多值得欣賞的東西。老是把自己束縛在工作中，不去留意路邊風景的人，會錯失掉很多很寶貴的機會。要知道，世界還是很寬廣的，可以走的路很多，換種活法，就會有新的發現。

泰戈爾在《飛鳥集》中寫道：「休息之隸屬於工作，正如眼瞼之隸屬於眼睛。」「磨刀不誤砍柴工」，工作休閒完全可以搭配得當的，主要看自己願意不願意了。

【減壓ＡＢＣ】改變生活方式吧！

一、給自己一成不變的生活，安排一些小節目　像小璐這樣已經感覺到自己的諸多問題的人，完全可以隔三差五地給自己安排一個小節目，比如：雨中散步的愜意、週末郊遊的閒散、享受一頓浪漫的晚餐、與親人一起聊聊天、約幾個好友去逛街或是看電影，都是可以讓人從煩躁疲倦的工作中擺脫出來，也爲日後的工作養精蓄銳。

讓自己從單調的朝九晚五中解放出來，偶爾也去放放風。自然的風景會使人神清氣爽，戀人的肩膀可以讓人輕鬆，和好友一起瘋狂一把，也許會影響到平日的淑女或是紳士形象，但是試過才知道，不同的味道品嘗起來或許一樣的美好。

二、何妨不按牌理出牌　其實，生活中的變通還可以從一些日常生活的小事中著手，各種各樣的生活小習慣讓你養成了一成不變的生活模式，所以許多小細節也是不容忽視的。

一位教授在上心理諮詢課時聽到一位婦女說：「每當我丈夫擠牙膏從中間壓擠時，我就會發狂！每個人都知道，應該從尾巴向前面開口處擠嘛！」

事實上，重點不在於你應該如何擠牙膏，而在於如何把牙膏附著到牙刷上。只要把牙膏順利地附著到牙刷上了，經常換換擠牙膏的方法，也會給你早上刷牙帶來一些不同的樂趣啊，何必一定要認爲那是一種錯誤，必須糾正呢？

一位東方的哲學家就說過：「快樂的祕訣在於——停止堅持自己的主張。」

在開車上班的時候，挑一些不同的路走走，給自己換個新造型，將房子裏的家居換換佈置……做一些防止自己落入陳規陋習的新鮮事，都可以讓人從煩擾中解脫出來。

三、給自己「解禁」 感覺到身心俱疲的時候，還發現自己給自己制定的法則，仍然像緊箍咒一樣束縛著自己。一葉蔽目，不見天日的說法也許有些誇張，但是，事實是現在不給自己解禁還待何時呢？

心情不痛快了，還要用那些減肥計畫裏的條條框框限制著自己，這不能吃、那不能碰，不敢穿覺得上身效果不太理想，但又十分鍾情的連衣裙，不想破壞之前訂下的某些規矩，以免功敗垂成，不能……

有節制的生活是一種品質。偶爾需要來點小破壞，在「破壞」自己的節制中，感受「破壞」帶來的快感，從而彌補一下自己心理的創傷，找到平衡自己心理狀態的突破點，也是值得嘗試的一種途徑。沒有人可以一直以一種姿態生活下去，偶爾換一種方式，爲自己尋找一些新鮮的氣息。

生活中有太多太多的東西值得關注，也值得做出新的嘗試，對於年輕的未婚白領而言，並不是只有工作才能成爲生活的重心。如果你還在猶豫是否應該結束單身生活，不妨去試著改變一下，換種活法，世界其實很寬！

給心情塗上顏色

英國詩人威廉·費德說：「舒暢的心情是自己給予的，不要天眞地去奢望別人的賞賜。舒暢的心情是自己創造的，不要可憐地乞求別人的施捨。」

人的一生就像一趟旅行，路途中總會遇到一些坎坷泥濘，但也有數不盡的美景。如果一個人的心情始終是灰暗的，那麼生活必定變得悲觀消極；相反，如果給心情塗上一些顏色，讓它變得絢麗起來，那麼生活一定會變得積極美好。想保持舒暢的心情，擁有積極健康的生活，完全取決於自己的選擇。

有這樣一個故事：在一趟長途跋涉的火車上，火車因爲路遇故障停靠在一個臨時站點上，放眼望去，周遭幾乎看不到一個人影，只有一大片荒蕪的土地和山丘。在一個臥鋪車廂裏，大家都擠在一起埋怨火車的故障會給自己帶來多大的不便。只有一位先生始終保持著微笑坐在那裏靜靜地聽著，偶爾還會望向窗外哼起小調來，看上去顯得非常愉快。其他人埋怨久了也累了，於是大家都注意到這位舉止異常的先生，其中一位女士冷冷地，帶著諷刺的口吻開口問道：「這時候，你還樂個啥啊？」

那位自得其樂的先生，依然微笑地回答道：「我只是覺得埋怨也於事無補，並且相信工作人員很快就可以讓咱們起程了。火車遇到障礙的事情，也不常見，這種空曠的山谷比城市裏的空氣清新得多，還有咱們能有這樣共同的經歷也是一種緣分嘛。何必弄得自己悶悶不樂呢？不如咱們打打牌或者聊些開心的事兒，時間一會兒也就過去了。我只是把心情愉快當成一種習慣罷了！」因爲這位心情愉快的先生，車廂裏頓時活躍了起來，大家不再關注於火車障礙這件事，人多也很容易就找到樂子，大家都玩得不亦樂乎，而忘了火車早已經轟隆隆地奔馳著。

【減壓ＡＢＣ】生活也要和工作一樣積極

一、把愉快當做是一種習慣　一個把心情愉快當做習慣的人，不僅可以讓自己開心，也可以感染到身邊的人。不論是幸運還是不幸的事，人們心中習慣性的想法，往往佔有決定性的影響地位。有一位名人說：「窮苦人的日子都是愁苦；心中歡唱者，則常享豐筵。」習慣是生活的積累，人人都能創造出讓自己心情愉快的力量，人人都能化解生活中的煩惱。

清晨去上班，一路走去，將微笑掛在嘴邊。無論是你認識的、還是不認識的，都表現出你的善意。自己第一個走進電梯，爲後面進來的人按住電梯門，以免被電梯夾到。在爲自己倒水喝的時候，順便問一聲離自己最近的同事，「幫你帶一杯水？」這些微笑的生活細節，都能讓自己心情愉快，也能感染到身邊的人。

二、讓心靈一直懷抱著希望　憂愁總是由自己製造的，但希望可以幫助我們遠離煩惱，保持好的心情，也只有積極的人，才總是能看到希望。

古希臘之神普羅米修士爲人間盜取了天火之後，眾神之王宙斯不僅嚴懲了普羅米修士，還決定向人類進行報復。他讓美女潘朵拉帶著一個寶盒來到了人間，當這個寶盒被潘朵拉打開時，數不清的禍害從裏面飛了出來，佈滿塵世，而盒蓋重新蓋起來了，裏面就剩下一件東西，那就是「希望」。

又一次面對加班？爲什麼一直都無法擺脫加班的苦惱？加班其實就是和同事們一起並肩戰鬥，共闖難關，讓彼此覺得惺惺相惜。不僅可以增進情感的交流，也許還能讓兩個不是很熟的人成爲密友。生活中多了一個密友，也就多了一份色彩。懷抱著這份單純的希望，讓心情不再爲加班而黯淡。

三、想哭就哭出來吧！ 哭對於許多成年人來說，變成了一件頗爲丟臉的事情。其實不然，哭對於人體而言，是再自然不過的新陳代謝的一種方式。雖然人的眼淚飽含著情感，不同於鱷魚，但是想哭的時候就哭出來，也是一種減輕身心負擔的方式。

不可能一直保持著笑臉活下去，喜怒哀樂是人之常情。實際上，在自己心情嫉妒鬱悶，或者壓力大得令人窒息的時候，找一個朋友的肩膀或者找一張溫暖的沙發，大哭一場，哭完了，睡一覺，醒來之後，天空又是一片蔚藍了。

如果說愉快的心情是粉色，懷抱希望的心情是綠色，想哭就哭出來時的心情是紫色，那麼我們生活中還有各種各樣的色彩，因爲我們還有許多不一樣的心情。驚喜時，心情是紅色，煩悶時心情是黑色，寧靜祥和時是一片純白……我們總是嚮往那些讓人眼睛一亮的色彩，但又不可避免時不時襲來的黯淡的光輝。心情的顏色是多變的，做個積極的人，才能始終讓心情保持是彩色的。

學會慢活的步調

有一個牧師在講道時，講了這樣一個故事——

上帝給我一個任務，叫我牽一隻蝸牛去散步。我不能走得太快，蝸牛已經盡力爬，但每次總只能挪動那麼一點兒。我催促牠，嚇唬牠，責備牠，蝸牛用抱歉的眼光看著我，彷彿是在說：「我已經盡力了！」

我又拉牠，扯牠，踢牠，蝸牛受了傷，牠流著汗喘著氣，往前爬。眞奇怪，上帝為什麼要我牽一隻蝸牛去散步呢？

「上帝啊！為什麼？」天上一片安靜。哎，也許上帝抓蝸牛去了，反正上帝都不管，那我還管牠？於是，我任蝸牛往前爬，我則在後面生著悶氣。

待放慢了腳步，靜下心來……

咦？怎麼會有花香，原來這邊有一個花園。我感到微風吹來，伴隨著陣陣花香，原來夜裏的風這麼溫柔。

咦？怎麼會有鳥聲和蟲鳴，還有天上，居然有滿天的星斗，好美啊！

咦？以前怎麼沒有這些體會？我這才想起來，莫非是我弄錯了！原來上帝叫蝸牛牽我去散步。

白領們是最需要散步的人。

平均一天的工作時間長，壓力大已經成爲都市白領生活中的一個不爭的事實。每一個人，都會在自己年輕的時候有過誓死拼搏一番的念頭。這份拼搏的動力，我們可以稱之爲夢想，也可以說成是，在滿足生活的基本需要之外還能有所結餘，當然結餘是越多越好。無止境的欲望和無止境的拼搏，使得很多白領常常會感覺到自己的時間不夠用。飲食、睡眠時間都會因此而減少，爲了給工作騰出更多的時間。

總是被忙碌中的工作把生活充斥得滿滿的，總是覺得還有大把大把的事情要去完成，怎麼會有時間散步呢？放慢腳步，才會看到路邊的風景。

忙碌的一天的工作結束後，總是迫不及待地趕回家，洗洗刷刷就該睡了。何不試試在乘公車回家的時候，故意提前一站下車。沿著馬路慢慢走，感受一下都市的夜色。一個人從擁擠的公車中逃離，慢慢散步回家，沿路有一些有趣的小店舖，順手推門而入，又是一片天空。何必要把自己變成一部馬達呢？

選擇一個雨後的下午，找一處郊外的池塘釣魚，看重的不是能釣上多少斤魚，也不是魚的肥美，而只是抱著一種怡養性情的目的去釣魚。釣魚很需要的是一份等待的耐心，就像懷抱著希望去等待機會一樣，不被一點點風吹草動打亂心境。

曾經以爲十字繡是只有女孩愛做的事，有那麼一次，就見著一個大男孩在繡十字繡。我很不解，問他：「這種小女孩愛幹的活兒？你怎麼也幹得津津有味？」那男孩回答我：「我在考研究所，壓力實在是太大了。後來發現，十字繡讓我冷靜了許多。」

讓生活的節奏偶爾放慢一下速度，可以有很多種不同的方式。你可以養養水仙花、看看孩子們的童話書、學習一下如何能煲出滋補的靚湯，或者乾脆睡了懶覺。這些方式都有一個共同的目的，就是把你拖離忙碌和井然有序的狀態。

慢——慢——生活，才能讓心情充滿足夠的電。

人一生的精力是相當有限的，在追求目標的時候，很多人都不考慮時間，只是一味地去尋求，匆忙之中，難以避免會把很多寶貴的時間都浪費掉了，反而得不償失。

蘇格拉底有一個著名的理論，教我們「如何尋找最大的麥穗」，他說：在一塊麥地裏先走上三分之一的路，觀察麥穗的長勢、大小、分布規律，在隨後的三分之一的田地裏選定一個相對最大的，然後從容走完剩下的三分之一的路。即使這三分之一裏面還有更大的麥穗，按照規律來說也不至於令你太遺憾了，總比一上來就匆匆選定，或者行程快結束了才胡亂抓一個，更使人心安理得。

蘇格拉底的理論是選擇的技巧、也是放棄的技巧，但同時，他強調一點，在麥地裏選麥穗，絕對不能火急火燎，只有從容地完成這三個三分之一的路程，才能理性地做出選擇。爲了挑到不讓自己太過於後悔的麥穗，放慢一些腳步又何妨呢？也許我們抓不到最大的那個麥穗，但是我們手中的已經是我們能夠抓到的最好的麥穗了。至少比什麼都沒有，會令人心情愉悅得多吧？

放慢生活的腳步，不僅僅可以讓心情「充充電」，感受到生活中的鳥語花香，還可以更加理性地得到自己生命中「最大的麥穗」，兩全其美的方法，爲什麼不嘗試一下呢？找找你的蝸牛，讓牠偶爾牽著你去散散步吧！

為自己寫一本解壓手冊

當白領遇上壓力，這個話題如今引起了廣泛的關注。職場上激烈的競爭引發巨大的職場壓力，給身居其中的白領們的身體和心理造成了不小的危害。雖然同樣在寫字樓裏穿梭，同樣在格子間裏忙碌，也同樣要面對工作和生活的兩難選擇，但是每一個白領都有必要自己製作一部——解壓手冊。

自己的解壓手冊，就是每個人根據自己的性格愛好，或者個人需要來選擇適合自己的解壓方法。儘管有各種各樣的解壓方法任你挑選，但對自己最有效的方法，還是得需要一個了解自己的人才會知道。這個世界上有誰會比自己更容易去了解自己呢？根據自己的實際情況，找到對自己最管用的方法，制定出一套專屬的減壓方案，你的解壓手冊就大功告成了。

坊間流傳的最好的減壓方法，未必是最適合你自己的，最適合你自己的減壓方法，還得靠你自己去探索去發現。

《大眾醫學》早在二〇〇六年的世界衛生日前夕，發起了——「適合國人的十大減壓方法」的專題調查活動，共有一百多位來自全國各地從事精神心理衛生工作的著名專家參與了這次調查活動。專家們各抒己見，最後結合自身的研究成果和臨床實踐，評選出了十種最適合國人的簡約實用的減壓方法。

這些方法分別是：找家人或朋友傾訴；分散注意力；順其自然；與大自然親近；投入到一件事中；獨自內省；做最喜歡做的事；把煩惱寫出來；運動鍛鍊；睡覺。

每一個人應該根據自己的情況，來選擇對自己最有效的減壓方法，這樣才能做到事半功倍。

向家人或朋友傾訴的這種方法，對於大多數女性而言較之於男性要適用得多。心理學的實踐表明，把自己的煩惱向別人吐露出來，有宣洩的功效，在與對方交談的過程中，能讓對方部分地分擔你的感受，從而讓自己承受的壓力得以分散。而往往很多種情況表明，置身於事外的人很容易剝開當局者心中的迷霧，也就是大家常說的旁觀者清的緣故吧。許多女性都會有自己的閨中密友，相對於男性而言，她們遇到壓力時要幸運得多，「閨蜜」在這個時候是可以發揮很大作用的。而大多數的男性，在傳統的大男子主義社會價值觀的壓制下，把煩惱說出來是一件很沒面子的事兒。儘管心理學家強烈呼籲，白領男士們要勇於突破這層面子觀，偶爾把自己沉積的煩惱吐露出來，對於自己的健康是有意而無害的，反之，則容易積勞成疾。

對於性格比較內向，不喜歡也不擅長於向他人傾訴的人而言，採取其他的方式反而更爲有效。無論男性還是女性，除去工作以外，都會有一項或者多項自己十分感興趣的事情。這些你感興趣的事情在你遇到壓力的時候，可以幫助你重新體會生活的意義，產生更多新的力量來幫助你對抗壓力。

做自己最喜歡做的事情，是最有利於減壓的方法。比如：聽音樂、畫畫、看小說，甚至一些肥皀劇，在這種時候對於很多人而言，可能會發揮意想不到的功效。總之，蘿蔔白菜各有所愛，依照自己當時的心情而定，找些自己喜歡做的事，這些事也許在平時沒時間也沒機會去做。在做這些事情的時候，還可以適當地微調一番，比如聽音樂的時候，平時喜歡聽一些流行樂，這個時候不妨換成輕音樂聽聽，輕音樂本身就有舒緩緊張的神經的功效，如果音樂此時對於安撫你沒有任何功效了，那不妨出門走走。女性喜歡逛街，在購物的快感中，自然而然就派遣了壓力。而大多數男性喜歡較爲激烈的運動，比如約幾個哥兒們去打一場球，在大汗淋漓中得到肢體的舒展和煩惱的派遣。

無論做什麼事，原則是一定要做能讓自己感到愉悅的事，這樣才有助於提高自己生活的積極性，與壓力戰鬥。有些人感覺自己沒有什麼喜歡做的事，這個時候就可以有意識地去培養一些興趣和愛好，或者乾脆給自己泡個熱水澡，加些舒緩神經的小原料，放一些輕音樂，在霧氣繚繞中體會一下如臨仙境般的感覺，使自己全身心地放鬆。正如法國著名的哲學家薩特所說：「所謂愛，並非自以爲十分鍾愛，而是具體地給些什麼。」

著名的〈森田療法〉則是堅守順應自然的集大成者。

那些從〈森田療法〉中獲益的人，總結了這樣一些收益——

❶讓身心順應自然。
❷不迴避自身一些細小愼微的弱點。
❸面對挫折和失敗不逃避。
❹與其反思過去、思考未來，不如投注全力於現在。
❺無論多麼不安也不借酒澆愁，應採取積極的行動。
❻應將自卑感轉化爲奮發向上之力。

❼不要為失敗辯解。
❽不恥下問，可使心胸豁然開朗。
❾積極與人交流。
❿改變看法，獲取幸福。
⓫工作不順，正是發現自身差錯的絕好機會。
⓬一味思考自己的不足，則一生不會感到任何幸福。
⓭自身短處有多少，長處亦有多少。
⓮身處逆境，更應建立自信。

森田博士說：「人們在過人生的獨木橋時，以前只留意腳下，生怕掉下去，鼓勵自己膽子要大一些。這次不去理會這種無謂的擔心，讓雙眼盯住獨木橋的對岸，這樣，注意力立即集中到前方，完全忘記了腳下的危險，順利而輕快地過獨木橋。」面對壓力時，給自己信心是最重要的。

也許你能夠從前面專家推薦的十種減壓方法中，找到最適合自己的方法，也許你覺得這些方法你都嘗試過，但對你而言效果並不是最好的，也請你不要灰心喪氣。像森田所說的那樣，把注意力集中到前方，就能忘記腳下的危險，輕鬆順暢地過橋。不要為找不到最適合自己的方法擔憂，而是勇敢地去嘗試一些減壓的方法，只要相信自己一定能找到屬於自己的解壓手冊，就一定能實現！

幽默自嘲，一笑解千愁

有人的地方就有江湖，江湖還不僅僅是簡簡單單的「險惡」二字可以替代的，還會時不時冒出許許多多讓人措手不及的小情況。或痛苦、或悲傷、或困惑、或尷尬難耐，當然還有歡笑。只有當我們開懷大笑的時候，才是人生中最稱心得意的情況。其實，讓人開懷的管道還有一個常常被人拿來利用，也常常被人忽視，那就是幽默。

當你遇到一些讓自己很尷尬或者很難堪的場合，如果這時不調整好自己的心態去面對這一突發狀況，埋怨別人或者逃避現實，都會使自己的心態變得越來越壞。心理學家建議，這個時候，不妨「幽自己一默」，通過自我貶抑而達到出奇制勝的效果，不僅可以化解自己的尷尬，也可以讓周圍的人在幽默中開懷大笑。這種方法，通常被稱之爲幽默自嘲法。笑一笑，就什麼煩惱都沒有了。

據說當年著名畫家張大千與梅蘭芳同時出席一個朋友舉辦的宴會，在列席的時候，大家都很困惑，到底是讓張大千坐首席呢，還是讓梅蘭芳坐首席？這時，張大千自己主動說：「梅先生坐首席吧！梅先生是君子，應坐首席，我是小人，應坐末席。」大家正困惑不解，張大千接著說：「不是有句話說；『君子動口，小人動手』嗎？梅先生唱戲是動口，我畫畫的是動手，我理應請梅先生坐首席。」

話完，引來滿堂大笑不止，最後人們請他倆並排坐首席。張大千自嘲小人不但化解了首席之座該給誰的尷尬，也給現場創造了十分輕鬆和諧的氛圍，不僅不會降低個人的風度，還無形中讓大家都覺得這位名師眞是風度超然，豁達開朗。名人相聚無陪客，在張大千這裏，通過自嘲化解得恰到好處。

幽默有很多神奇的力量，也是一種智慧的表現，具有幽默感的人到哪兒都會受到歡迎，因爲他一來大家就又可以開懷大笑了。不僅可以適時地化解許多人際關係中的衝突和尷尬，還能使人轉怒爲喜，化干戈爲玉帛。

一個具有良好的幽默感的人，心態也會比常人健康開朗得多，因爲他總能在自己不順心的境況中，找到可以讓自己寬心的喜劇因素，不僅使自己心理平衡，也使他人心理順暢。著名漫畫家韓羽是個禿頂，他寫了一首詩來自嘲：「眉眼一無可取，嘴巴稀鬆平常，唯有腦門膽大，敢與日月爭光。」讀後讓人忍俊不禁。這種樂觀豁達的處事態度，讓人欽佩不已！

後來，有一個相當喜愛韓羽漫畫的先生也吸取了韓羽對於自己禿頂坦然的接受態度，成功化解了宴會上的一個小波折。這位先生出席了一個酒會，由於一位服務員的粗心，將酒水灑到了這位先生禿頂的腦門上，服務員嚇壞了，大家也都安靜下來，似乎都在等著被灑到酒的他發怒。結果，這位先生自己拿了塊手絹擦了擦腦門子說了句：「老弟，你這種治療方法會有效麼？」引來了全場大笑，大家覺得這位先生和善可親，於是紛紛湊攏來與他交談，爲此，他還獲得了很多很難得的商業機會。

懂得在恰當的時候使用幽默的人，會比別人獲得更多機會的青睞，因爲幽默讓人與人之間的距離變得更加親密了。遇到緊張的氣氛不知如何緩解的時候，幽默是一劑最好不過的良藥。讓自己遠離憂愁，也爲他人解憂。

♦善待自己，不要自尋煩惱

今年32歲的陳小姐，決定辭去工作，結婚生孩子去。陳小姐說，工作的壓力已經讓她精神受到了極大的迫害。失眠症、抑鬱症近幾年來常常困擾著她，身心俱疲。作爲銷售業的高級白領，從陳小姐的月收入看，她顯然早就超出了普通白領的範疇，成爲她公司的骨幹和精英。作爲「白骨精」的她，在事業蒸蒸日上時，卻選擇「退休」一途，爲許多人不理解。

陳小姐說：「在銷售行業裏，平常接觸到的客戶可謂五花八門，一個女人奮鬥到了30歲，房子、車子都有了，但總覺得缺少一點什麼。如今許多同齡人都結婚了，甚至有了小寶寶，而自己卻還孤單單的。女人，還是應該對自己好一些！」

以前被父母催著結婚嫁人的時候，陳小姐滿心厭煩，總覺得自己年輕，應該有自己的發展，也想證明給父母看，作爲一個女人，靠自己不靠男人也能活得很精彩。進入30歲之後，父母反而不催了，陳小姐卻飽受精神疾病的困擾。工作的壓力如果說還能應付得過來，下班後回家，卻不能享受到丈夫和孩子的溫情，孤獨和寂寞讓陳小姐終於決定放棄一部分已經取得的成功，來贏取另一份成就。

抑鬱症、強迫症、心理恐懼症、焦慮症等一系列的心理病狀，讓許多「白骨精」們聞風喪膽，卻又難以逃脫其猶如命定般的黏附力。「白骨精」們在獲得了高於一般白領的收益的同時，爲何還會受到諸多心理病的困擾呢？也許，「高處不勝寒」是最好形容「白骨精」們處境的一句話。

也許你並不欣賞陳小姐那樣的做法，放棄了自己得來不易的一切，也會有很多其他的方式改善一下自己的心情，學著自己寵愛自己。

如果你還在因爲自己的事業和前途而拒絕品味愛情的芬芳，那還不趁此機會走出自己狹窄的天地。不必去計較愛情的得失，既然是給自己放個假，就不要拿工作中的條條框框束縛住手腳。說不定，你會有意外的驚喜，爲什麼不多給自己一些機會，去體會一下生活中的無限可能性呢？

你也完全可以做一些平時自己沒有幹過，或者工作不允許幹的事兒，當然，聰明的人都知道哪些規矩是可以打破的，哪些規矩是碰不得的，相信頭腦頂瓜瓜的「白骨精」們怎麼會不明白呢？比如，穿一些平常沒有穿過的色彩鮮豔款式新穎的服裝，或是去親近一下久違的大自然，對著空曠的山谷喊出心中積鬱已久的話，再或者，乾脆躲在被窩裏蒙頭大睡一天，管他朝九晚五的清規戒律……

美國心理協會還推薦了一種很好的減壓方法——寫出自己的煩惱。

早在一九八八年，美國的一些心理學家就做過測試，讓一組人員專門寫自己的壓力和煩惱；另一組人員則只寫日常無關緊要的話題。每四天一個週期，持續六個週期後，結果證明，前一組人員因爲把自己的煩惱用書寫的方式釋放了出來，從而表現得更加積極、病症較少。不管你是擅長於用文字來思考的人，還是不擅長於用文字來述說的人，把煩惱寫出來吧！又不是小學生寫作文，還得有老師進行批改打分，寫給自己看，或者寫出來直接把它扔掉，會有一種如釋重負的感覺，彷彿卸掉了重擔般的愜意和美好。

如果你是一個既不想做新的嘗試，也不想把自己的煩惱寫出來的人，那也可以採用靜心的方式。讓自己泡個熱水澡，或者乾脆來個芳香的ＳＰＡ，再來點輕音樂，或者是看一部搞笑的電影，讓自己的神經鬆弛下來的方法，你都可以根據自己的心情來選擇。

至於有些偏激者，想繼續通過工作來填塞心中的荒涼感的做法，是絕對不可取的。就像一個大氣球，氣充得太滿是很容易爆炸的。

有些話很多人講，如果你把它擱在了心裏，那受用也將是無窮的——

「跳舞吧，像沒有人欣賞一樣；

戀愛吧，像不曾受過傷害一樣；

唱歌吧，像沒有人聆聽一樣；

工作吧，像不需要金錢一樣；

生活吧，像今天是世界末日一樣。」

經濟形勢這麼嚴峻，世界也變得混亂不堪，爲什麼不對自己好一些呢？

激發快樂的想像，給心靈鬆綁

亞里斯多德在《論快樂》中認爲——「快樂是正常品質的完善實現活動。」「當感覺能力和感覺對象都處於這種狀態時，就必定產生快樂。」快樂這種與靈魂的情緒、感受相關的東西，與實現活動息息相關，因而，我們甚至可以大膽從中得出結論，想要獲得快樂，就必須展開積極的行動。想像，便是這種積極行動中的一種，利用想像我們來獲取快樂，不但可以為我們帶來真正的身心愉悅，還能讓我們的頭腦變得更加的聰明。

激發快樂想像，並不是一件很難的事情，只是常常在不經意間被大家忽視。

【減壓ＡＢＣ】給自己心靈鬆綁

一、憧憬美好的未來

人類的潛能是一種非常奇妙的東西。人常說，人的潛能是無限的，就是等待著被激發。當自己感覺到疲倦困惑的時候，好好運用一下我們的意志力，樂觀進取一些，想像經過努力之後能夠帶來的成功這些美好的憧憬，不僅可以使自己擺脫消極的情緒，締造出一些積極的思想，還會在不知不覺中讓你和成功走得更近。

對於未來的美好的幻想常常被人譏笑為「做白日夢」，但美國心理學家卻給出了不同的答案，美國心理學家彼特說：「想像力是解決問題的鑰匙，當人們百思不得其解時，『白日夢』能為你提供鑰匙。」

在現實生活中，我們的言談舉止大都中規中矩，心理學稱此現象為「人格面具」。而幻想往往超越現實，伴有一定的欣快感，讓人們的心緒變得更寬廣。當人們沉浸其中時，現實世界變得很遙遠，我們也不由自主地進入了一種夢幻般的陶醉狀態。很多時候，這種陶醉的幻想可以讓我們視野變得更加開闊，也能令我們心情放鬆。

但是，幻想畢竟不是現實，沉迷其中不能自拔對自己是不利的，但偶爾用來調節一下心情還是很好的。

二、想像愛與溫情　現代醫學研究證實，愛不但能健康養生，還能創造出許多美麗的人間奇蹟。因爲人在愛著和被愛時，體內免疫功能最重要的T細胞處於最佳、最興奮、最健康活潑的狀態，以致病毒無法入侵。

當我們爲一些事情傷心難過，一蹶不振，心情低落到谷底的時候，想像一下自己所獲得到的他人的關愛，可以讓自己在最短的時間裏獲得新的崛起的力量，安撫情緒的同時，還能令緊張焦灼的心情瞬間變得輕鬆愉快起來。

《聖經》上有一段對於「愛」的很好的注解：「愛是恒久忍耐，又有恩慈；愛是不嫉妒，愛是不自誇，不張狂，不做害羞的事，不求自己的益處，不輕易發怒，不計算人家的惡，不喜歡不義，只喜歡眞理；凡事包容，凡事相信，凡事盼望，凡事忍耐。」儘管這種要求對於我們普通人來說，太高，難以實現，但若是在自己不悅和煩躁不安的時候，想想與愛有關的一切，就像給心靈注入了一劑強心針，隨時都可以快樂起來。

三、追憶美好時光　懷舊這種常見的心理現狀，可以以一種正常並且健康的方法來闡釋，只要不過分，懷舊的積極意義還是對人們有很大的幫助的。它不僅可以幫助人調整心態，使人變得平和，返璞歸眞，還能幫助人從過去中認識自我，宣洩情感。就像我們通過遊覽名勝古蹟去緬懷古人一樣，從中可以吸取到很多寶貴的東西。

現代人的生活方式變化無窮，物質消費變得越來越躁動不安，積極健康的懷舊成爲都市生活的新主題。過去的時光因爲不會倒轉頭來，因而變得美好，在對過去的人、事緬懷的時候，我們可以暫時忘卻眼前的煩惱。有不少人喜歡保存自己兒時的玩具、友人的照片、同學間互贈的小禮物，還有不少人熱中於組織同學會、同鄉會，不僅僅是爲了緬懷，更是爲了更好地活在現在。

四、快樂不是完全沒煩惱　每個人都會有煩惱，並不是說讓自己擁有無盡的快樂想像，就可以將煩惱完全地拋棄掉。讓自己時常想起一些高興的事，只是一種避免讓自己深陷在煩惱不斷的惡性循環中，而不能自拔的方法。

我們嘗試著各種各樣的方法，試圖讓自己的心情得到放鬆，但我們更應該懂得，正視煩惱，或者不要把煩惱看得過重，快樂自然就會源源不斷了。

第二章

控制壓力

——平衡自我身心的祕訣

如果我們無法釋放壓力，那麼我們就做到盡可能控制壓力。身體和心靈都是需要呵護的，面對壓力風暴，還是能找到各種方法讓自己身心平衡的。只要你每天努力一點點，抗壓的選擇是無限的！

用呼吸改變心情、調節壓力

我們形容壓力的巨大，常常會說壓得人喘不過氣來，心情也會因此而變得很糟糕，感覺頭上頂著一團烏雲。其實調節壓力的最簡便的放鬆方法，就是——呼吸。

「呼吸」就是這樣一種最簡便、無須思維或者猶豫的日常行爲。

當一個人在重新組織思路、試圖讓自己保持鎮定或者調節能量應付挑戰的時候，深深地歎口氣，或大口深呼吸，都是有其象徵意義的。

在正常休息狀態下，人類呼吸的平均頻率大概是每分鐘14～16次。在喚起狀態下，呼吸急促並且短淺得多，並且還伴隨著胸腔肌肉的收縮。經過劇烈運動或者強烈刺激時，呼吸加快到每分鐘60次，以滿足人體需氧量的激增。在放鬆狀態下，緩慢而深長的呼吸循環才有利於身體的新陳代謝。當呼吸急促而心情不安時，身體的左心室收縮、泵送血液的能量，通過大動脈使全身產生共鳴，這是導致人心情無法平靜下來的生理原因。因而，長時間呼吸暫停的深度呼吸可以阻止這種共鳴，使身心平靜下來。

亞洲人把呼吸看做是一種治療方式研究，已經有好幾千年的歷史了，甚至可以和瑜伽、太極拳相媲美，因爲呼吸是它們的基礎成分。呼吸的治療效果通常和高度的意識察覺或靈性有關。在很多文化中，「靈性」被形容爲人類呱呱墜地時「吸進的第一口氣」。

這種深度呼吸的方法非常簡便可行，隨時隨地都可以進行。採取一種舒適的姿勢是進行呼吸訓練前最好的準備，不管你是坐著還是躺著，最好能讓自己穿著舒適自在一些。在呼吸的時候，把手放在自己的胃部，感覺每次呼吸時，是胃部以下的身體在緩慢起伏，一旦掌握了這種簡便可行的方法，無論你是在開車，還是在超市購物，或者在進行很重要的考試間隙，還有一些公共演講之類的活動中，都可以進行呼吸練習。

剛開始進行呼吸練習的人，常常會因爲受到外界的干擾而分散注意力，集中注意力，對於呼吸練習是很重要的。剛開始練習呼吸的人，可以找一處安靜的場所進行。等到自己能夠完全控制住自己的注意力的時候，就很容易將雜念隨著氣體的呼氣而排出腦外了。在認識到呼吸的重要性和最基本的呼吸方法之後，無論你是進行專門的腹式呼吸調理身心，還是坐禪、冥想，或者瑜伽、氣功之類，這些放鬆式的理療方法，都是以呼吸作爲基礎的。

既然我們每時每刻都要呼吸，爲什麼不掌握一門更加專業更加健康的呼吸方法，在自己感受到壓抑或者身體病痛的時候，呼吸不僅可以幫助你改善心情，也能幫助你緩解病痛帶來的精神困擾。學會呼吸，就邁出了健康之路的第一步。

【減壓ABC】呼吸的方法

呼吸是一門需要苦修的「大學問」，通過深長而且緩慢的呼吸，不僅可以延長呼吸循環，還可以學會通過控制呼吸循環的每個步驟調整呼吸。呼吸得越深入，越緩慢，越放鬆，人的身心就會越舒適。在自我呼吸訓練中，要特別注意到呼吸的四個階段：

一、吸入，通過嘴或者鼻腔將空氣吸入到肺部，當然，最好是通過鼻腔。

二、呼氣之前，需要有一個短暫的停頓。

三、呼出，通過嘴或者鼻腔，將空氣從肺部釋放出去，這個時候，最好是通過嘴巴緩慢而持續地呼出。

四、在下一個呼吸階段開始之前，暫停一會兒。

【減壓錦囊計】回歸嬰孩的「橫膈膜呼吸法」

真正懂得呼吸方法的人並不多，一般人的呼吸太淺太快，使肺部很少能吸滿足夠的新鮮空氣，也不能將使用過的空氣盡情地排出。許多專家認為，如果能回到嬰兒的呼吸方式，即用橫膈膜呼吸法，將會使人體會到前所未有的歡暢和愉悅。深沉、平穩、緩慢的腹式呼吸，用肚子來呼吸，不僅可以解除頭痛、疲勞等慢性的身體不適的症狀，還可以緩解緊張焦慮的情緒，降低血壓以及加強心臟機能等等。

腹式呼吸，給緊張焦躁一貼清涼劑

一般說來，呼吸方法主要是兩種，要麼是用胸腔進行呼吸，要麼是用腹部進行呼吸。東方傳統的養生法中，無論是太極還是氣功，都把腹式呼吸當做是入門的必修課。近些年來，腹式呼吸在一些健身項目中得到了極大的青睞，風靡全世界的瑜伽和普拉提都是以腹式呼吸爲基礎進行訓練的。而對於學習聲樂和管樂器材的人而言，腹式呼吸更是再尋常不過了。

在辦公室裏坐久了，就會時常感覺頭暈目眩，加上長期間操作電腦，非常容易產生視覺疲勞，並且通過腦力完成相當大的工作量之後，頭暈、乏力、困頓是很常見的症狀。在出現這些症狀的時候，一般情況下，是由於我們長時間得採用通過肋間肌和肋骨運動的胸式呼吸法。如果我們試著換一種呼吸方法，抽空練習練習腹式呼吸法，這些症狀會像奇蹟般地離你遠去。

在競爭激烈的運動場上，運動員們常常在自己即將上場的瞬間進行一個深呼吸，仔細觀察，我們會發現他們的肚皮會隨著呼出和吸入收縮和鼓脹。通過一個深長的呼吸，可以讓緊張的情緒得到一絲緩解，從而讓自己在賽場上發揮出自己最高的水準。

腹式呼吸可以提供給我們的大腦提供比平時的呼吸三倍以上的氧氣量，在供氧充足時，思維會更加敏捷。緊張的時候，我們的注意力集中到了外部事物上，雖然聽起來有些可笑，但確實是越緊張的時候越容易忘記呼吸。屏住呼吸會使身體承受更多的壓力，並對中樞神經系統發出受到壓力的信號。有意識地控制呼吸可以幫助減輕壓力，使身體得到更好的休息。

呼吸的門道還眞不少，也許就是因爲我們每時每刻都少不了它，因而不大注意呼吸進行的方式。腹式呼吸，被不斷地證明其實用性和有效性，一旦被掌握，則隨時隨地都可以自如地應用。

【減壓ＡＢＣ】腹式呼吸法的五個關鍵

儘管只是一種呼吸的方法，但跟我們日常呼吸的習慣還是有一定的差異的。因而，我們不能忽視這些小細節。

一、姿勢　腹式呼吸對於姿勢並沒有過多的限制，和所有的呼吸方法一樣，在進行呼吸訓練的時候，一個好的姿勢就是一個好的開始。你可以坐著、站著或者仰臥，但儘量不要讓身體蜷曲。

二、服飾　如果你希望你的呼吸訓練能夠取得一個很好的效果，那麼就儘量讓身體擺脫束縛，著裝舒適一些，給身體一個喘息的空間，或者將身上的束縛自己的皮帶、緊身衣、女士內衣等放鬆一些。

三、吸氣　開始進入呼吸狀態時，閉上眼，鼻腔開始緩慢、柔和地吸入空氣，將空氣緩緩地壓入腹部，初學者可以將雙手平放在自己的腹部位置，感覺腹部由下半部區域開始逐漸向上半部區域自然膨脹。因爲，我們平時吸氣時，腹部處於抽空的狀態，腹式呼吸恰巧相反，剛開始時，用雙手置於腹部來幫助我們調整呼吸，如此就會很容易進入狀態。

隨後，雙肋自然向前、向左、向右擴張，繼續氣體向上充滿胸部，由下而上地充滿。慢慢地，當你感覺到身體已經吸足了氣體，而你已經無法繼續吸氣的時候才行。然後就要進入呼氣（吐氣）了。

四、呼氣　對於此時已經吸滿氣的你而言，千萬不要急於將體內的氣體迅速吐納出去，一定要緩慢再緩慢地從上而下地放鬆。首先是胸腔的上半部分，然後是胸腔的下半部分，繼續慢慢地放鬆。收緊雙肋後，到腹部的上半部區域，感覺腹部開始緊縮，然後下半部區域也慢慢緊縮。一直到自己無法再呼出氣體爲止，這時，你的肺部的渾濁的氣體，會統統由呼氣帶出了體外。

五、時間　無論哪一種呼吸法，都是爲了調整我們平日裏淺短而急促的呼吸方式的，腹式呼吸的吸入和呼出，都是要用盡你所有的氣量的，所以時間上一定要盡可能地緩慢再緩慢。當然，我們也不能在時間上過於苛求。根據每個人的體能和習慣，只要按照步驟每一步都儘量做得很完善，那麼時間上的要求自然不是問題。同時，你也可以擁有一次深長的呼吸了。

【減壓禁忌站】腹式呼吸訓練能避則避的細節

1. 避免在空氣污濁的地方，進行腹式呼吸。
2. 在感冒、流鼻涕或者發燒時，避免練習。
3. 始終用鼻腔進行呼吸，避免用口進行呼吸。

坐禪呼吸，讓心靈休息片刻

一位德高望重的禪師，把禪歸結爲人的「自然良能」。在他看來，每個人都有「自然良能」，它能使我們身心活潑。我們也不應該把「自然良能」限制於小小的宇宙中，而應該拓展爲大慈大悲的胸懷。人本來就是蒙大自然的恩澤而生存發展的，所以「自然良能」就是大宇宙的根源。

大禪師的語意有些讓人摸不著頭緒，仔細想想，其實禪無非就是讓我們的身心充分接近大自然，去體會大自然最原初的創造力。「自然良能」也無非就是自我正常化的能力，這種能力是大自然賦予給我們的。坐禪不僅能將這種自我正常化的能力引發出來，使我們身心活潑，還可以通過坐禪所鍛鍊的各種各樣的呼吸法，將信念付諸於實踐，引導我們走向健康之路。

通過坐禪，將「禪」所講求的「戒、定、慧」用於調節身心上來，才是眞正的時間「禪」的坐禪法。坐禪只是許多實踐「禪」的方法中之一種，還有立禪、臥禪等方法。但是，坐禪確實是大多數人最容易就實現身心調節的方法。

被稱爲現代坐禪專家的加藤耕山先生，享年96歲高齡，他平日完全靠坐禪練身，他特別強調，業務繁重的上班族完全可以通過坐禪的辦法來使心靈放鬆。很多人都以爲坐禪就是腹部用力的坐姿，其實更準確地說，坐禪要求人放鬆全身的力量，重心放到地面，意念集中在臍下的位置，讓腹部感受到腹壓，並且不能輕易就放鬆，也不可過於用力。而呼吸法則是坐禪時候需要極其注意的，丹田呼吸法是坐禪時常常會用到的，我們常常說到的腹式呼吸法就是從禪中援引出來的。

坐禪並不只是人格和精神的修養，也不只是身體的保健，而是可以讓人進入忘我的境界，從而暫時忘掉世俗中的紛擾，等到再想起這些紛擾時，心情已不同，也就不會如之前那般狂躁不安。

【減壓ＡＢＣ】實用坐禪的方法

下邊介紹坐禪的方法，供大家在疲憊之餘，用來舒緩心靈之用——

一、**調身**　盤腿而坐，身體坐正，要坐在一個舒適的坐墊上才能起到好的作用。用右手抓住右腳的拇趾頭，將其提到左腳的大腿上，再用左手抓住左腳的拇趾頭，將其提到右腳的大腿上。兩隻腳的腳跟儘量貼近下腹部，兩腳成爲深入互叉的形狀。使自己成爲三角錐體的形狀最好，上半身保持垂直。

眼睛不可以闔上，因爲一閉上眼睛，意識會陷入黑暗之中，結果容易導致坐禪不成反成睡覺。「眼觀鼻，鼻觀心」才是最好的坐姿。

二、調息　身體坐穩了之後，還必須求得心情的穩定。所謂調息，就是先調整呼吸，使呼吸平穩，再經由此狀態使心情也穩定下來，這也是古代智者所體驗出的捷徑。

「丹田息」是坐禪時常用的呼吸方式，與我們現在被普遍認可的腹式呼吸方法是極爲相似的。吸氣時，利用下腹部的壓力，將空氣從肚臍之下，緩緩地送出。吐氣的時候要悠長，吸氣的時候要略微短一些。當氣息一進一出之間，丹田氣海渾然充沛。不過分用力，量力而行，肛門的肌肉保持緊縮狀態。剛開始坐的時候，需要用一些意念加以控制，進入狀況之後，就會習慣了。

三、調心　通過「數息觀」的呼吸方法來調心是坐禪中常用到的。當體內的氣息吐出時，心中默數「一」，吸入空氣時，心中默數「One」，當再吐出時，又默數「二」，吸入時同樣數「Two」，一直數到「十」，然後再反覆。反覆數之後，逐漸也就可以進入忘我的境界了。

【減壓禁忌站】坐禪時要注意的小問題

1. 需要自己給自己一點耐心。剛剛心緒不寧，當然不可能立刻就「入定」，多給自己一點時間，通過坐禪慢慢撫平情緒，才能發揮坐禪的功效。

2. 還需要自己給自己一些信心。如果你一直懷疑急躁的你，怎麼可能坐禪，那也許坐禪就真的不管用了。首先你要相信，通過坐禪，可以緩解身體的疲勞和精神的鬱悶，然後全身心地投入，坐禪完全可以幫上你。

3. 著裝要以舒適為主，擺脫束縛。

4. 剛開始學習坐禪的人，找一處安靜、空氣流通暢快的地方，效果會好得多。

自我暗示，舒緩心靈的自律訓練

心理學家經過多年的研究發現，人的心理力量是非常巨大的。人的心理主要是由有意識和無意識的兩部分組成，而人有意識的心理只佔據了很少的一部分，絕大部分的心理狀況都屬於無意識的範疇之中。而心理暗示，就與人們的無意識心理息息相關，每個人都能通過積極的心理暗示，讓激發鬥志的言辭產生作用，同時，每個人也可能透過消極的言辭產生消極的心理暗示，從而讓自己的境況變得慘不忍睹。

積極的心理暗示被許多企業運用到，對自己的員工進行培訓的課程之中了。據說美國的一個銷售商，每天早晨都把員工集合在一起，高聲而富有激情的喊道：「我今天心情很愉快！我今天身體很健康！我今天大有作爲！」講完後，大家彼此笑笑，說些鼓勵的話。然後就各自去完成各自的銷售任務，結果每個人的銷售業績都非常的好。這位銷售商人充分地利用了積極的心理暗示，這種暗示也被稱爲自我激勵的方法。

而德國的一家著名的研究機構也發現，如果患者眞的相信藥物會發生作用，那麼即便在不使用任何藥物的情況下，也可以導致患者的大腦釋放出止痛的物質，從而達到跟使用藥物止痛幾乎一致的效果。這一研究，從生理學角度進一步證實了，心理暗示對於病人潛在的積極影響。

其實，早在一九三二年，歐洲生理學家舒爾茨和路德，就引進了這種自我暗示的方法，並把它運用在放鬆療法當中，叫做自律訓練。自律訓練，也即自我暗示訓練，是要求個人把意識資訊傳遞到全身各部位，來感受溫暖和負重感，某些身體部位本來就應該有溫度和負重感，這個效果源自這些部位的血管舒張。通過這兩種最容易被感知的感覺的訓練，可以使人達到減輕壓力，放鬆身體的效果。

儘管自我暗示具有相當大的功效，但具體到每個人還是會有不同的反映。心理暗示功能的強弱也是因人而異的。女性比男性較容易接受心理暗示，性格內向的人比自信開朗的人較容易接受心理暗示，因此心理暗示對於治療許多消極情緒有著很明顯的功效。

自我暗示的潛力不可估量，但更應該結合每個人的具體情況來使用。而自我暗示的放鬆療法又是非常容易掌握的一種方法，每個人都可以根據自己的狀況，在適當的時候，給自己一些積極健康的自我暗示，相信緊張的情緒會在瞬間得到釋放，壓力也會隨之消失了。

【減壓ABC】放鬆減壓的「舒爾茨自律練習」

具體操作方法是：讓自己以一種舒適的方式平躺下來，調整好呼吸，按照以下幾個階段給自己灌輸這些指令。

第一階段：沉重感。

指令依次爲——漸漸地……我的手臂感覺沉重、我的腿和腳感覺沉重、我的胳膊和腿感覺沉重。

第二階段：溫暖的感覺。

指令依次爲——漸漸地……我的手臂感覺溫暖、我的腿和腳感覺溫暖、我的胳膊和腿感覺溫暖。

第三階段：心的感覺。

指令依次爲——我的心是平靜而放鬆的、我的心跳是緩慢而放鬆的。

第四階段：呼吸的感覺。

指令依次爲——我的呼吸是緩慢而放鬆的、我的呼吸是平靜而舒適的。

第五階段：腹部神經叢的感覺。

指令爲——我的胃是平靜而放鬆的。

第六階段：前額的感覺。

指令依次爲——我的前額是冷靜的、我的前額是平靜而放鬆的、我的整個身體是平靜而放鬆的。

在依次進行自律訓練的過程中，只要注意每一階段，然後重複指令任務，直到感受到期望的感覺爲止。全部做下來，總共只需要15分鐘。而當全部指令完成時，繼續保持姿勢並且盡力把這種放鬆的感覺存入記憶當中，便能在感受到壓力和緊張的時候，及時喚醒它們。

【減壓錦囊計】舉一反三的「自律公式」

舒爾茨教授在鑽研出這種有關溫暖和沉重感的放鬆療法的公式之後，還提出了一系列的保健鍛鍊的公式，這些公式在經過各國的心理療法和心理訓練專家發展、創新之後，運用在臨床實踐過程中，起到了十分好的效果。

比如當你感到身體已經相當疲憊不堪的時候，可以給自己這樣的暗示：今天已經疲勞了，現在該休息了，再也不要激動，多想是無益的。休息一會兒，疲勞就會消失。當你想美美地睡上一覺時，你還可以給自己這樣的暗示：我已經完全擺脫了白天的事情，現在十分寧靜，舒服的疲倦已經佔有了我的全身，我是平靜的，我想休息和睡覺了，深深的舒適感覺將佔有我。

只要一步一步地通過自我暗示的方法，將這些積極健康的關鍵切入到你的思維當中，身體也會因此而乖乖地聽你的話。

冥想，隨意自如掌控情緒

冥想最早起源於東方的佛教和道教文化，它本來是宗教修煉的方法之一。在東方文化中，人們相信可以通過一種途徑洗滌心靈，消除人心中的一切雜念，從而實現自我心理方面的解脫。但是經過現代人的再發現，這種宗教式的修煉方法對於人解除煩惱，擺脫壓力的困擾，維持人的心理平衡，具有極佳的功效。

冥想對於控制情緒有奇特的功效。它不是簡單地將情緒壓抑下來，而是將情緒淡化，最終將情緒釋放出去。在冥想的最高狀態，在佛教中定義爲「三昧」或「定」，是指人通過冥想超越了一切情緒恍惚，達到了安詳、透明的心理狀態。因此，冥想是讓每個人閉目端坐，感受自己「現在在這裏」的一種方法，這是冥想最重要的意義。冥想更實用的一點在於可以平心靜氣，安定情緒。古印度人正是在這種冥想的實踐中，發明了瑜伽術。

在如今科學化的研究方法中，冥想主要分爲兩大類：其一，是被稱爲限制性冥想的類別。它主要是指人專注於某一客體，從而排除其他的思想，提高自我觀察能力和放鬆水平。其二，是被稱爲包含性冥想。這種冥想方式與自由聯想非常相似，人的思想可以無目的地遊蕩。

在面對壓力的時候，通過冥想來控制自己的情緒，使自己保持平穩的心態，其實就是要「馴服自我」，避免自己因爲情緒失控而導致過激的反應。

著名的暢銷書《此刻的力量》的作者 Eckhart Tolie 說：「當你觀察自己的時候，就會激發一個較高的意識水準。你會認識到存在著超越當前思想的機會，當前的思想只是智慧的一個很小的方面。你還可以認識到，美、愛、創造、愉悅、內心和平靜來自於大腦。這時，你就開始覺醒了。」

冥想的方式有很多種，甚至還可以與瑜伽相結合進行，但對於白領而言，最實用的冥想方法莫過於限制性冥想和包含性冥想了。下邊介紹幾個很著名的冥想方式，非常有助於緩解身體內的疲勞和精神上的壓力。

【減壓錦囊計】之一：限制性冥想之身體之火

「身體之火」是限制性冥想和心理意象相結合的一個典型例子，這個例子在心理學界被廣泛推行到心理學的臨床實驗上，事實證明，這個方法具有很強的可操作性，不需要人輔導也可以獨立完成的。

1. 以舒服的方式平躺，脊椎不能彎曲，調整好自己的呼吸，輕輕閉上眼睛，關注身體重力的中心，一般是在腹部和髖部的位置。

2. 想像一團火在你的身體中心上面燃燒，這團火就是你體內所有的壓力源的集中點，這一團火也是放鬆狀態的信號，它來自於你身體的能量。當你的身體能量充足時，這團火的火苗就會很高，甚至會像一個火炬一樣熊熊燃燒，當你完全放鬆時，火苗就會像蠟燭一樣，搖搖晃晃。

3. 繼續觀察火苗，就會感覺到身體慢慢變得平靜和放鬆。這時火苗開始變得很小很小，繼續觀察火苗的顏色、形狀和大小。火苗的底部是圓形或橢圓形，火苗像是在跳舞，感覺火苗在燃燒你體內的能量，你的能量隨著火苗的變小而逐漸被消耗掉。

4. 當你感覺到火苗已經變得很小很小，隨時都會被滅掉的時候，你的身體的能量也幾乎耗盡了的時候，就可以讓這個火苗從你的大腦中退出，並繼續保持放鬆。

【減壓錦囊計】之二：包含性冥想之祕密花園

包含性冥想由於與自由聯想有著相當大的相似程度，為了讓自己完全放鬆，想像的尺度最好是與大自然相聯繫。大自然是身體的本源所在，與身體的氣息非常協調。

這種冥想的自由度是相當大的，總之讓自己想像一些可以令自己身心愜意的東西，有助於使緊張的神經舒緩下來。比如：青山、綠水、柔軟的青草地、各種各樣的小花，甚至還有鳥兒等等自然之物，是最能讓自己情緒平緩下來的想像對象。

【減壓禁忌站】冥想，特別注意的事項

1. 不要在飯後進行冥想。因為血液會聚積在胃內進行消化，這會減少血液的流動，令你無法鬆弛下來。
2. 少吃刺激性的食物，如咖啡、茶、可樂等，不要吸煙。
3. 最好找一張直背的椅子坐下來，以免躺下睡著了。
4. 不要用鬧鐘來提醒你。假若設置了冥想的時間，只要輕輕睜開眼睛看看時間，若是時間到了即可停止，若是時間未到，便繼續進行。儘量讓自己放鬆下來，享受整個冥想的過程。

呼吸＋冥想，雙管齊下效果好

在有關放鬆的療法中，呼吸和想像從來都是最好的夥伴。在進行呼吸療法的過程中，可以把許多視覺形象加入其中，不僅讓呼吸不再顯得那麼單調，也讓冥想的方法參與其中，雙管齊下效果更好。

我們常常感覺到精神的緊張不安和身體的焦躁不適，這二者常常併發。精神上受到的壓力過於強大，身體也會因此而受到傷害。長長地深吸一口氣，是我們在面對緊張情況下最簡便的緩解方式。如果可以找到一處安靜的地方，讓自己完全地放鬆下來，但也不需要太多複雜的手段，就可以考慮這種呼吸和冥想相結合的方法了。

對於亞洲人而言，把呼吸和冥想相結合加以運用，最早要追溯到瑜伽的產生和禪宗靜思的時代。爲了淨化心靈，不讓自己的遐想擾亂思緒，從而讓身體從靈魂的束縛中解放出來，各種各樣建立在禪宗的基礎上的方法相繼產生了，後人將其加以推廣利用，使其更加符合現代人的思維習慣，於是就有了現在的呼吸和冥想相結合的方法。在這些方法中，有這樣兩種方式一直備受推崇，也非常便於個人的學習和應用。

【減壓錦囊計】之一：呼吸氣團

調整好坐姿之後，就可以慢慢閉上眼睛，將注意力集中在你的呼吸上，運用腹式呼吸法進行深長的呼吸。一邊呼吸一邊想像你吸入肺部的是新鮮乾淨的空氣，純淨並且充滿能量。感覺並且想像它由你的鼻腔進入到你的身體之後，直達頭頂，然後又順著脊椎滲入到身體的各個部位。

這些空氣是用來清潔和治癒我們的身體的，因而吸入的時候，顏色是透明的。

而當你呼出的時候，想像離開身體的空氣是污濁的，黑色的氣體，這些污濁的氣體象徵著身體和心靈的壓力、疲勞和毒素。每呼吸一次，讓新鮮乾淨的空氣在全身流動，這樣你的身體就恢復了活力，然後再呼出污濁的氣體，隨之將壓力和緊張排出體外。

每分鐘重複5～10次這樣的呼吸循環，每次呼吸，都能想像到自己吸入的是一團乾淨的有治療功效的氣體，而呼出的是體內的垃圾氣體。想像呼吸的氣體隨著呼吸循環次數的增加，從黑色到灰色最後轉為白色，這種逐漸變化的過程，象徵著身體得到了由內而外的淨化。

【減壓錦囊計】之二：能量呼吸

利用鼻子和嘴巴進行呼吸，但儘量利用鼻腔進行呼吸。將整個身體當做很大的一個肺來使用，讓空氣在你的身體裏循環。

想像頭頂有一個無形的洞，吸氣時，想像能量像一束光一般從頭頂進入到身體中。吸入的氣體其實是把這些能量從頭部帶到你的腹部，呼氣時讓能量隨著氣體從頭頂離開。重複做5～10次，呼吸和能量的視覺想像一定要配合在一起，隨著你不斷將能量帶入到胃部，讓它們隨著你的呼吸滲透到身體上半部的其他位置。

然後，開始想像你的每隻腳掌上也有一個無形的洞，能量仍然可以像光束一樣，從這個無形的洞口順利地進入你的身體。把注意力放在你身體的下肢，讓能量流隨著你的吸氣進入，呼氣流出。

一旦你的呼吸和身體可以相互配合，隨著你的吸氣，想像著把頭頂和腳部的能量結合起來，讓能量到達你的身體中心部位，呼氣時讓能量流按照各自的方向原路返回。充分做10到20次，每次都將能量帶到你身體的各個部位，直到感覺身體的所有細胞都充滿著能量。初次想像從身體的兩個相反的方向進入體內時會有些困難，但經過多次練習之後，就會變得容易得多。

在做這些訓練的時候，一定不要屏住呼吸，儘量延長呼吸，並且將冥想的進度與呼吸的節奏相協調，慢慢熟練之後，就可以舉一反三了。

【減壓禁忌站】

1. 在開始練習時，最好選擇一張直背的舒適的椅子，或者一張可以讓自己平躺下來的沙發或者是床。但選擇床的前提是，不要讓自己在冥想中陷入了睡眠狀態，把自己催眠了。
2. 著裝應該以舒適為主，不要著緊身衣，將身上束縛自己身體的服飾解開，比如皮帶、女性的胸罩等，你要讓自身儘量放鬆。
3. 呼吸的方式採用腹式的，深長的呼吸。

站起來，「坐」是萬壓之源

坐著不動也會生病？問這個問題的人，只能說明你很幸運，沒有遭遇白領一族在辦公室伏案工作一天的經歷。

倫敦大學國王研究室的研究人員不久前發現，稱爲端粒的DNA重要片段，在慵懶的人身上變短的速度，比平常喜歡鍛鍊的人更快。這表明，人體細胞的衰老速度在習慣於久坐不動的人身上表現得尤爲突出。並且，壓力也被認爲同這種端粒的長短有著密切的關係，研究人員通過一系列臨床實驗證明了一個問題——經常參與體育活動的成年人比久坐不動的成年人更年輕。

那是不是說明，如果你不喜歡體育鍛鍊，或者感覺自己沒有時間進行體育鍛鍊，就會比那些喜歡體育鍛鍊的同齡人變老得更快呢？是的。通過我們走訪的幾位辦公室白領麗人的案例，也許我們可以感同身受一番。

王小姐、李小姐、林小姐是典型的OL一族，她們從事的職業十分相近，從事文案寫作之類的工作，每天的工作時間都是在辦公室內度過的，電腦是不可或缺的辦公用品，平均每天對著電腦的時間超過了六小時。王小姐說自己最大的毛病就是脖子疼，兩個肩膀酸得要命；李小姐的問題則在於視力上，本來就有近視的她，由於從事這項每天盯著電腦的活兒，現在視力經常出現模糊，嚴重的時候，還會頭疼；而林小姐談到自己的問題時，三緘其口，後來在我的追問下，她才說，自己自從幹了這份工作，經常便祕，後來竟然發展爲痔瘡了，現在在醫生的勸導下，不再像以前那樣一坐就是一天，會經常站起來走走了。

王小姐的頸椎因爲久坐不動承受了過大的壓力，如今終於開始變得僵硬疼痛了，李小姐的眼壓過高，也跟長期坐著不動不注意調節有關，到了林小姐，她總算是開始採取措施了。作爲辦公室的女性職員，大多數人雖說不用去外邊幹一些奔波勞累的活兒，坐在辦公室不受日曬雨淋倒也顯得愜意，但是由於一直坐著辦公，日積月累也就養成習慣了，殊不知，身體上原本沒有毛病的器官也已開始承受不住「坐」帶來的壓力了，紛紛開始反抗，難道一定要到林小姐的地步才開始四處求醫嗎？

不用，當然不需要，一點一滴的生活習慣就是慢慢養成的，不勞神費力，每天運動一小會兒，身體器官承受的壓力就會逐步地減輕，隨著你堅持不懈的努力，壓力就都跑光光了。也許，還有另一層收穫——你會發覺自己比以前年輕了不少。

【壓力自測版】看看你成爲「坐神仙」的指數有多高？

1. 平均每天對著電腦的時間超過4小時。
2. 從未注意過自己使用電腦的姿勢。
3. 在電腦前經常會一動不動超過1小時。
4. 有電梯儘量坐電梯，很少或者從未爬過公司的樓梯。
5. 連喝水都儘量讓同事代勞。
6. 除了上廁外從不離開坐椅。
7. 走到哪兒都會先找有座位的地方。
8. 吃完東西後立刻癱坐在椅子上。

如果你發現上面諸多習慣你都有過，並且從未介意過，或許明知故犯，那可得警惕說不準哪天——你的身體就要開始向你示威了。為防止悔恨不已的情況發生，還是從現在起採取一些簡單而有效的措施吧！

【減壓ABC】避免「坐以待斃」的實用招數

對於習慣於久坐不動的人，下邊的一些小方法都是有助於糾正長期以來養成的對於身體極為不利的不良習慣，只要每天稍微留心，就不用擔心身體的「造反」行動了。

一、好的坐姿是好的開始　對於長期與電腦相處的人而言，要有一把適合自己身高的坐椅。坐在上面儘量遵循「三個直角」：膝蓋與小腿儘量成直角，大腿和後背儘量成直角，手臂和肘關節儘量成直角。儘量保持頸部的直立狀態，兩肩自然下垂，下部腰身儘量挺直。可以避免給頸、肩、脊椎造成過重的壓力。

二、能行則行　不要一動不動地對著電腦超過一小時。借著複印資料、發傳真、喝水等小行為，多走動走動，邊走動還可以邊伸展一下蜷曲的四肢。對於在寫字樓工作人而言，爬樓梯是最好的鍛鍊方法，一邊爬樓梯一邊要注意調整呼吸，如果樓層較高的話，每天爬一到兩遍樓梯，這一天的運動量就足夠了。既可以保持體型，又可以增強身體的免疫力。

三、多吃水果和蔬菜　新鮮的蔬菜和水果可以增加維生素的攝入，還可以預防角膜乾燥、眼乾澀、視力下降等，電腦操作者應多吃些富含維生素A的食物，如豆製品、魚、牛奶、核桃、青菜、大白菜、番茄、空心菜及新鮮水果等。每天泡一杯綠茶還可以改善機體造血功能，茶葉中的兒茶素，可以抑制癌症發生、預防高血壓、動脈硬化等成人病。另外，茶葉還能防輻射呢！

四、眼睛保健操　在電腦前工作的人眨眼次數比平時少，因而眼內潤滑劑和酶的分泌也相對減少，這樣眼睛極容易出現乾澀和疲勞，滴眼藥水的次數過於頻繁，對眼睛也是有害的，最好的辦法是多眨眼，向遠看和做眼保健操了。眼保健操的功效比眼藥水大得多，只要掌握了正確的方法，對抗眼部疲勞是很有功效的。

記得常常與太陽約會

面對陽光，我們總是避之唯恐不及。尤其是整天處於在有空調的辦公室裏的上班一族，一旦有可能要暴露在日光之下，就拼命地往臉上身上塗抹厚厚的防曬乳液，要不然就撐一把遮陽傘。幾乎每個人都會擔心會被曬黑，被曬出皮膚癌，色斑等等。其實，仔細算一算，一天之中，真正接觸太陽的時間少得可憐。

我們常常陷入對曬太陽的恐慌之中，最根本的原因是沒有眞正了解到陽光的作用。丹麥科學家芬森無意中看到一隻貓躺在地上曬太陽，當時天氣不算寒冷，但他注意到貓的腿上有個流膿的傷口，貓在利用陽光給自己治療傷口。這一發現，使他成爲一九三〇年的諾貝爾獎的獲得者。

其實在我國古代就已經有了日光治療的記載，在中醫經典《黃帝內經》中就記載了我們的祖先在西元前三到五世紀就掌握了日光療法。到了隋唐，醫師們將這種療法記載在書中，在《諸病源候論》中寫道：「凡天和暖無風之時，令母將兒抱日光下嬉戲，數見幾日，則血凝氣剛，肌肉緊密。」尤其是在日照稀少的冬季裏，無論是兒童還是中老年人，還是青壯少年，多到戶外活動活動，多曬曬太陽，可以促進身體的健康。

曬太陽有這麼多的好處，那爲什麼越來越多的現代人對於陽光如此恐懼？歸根結柢，就是沒有眞正客觀地了解到曬太陽的好處，卻過分誇大了曬太陽的弊端。凡事都是有利有弊的，物極必反的道理大家都懂，只要把握好一個度，很多問題都會迎刃而解的。

很多人都恐懼太陽中的紫外線，其實適度曬太陽，不僅不會被紫外線傷到，還能有利於健康。曝曬的時間過長，太陽中紫外線的積累確實容易引起色斑甚至皮膚癌，但我們不能因噎廢食。

在充分認識到陽光的好處和過分曝曬的弊端之後，我們就可以拋開那些讓我們錯失掉很多好機會的說辭。凡事都講求一個度，把握好這個度，我們就可以充分利用物質的有利的一面，眞正名之爲——「取其精華，去其糟粕」。

【減壓ABC】把握正確的曬太陽的方法

一、上午6到10點鐘、下午4點到5點曬太陽最適宜　上午6點到10點的陽光中紅外線強紫外線弱，可以促進新陳代謝。下午4到5點鐘的紫外線中的X光束多，可以促進腸道對鈣、磷等物質的吸收，增強體質，促進骨骼正常鈣化。但無論哪個季節，上午10時至下午4時，最忌長時間曬太陽，因爲這個時間段的紫外線最強，長時間曝曬在太陽下，會對皮膚造成傷害。我國冬天的陽光斜射，紫外線也很低，即便在這個時候曬曬太陽，對於成年人而言，也不會對皮膚造成傷害的。

二、避免直射但不要透過玻璃曬　在曬太陽的時候應避免陽光直射頭部，也不要隔著玻璃曬太陽，因爲紫外線穿透玻璃的能力較弱，玻璃將大部分的紫外線抵擋在外，我們就不能享受到陽光中紫外線的好處了。

三、吃飽之後曬太陽最有利於維生素的吸收　曬太陽的時候也儘量不要空腹，陽光可以促進鈣的吸收，還能讓我們的身體產生防癌能力較強的維生素D。因此，吃飽之後，曬太陽會事半功倍。

【減壓錦囊計】認識「太陽大夫」

一些美國科學家隨後發現，每天曬太陽十分鐘可以預防結腸癌和乳癌。因為陽光中的紫外線使人體中的膽固醇轉變成維生素D，而人體缺乏維生素D就會導致乳癌和結腸癌的形成。

倫敦的一些專家還發現了曬太陽的一件奇妙的事，有一些經常曬太陽的不育症患者，可以得到自然的康復。專家解釋說，因為陽光照射在皮膚上，能提高血液中的荷爾蒙成分，地中海的陽光在治癒不育症方面有奇特的功效。據說，許多不育症患者夫婦在地中海度假之後，都成功地懷上了寶寶。

而日本的專家還發現了太陽的短波紅外線的透射力可直達深層組織，使血液加快，促進新陳代謝，起到消炎鎮痛的作用。而太陽的紫外線可以殺菌消毒，又能防止氣管炎之類的感染疾病。與此同時，陽光還是免費的優質魚肝油，常曬太陽，能夠使兒童的佝僂病、糖尿病得到防治。

拒絕滑鼠手，讓手指們「散散步」

電腦如今在我們的工作和生活中佔據了很重要的位置，越來越多的人每天不得不長時間地使用電腦。現代的上班族大多數每天都要重複著在鍵盤上打字和移動滑鼠，手腕關節由於長時期密集、反覆和過量的勞動，以至於逐漸會形成腕關節的麻痹和疼痛。而我們的手指頭，也因爲勞動的過量而變得不再靈活，嚴重的還會出現食指與中指疼痛、麻木，甚至拇指肌肉無力等症狀。有人將這種不同於傳統的手部損傷的症狀群，稱爲「滑鼠手」。

一些手外科專家還指出，滑鼠比鍵盤更容易造成手的傷害，因爲當人們使用滑鼠操作的時候，手掌總是窩成一個固定的形狀，總是反覆集中地使用一到兩個手指機械地活動，稍不注意，還會拉傷手腕的韌帶。據一些調查表明，由於女性的手腕骨通常比男性要小，腕部正中神經容易收到壓迫，因而她們的「滑鼠手」的發病機率比男性要大得多。一旦你患上了腕管綜合症，那眞是一件讓人很惱火的事情。所以，平常可以讓手指、手腕多多「散散步」，防止「滑鼠手」。

【壓力自測版】怎樣注意你的「滑鼠手」？

自己的雙手當然要自己來關愛，有了「滑鼠手」不可怕，可怕的是自己還沒有意識到問題的嚴重性，下面的幾種情況可以告訴你答案：

1. 在單手使用滑鼠時間過長的情況下，單手或者雙手感覺無力。
2. 手掌心感覺麻痹，用另一隻手的食指戳一下手掌心，會感覺到酸痛。
3. 手指麻木，尤其是手指不能自由地彎曲，彎曲時會感覺到肌肉脹痛。
4. 手腕疼痛。

【減壓ABC】擺脫「滑鼠手」的「手指體操」

對付「滑鼠手」或者預防「滑鼠手」，其實很簡單，最重要的在於自己養成良好的習慣，經常讓手指們「散散步」，放鬆一下，不要過度地使用它們，要知道它們也是需要關愛的，否則，物極必反。

第一步：雙手手指相互交叉夾住，右手的大拇指在左手的大拇指上，夾緊，保持10秒鐘，然後換一個姿勢，左手的大拇指在右手的大拇指上，夾緊，再保持10秒鐘。

第二步：雙手手指儘量張開，讓手指們儘量向前伸。保持10秒鐘。

第三步：將所有的手指都併攏，按照從大拇指到小指的順序，逐個張開手指，儘量讓手指與手指間的距離大一些。

第四步：將上面的動作從小指到大拇指的順序反覆一次，逐個併攏手指。

第五步：用右手的大拇指和食指夾住左手的大拇指的指甲部分，揉捏10次，並依次從大拇指揉捏到小指爲止，然後雙手互換，每個手指揉捏10次。

第六步：按照從大拇指到小指的順序，向後扳每根手指，每個手指堅持10秒鐘。

除去伸展的揉捏的方式對手指進行放鬆之外，還可以通過按摩手掌穴位的方法減輕手部的麻木和酸痛感。當然，前提是一定要找到正確的穴位才行。

下面介紹幾個很容易就能掌握的手掌穴位的按摩方法——

1. **勞宮**。屈指握拳的時候，中指指尖所點到的地方就是它了，在第二和第三掌骨間。這個穴位主要治療手指勞累所導致的麻木、手掌多汗等症狀。

方法是：用一隻手的拇指按揉另一手掌的勞宮穴，先順時針按揉36次，再逆時針按揉36次。

2. **中渚**。俯掌，這個穴位在第四和第五骨掌間，掌指關節後方的凹陷處。主要治療手背疼痛、五指屈伸不利等症狀。

方法是：用一隻手的拇指按揉另一隻手的中渚穴，約5到10分鐘，然後換手進行。

【減壓禁忌站】放鬆手指要注意的問題

無論你是選擇給手指做「體操」還是選擇用按摩穴位的方法，目的都是同一個，那就是給手指們減減壓，大家都知道過猶不及的道理，因而，在減壓的過程中，我們要避免各種各樣的原因給手指們帶來傷害。

1. 不要屏住呼吸，要一邊進行深呼吸、一邊進行鍛鍊，儘量將呼吸的節奏調整到與鍛鍊或者按摩時的節奏相協調。

2. 不要用力過猛，拉伸時量力而行，揉捏的時候力度，只要能夠使手掌舒服就行。

3. 把握好節奏，不能過快，儘量做得穩健一些。

4. 完成之後，記得抖動一下手指及手腕，可以促進手指血液的微循環，防止手指痙攣和關節疼痛。

DIY瑜伽，辦公桌也能變瑜伽墊

在辦公室裏工作時間長了，從脖子到腿都會難受。瑜伽是種十分常見的健身的方式，也是減輕壓力的好方法。瑜伽的柔和運動配合上獨特的呼吸方法，不但不會造成肌體的疲勞，規律的運動還可以提升思維的清晰度。

那麼在辦公室那麼狹窄的空間裏，可以通過瑜伽來改善疲勞的狀況麼？其實，我們平日裏工作的桌椅都可以當做是瑜伽的好幫手，就像瑜伽墊之於瑜伽一樣，偶爾靈活使用，工作間的桌椅也能在工作之暇給我們帶來不少便利。

那麼，就脫下你的高跟鞋，打開一扇窗戶用來通風換氣，就可以開始你的辦公室DIY瑜伽了。

【減壓ABC】實用的辦公室DIY瑜伽

一、肩頸部位

端坐在椅子上，背挺直，坐在椅子的三分之二處更便於練習。

步驟：右臂上舉，伸直，五指併攏，左手握右肘，吸氣，向上伸展；然後呼氣，手臂向後伸展，吸氣，還原端坐的姿態。腳尖在你向上伸展的時候，隨著你的身體的向上而踮起。這一組完成之後，可以自然呼吸休息幾秒鐘，然後進入下一組。屈右肘置於後腦勺處，右手儘量向肩胛骨處伸，左手護住右手的肘關節，端正肩膀，眼睛正視前方，然後換一隻手進行。

二、脊椎部位

步驟：吸氣，感受一下自己的脊椎挺得很直，呼氣的時候，身體向右轉，右肘支撐在椅背的邊緣上。深呼吸，頭部和脊柱努力向正後方扭轉，但是身子一定要控制住不能跟著一起轉動。這個時候可以感受到身體的兩骨力量向不同的方向用力，頭部和脊椎向右用力，下半肢又不允許其偏移。保持姿勢10秒鐘之後，可以換一隻手進行。

三、胸部

步驟：站在椅子的後邊，與椅子「背靠背」。十指交叉，置於身後，手心翻轉向下，吸氣，抬頭，慢慢將脖子向身後探尋，胸和背一定要挺直，保持姿勢進行深長的呼吸。固定姿勢10秒鐘之後，吸氣，恢復站立姿勢。呼氣，試著腳跟慢慢抬起離開地面，膝蓋慢慢彎曲下蹲，臀部向後挪，儘量向椅背處靠，然後緩慢下蹲到手肘與椅背呈90度，保持此姿勢不變，頭慢慢向後仰。保持姿勢10秒鐘。

四、腹部

步驟：側坐於椅子上，一手扶住椅背，另一隻手扶住椅座的邊緣，兩隻手抓牢椅子。臀部以下的部位開始向前傾，與此同時，腰部以上的部位慢慢向後仰。然後將兩腿併攏，伸直慢慢抬起，直到雙腿與椅座平行，保持姿勢10秒鐘。如果覺得這樣做不是十分吃力的話，可以慢慢保持雙腿與身體的角度不變，身子慢慢向後傾，雙腿慢慢抬高。

做這個動作時，一定要注意椅子的座面不要特別的滑，這樣很容易就會摔倒地面上，雙手要抓牢椅子，讓身體去找平衡的感覺。

五、手臂和手肘部位

步驟：端坐於桌前，儘量使前胸與桌面保持20公分的距離，挺直背部。十指交叉於胸前，手心翻轉向上，雙手向前慢慢推移。伸直手臂後，大拇指向下慢慢接近桌面，並用大拇指支撐桌面。呼氣，伏地挺身手腕向前推移，將雙臂肌肉收緊，放鬆撐開手指，朝桌面靠近，感覺像是在給手掌做伏地挺身一樣。

六、腿部

端坐於桌子前方50公分處，雙腿分開與肩同寬，左腳腳尖踮起，將右腿抬到桌面上，伸直，調整與桌子的距離，使足跟剛好擱置在桌子上，而小腿懸空。將身體側向抬起的右腿一側，雙手握住右腳腳踝。呼氣，上身屈向右腿，儘量使上身向右腿靠近，保持姿勢10秒鐘。左腳腳尖一定要保持點地的狀態，才能獲得良好的效果。完成右腿動作後，換左腿進行。讓身體慢慢向抬起的腿靠近，如果第一次靠不過去，可以找到向前靠的感覺也是可以的，希望每一次都會比上一次完成得更好。

【減壓禁忌站】避免傷害自己的小細節

1. 練習時，一定要脫下高跟鞋。
2. 剛開始練習時，不要強求自己一步到位，動作要緩慢，適可而止。
3. 拉伸時，不要用力過猛，量力而行最關鍵。
4. 在練習過程中，不要喝水，最好空腹練習。

黃金一小時，讓「午休」名副其實

對於午休是否必要，一直以來都是一個爭論不休的話題。有的人認爲，午休十分必要，稍微在桌子上靠上十幾分鐘，就能給下午的工作帶來充足的精力。有的人覺得，如果一直不午休，養成習慣就不必午休了，否則反而對健康不利。

那麼，午休究竟必要還是不必要呢？其實，午休對人體健康還是十分有利的，但是並不是人人都需要午睡，情況因人而異。不過，對於上班一族的白領們而言，午休是十分必要的。因爲還有整整一下午，甚至時不時還會有的加班，午間休息一會兒，對於保證下午的工作效率，還是十分重要的。

需要午休的人首先是夜間睡眠不足的人，可以通過午休適當補充一下睡眠。上午、下午，甚至晚上都會有工作安排的人，更是需要午休來補充一下耗掉的精力。不管你身體有多麼強壯，不管你覺得自己多麼年輕，多麼受用，身體在不斷地耗損下，總有一天會出現故障的。

炎熱的夏季最需要午休了。由於氣溫高，人體皮膚血管擴張，使血液大量流向皮膚，大腦供血相對減少，加上晝長夜短，午休顯得尤其的重要。但是，午睡的時間也是需要控制的。很多人青睞於趴在桌子上打一個盹兒，也許就那麼一、二十分鐘。那是針對爲數甚少的工作忙碌不堪的人的做法，能夠稍微瞇一下眼睛，也能起到提神的作用。若是有充足的時間可以用來午休，最好能保證午休時間在半小時到一個小時之間，時間最好不要超過一個小時。

隨著工作量的加大，爲了有效地提高下午的工作效率，越來越多的人開始珍惜午休時間。總之，讓午休的黃金一小時名副其實，還是需要自己主動去實現的。

【減壓ABC】午休也需要一些技巧

一、午餐吃些什麼也很影響午休的品質，比如，午餐中飲入酒精或者咖啡過多，吃得過飽等，都會對午休造成一定的障礙。

二、吃完午餐後，最好是能在附近走動走動，大約15分鐘後再午休，才能保證午休的有效性。

三、午休的睡姿也很重要。午休雖然很短暫，但是睡姿也應該和夜晚的睡姿保持一致。科學的睡姿是頭高腳低，右側臥位，這樣可以減少對於心臟的壓力，也可以防止打鼾。

四、睡醒後，不要急於起身就開始工作，最好是醒後喝上一杯水，稀釋一些血液中的黏稠度，慢慢地投入到工作的狀態中去。

五、儘管只是一小時的睡眠，午休在一天中也起到了承上轉下的作用，利用好這個黃金時間，許許多多的身體疲勞引起的不適都會迎刃而解。其實，拿工作繁忙作爲拒絕午休的藉口，實在是大錯特錯了，這一小時的休息卻有可能提高你一倍的工作效率。

【減壓禁忌站】避免不好的午休習慣

1. 飯後就睡　吃完午飯馬上就睡，胃裏的食物還沒來得及完全消化，就囤積了下來。不僅對個人的身體健康不利，長此以往，保持好身材的夢想就要泡湯了，肚子周邊的「救生圈」，就是在你飯後趴下的那一小會兒裏，偷偷地冒了出來。

2. 趴桌上睡　很多辦公室的白領們習慣於飯後趴桌子上午休，這種習慣顯然是應該極力避免的。上肢壓迫住了，很容易就引起手腳麻木和頸部疼痛。不僅妨礙了血液循環，使腦部血流減少，而且站起來的時候容易頭昏腦脹，胸部也會因受壓，而導致呼吸不暢，加重腦部缺氧。所以，趴在桌子上午休其實比你不午休還更具有破壞性。如果沒有能躺的地方，建議你靠著椅背仰躺式午休。

3. 黃金一小時，不容錯過　生理學的相關研究發現，人在入睡後八十到一百分鐘後才會進入深度睡眠狀態，在深睡眠過程中，腦組織中的許多毛細血管會暫時關閉，腦血流量明顯減少，機體的新陳代謝水準會有所降低。如果這個時候突然醒來，剛剛關閉的毛細血管不能立刻打開，大腦會出現暫時性的供血不足，人體會感覺到非常不適。這種不適要持續一段時間才能自動緩解，會給行動帶來很大不便。一小時的午睡，是防止自己陷入深度睡眠後，突然驚醒的黃金時間。超過一小時的睡眠，不僅不能讓自己有更加飽滿的精神，投入到下午的工作中去，還會影響到晚上的正常睡眠品質。

動一動，十分鐘就夠的「減壓操」

在經過長時間對著電腦螢幕工作之後，無論是肉體，還是精神都會變得疲憊不堪。工作的疲勞大部分是由於壓力過重而引起的精神疲勞，雖然說躺下來休息一會兒或者攝取一些有助於恢復體能的食物，可以暫時緩解疲勞的現狀，但對於恢復人的精神來說，還是難以見效的。

在工作久了，感覺到累了的時候，抽出十分鐘的時候就可以讓自己的精神和肉體同時恢復活力，需要一個人的耐心和信心。只要你肯站起來，動一動，沒有什麼疲勞是驅除不掉了。

對於那些沒有時間的忙人，十分鐘就可以讓自己告別疲倦的「減壓操」是一個不錯的選擇。這些小動作每個人只要稍微留心一下，就可以輕鬆掌握的。也許你平時不經意間也會去做類似的小動作，這說明你還是相信稍微努力一點點，就會有收穫的道理的。人的身體和精神的聯繫十分的密切，愛惜自己，每天十分鐘，誰都可以身心愉快。

【減壓ABC】十分鐘「減壓操」

一、彎腰也能去疲勞

操作方法：站起來，身體呈立正的姿勢，雙臂高舉過頭頂，深呼吸，持續10秒鐘。然後，一邊吐氣，一邊緩慢地彎曲身體，雙手慢慢地去抓住腳脖子。保持彎腰姿勢5秒鐘之後，慢慢還原到立正姿勢，還原的過程中，一定要記得吸氣和吐氣。整個過程一定不能快。可以自己數著三位元數位來保證每一秒的時間，「101、102、103……」

效果：消除不安和煩悶，消除頭部疲勞，改善全身的血液循環。

注意事項：身體彎曲時儘量不要讓膝蓋彎曲，彎腰過程5秒鐘，還原過程5秒鐘，一定不能急。重複動作3次即可。

耗時：20秒鐘一次，做3次，剛好1分鐘。

二、踮踮腳跟去疲勞

操作方法：手扶住牆壁或者椅子支撐身體，雙腳的腳跟同時慢慢踮起，保持5秒鐘。然後，伸直跟腱，腳跟慢慢地回落，保持5秒鐘。

效果：有助於消除腳部浮腫，還能使腳脖子變細，消除因長期坐著不動帶來的腳部麻木。

注意事項：如果能站在臺階處，手扶欄杆練習是最好的，因爲這時可以保證腳後跟懸空，讓腳後跟回落的時候，能夠降到最低處，更好地促進腳部的血液循環。在腳跟提起放下的時候，膝蓋不要彎曲。

耗時：10秒鐘一次，做6次，剛好1分鐘。

三、轉動上身去肩酸

操作方法：雙臂向前伸直，和肩膀保持同一高度，兩手手掌掌心相對，靠近。上身跟著雙臂向右轉動，再回到原位，向左轉動。左右轉動各一次。

雙臂環抱，胳膊和肩膀保持同一水平線，身體跟著雙臂一起左右轉動各一次。

效果：消除肩部的酸痛，矯正姿勢，還能提高精神。

耗時：伸直轉動左右各一次，約2秒鐘，做30次，1分鐘；環抱轉動左右各一次，約2秒鐘，做30次，1分鐘，總共耗時2分鐘。

四、扭轉雙臂

操作方法：雙臂向前伸直，肘關節儘量靠近，手掌心靠近。扭轉雙臂，使手背相對，肘關節儘量靠近。然後，向背後伸直雙臂，手掌相對，繼續扭轉雙臂，使手背相對，儘量靠近肘關節。

效果：消除手臂疲勞，強化腸胃，改善心情。

注意事項：在扭轉的過程中，量力而爲十分重要，避免因爲自己用力過猛而傷到自己。

耗時：向前向後一次耗時約5秒鐘，做12次，1分鐘。

五、坐在椅子上的「減壓操」

操作方法：坐在椅子上，背部自然挺直，單腳放在椅子上，膝蓋儘量向胸部靠近，雙手抱膝，靜止5秒鐘，換另一隻腳，同樣抱膝5秒鐘。

完成後，分開雙腿，依然是坐在椅子上，背部自然挺直，雙臂向前伸直，身體下彎，讓頭部深深地埋在膝蓋中間，靜止5秒鐘之後恢復到原來的位置。

效果：緩和和預防腰痛，改善全身的血液循環，消除腿部的僵硬和麻木。

耗時：一套動作完成一次約耗時20秒，做6次即可，2分鐘。

六、撐桌俯臥

操作方法：站在離桌子一公尺的地方，用雙手支撐全身的重量。雙臂慢慢彎曲，手腕伸直伏下身體，充分伏下後靜止5秒鐘，再回到原來的姿勢。如果習慣後，還可以在俯臥的時候，抬起一條腿。

效果：增強肺活量，驅除睡意，增強耐力。

耗時：一次完成下來約5秒鐘，做10次即可，約50秒鐘，稍微休息一下，總共1分鐘。

七、提肛動作

操作方法：無論是站著還是坐著，隨時都可以進行。如坐在椅子上，一下子收緊肛門，堅持3秒鐘後放鬆，重複做多次。背部一定要挺直。

效果：對治療便祕和減輕痔瘡症狀有顯著的效果，改善肛門周圍的血液循環，預防大腸癌。

耗時：一次完成下來大約6秒鐘，做10次即可，1分鐘。

八、隨便走走

在完成一系列簡單輕鬆的動作之後，可以利用剩下的1分鐘時間隨便到處走走，喝杯水，眺望一下遠方，就可以開始投入到工作中去了。

【減壓禁忌站】減壓操，該注意的得留心

1. 不能在吃飽了飯後的10分鐘內進行，會不利於腸胃。
2. 進行減壓操之前不宜喝大量的水，少許的水還是允許的。
3. 每一項動作都不宜過量。
4. 凡事貴在堅持，每天堅持10分鐘，堅持才是王道。

第三章

安撫壓力

——別讓壓力向你發飆

每個人都能承受住一定的壓力，不少人還能將這些壓力當做事業中奮發進取的動力源。沒有壓力的現代人，在這個世界上是不存在的。因爲有所追求，就必定會有壓力。然而，壓力太大了，會給自己造成怎樣的困擾呢？有的人會變得消沉，有的人會失去信心，有的人還會因此而對身邊的人造成傷害。總之，這些都是壓力失控，開始向你發飆的表現。

不能在壓力失控之後才想方設法去挽救，應該趕在壓力向你發飆之前，及時地加以阻攔才是。學會安撫壓力，讓信念帶路，不要讓無情的壓力傷害到你和你身邊的人，每個人都能夠做到的。

信念上路，壓力勿擾

面對挫折和不幸，我們從不缺少戰勝它的方法，畢竟身邊還會有許許多多關心你的人向你伸出援助之手。但是，別人的幫助都是治標不治本，如果缺少一種堅強的精神力量，有再多的幫助和關懷，也不能夠讓你渡過難關。這種精神力量我們稱之爲信念。

有個關於沙漠的故事，常常被用來告訴人們只要有信念，就沒有克服不了的難關。一隻探險隊伍在沙漠中艱難地行進，廣袤無垠的沙漠讓人總是望不到邊。陽光很強烈，乾燥的風沙漫天飛舞，而隊員們水囊裏的水已經所剩無幾了。水是沙漠中最爲寶貴的支撐生命力量的資源。這時候，隊長拿出了一個水壺，說：「這裏就剩下這最後一壺水了，但是穿越沙漠之前誰也不能喝。」水壺在隊員們手中依次傳遞著，大家都感受到水壺裏沉甸甸的水的重量，心中充滿了希望和喜悅。

當大家靠著這壺水支撐起的堅強的信心，穿越了茫茫的沙漠之後，所有的隊員都迫不及待地想打開那個裝滿水的水壺。可是，擰開壺蓋之後，流出的卻是細沙。這時，隊員們很快就意會到隊長的良苦用心，只要堅信難關是可以闖過去的，人的潛能就能得到無限大的發揮。那股清泉不是裝在水壺裏的，而是裝在人們的心中。

信念就是那一股清泉，指引你走出黑暗。

羅曼・羅蘭常說：「最可怕的敵人，就是沒有堅定的信念。」

當我們面對工作的困擾和生活的難題時，許許多多的壓力不過是我們想像中的假想敵，懷著對這些假想敵的恐懼，心裡怎會感到輕鬆呢？當這些假想敵在我們心中生根發芽以後，它就會變成各種各樣的心理或者生理的疾病，折磨著我們的身體和靈魂。

爲什麼不試著去相信自己是一名勇敢的鬥士？在這些微不足道的困難面前，我們還有親人和朋友的扶助，還有一腔熱血投入到戰鬥中去，懼怕和擔憂都是浪費時間的，只要心中有信念，就可以衝破萬難。

常常我們會不由自主地去埋怨工作的辛苦，公司裏的工作常常需要趕工加班，儘管賣力地工作，掙的錢也還是不多。年紀也不小了，家裏人老催著結婚，可是現在自己離目標還遠得很，一事無成，談婚論嫁談何容易？當你思考這些問題的時候，你應該早就已經感受到了巨大的壓力，像無形的黑雲壓過你的天空。結果導致你無精打采地去工作，心有不甘地去加班，對著老闆有一肚子的埋怨，為什麼不多發點獎金？和女朋友約會也是悶悶不樂的，覺得結婚是一件多麼遙遠的事情啊！

所有的這一切，任何人都有可能會遇到。看到那些依舊活得很瀟灑，很樂觀、很豁達的人，都會禁不住有些羨慕，甚至有些嫉妒。其實，你也可以。面對自己好像永遠不可企及的目標，要堅信：麵包總會有的。保持著這份執著的信念，認真走好腳下的每一步路，為不知何時會到來的機會做好準備。人常說：「機會總是留給有準備的人的。」相信機會總會來臨，做好充足的機會，任何時候都不會錯過它。苦難只是暫時的，多想無益，只會徒增煩惱。

那些生性豁達樂觀的人，就不會把這些每個人都會經歷的事情當做是一種壓力，他們心中懷有自信以及對於美好將來的信心，並且堅信，現在看到別人有的我也一定會有，只是時機還不成熟。趁我現在還年輕，接受一點人生的考驗，也是一種磨鍊，對我以後輝煌的未來是有益無害的。恰巧那些平步青雲的人，在他們身處高處的時候，也會有惶惑和不安，而我們現在，「無官一身輕」的狀態不是剛剛好，何不趁此大好時光，做好自己該做的事，快快樂樂地過好每一天。

愛因斯坦相信：「每個人都有一定的理想，這種理想決定著他的努力和判斷的方向。在這個意義上，我從來不把安逸和快樂看做是生活目的本身——這種倫理基礎，我叫它豬欄式的理想。照亮我的道路，並且不斷地給我新的勇氣，去愉快地正視生活的理想，是善、美和眞。」

如果你也堅信善、美和眞能夠幫助你實現人生的理想，並且正視腳下的道路，沒有壓力，輕鬆快活的人生，在這份信念的照耀下才會閃閃發光。

「我是最優秀的！」

生活中有很多我們不得不去承擔的重負。無論你是一個孩子的父親，還是一個公司的主管，或者是一名極爲普通的營業員，對於這份你正在從事的工作而言，你都是不平凡的。是勇敢地闖過難關，跨越壓力帶來的各種障礙呢？還是委屈地逃避痛苦，讓壓力繼續沉澱下去，日積月累，令人心力交瘁？

對於父母，我們是他們最特別的孩子；對於朋友，我們是他們不會忘記的人；對於愛人，我們是他們心靈的支撐。生活就像一齣戲，酸甜苦辣盡在其中，不管我們扮演的是主角還是配角，都不應該自己看低自己。抬起頭來，告訴自己——「我是最優秀的！」才能讓你鼓足勇氣面對一切壓力，戰勝難關。

造成我們妄自菲薄的原因有很多種，只有找出這些原因然後「對症下藥」，才能提高常常懷有妄自菲薄的情緒的人的自信心。

有許多人因爲自卑心理而造成心理負擔過重，以至於心理意識的平衡形成的原因是多方面的，既有個人生理心理特點造成的原因，也有家庭、學校教育、社會環境的原因。但一般來講，這種心理表現出一些普遍的共同的規律。

懷有自卑情緒的人在評價自我的時候，只會看到自己的不足和失敗，並且有時還會將這些小缺憾加以誇大，造成心理上難以抹去的陰影。

他們應該勇敢地從那些身殘志堅的人身上尋找到教義，作爲一個四肢都完好無損的人，完全沒理由讓自己陷入到自卑的情緒當中，無法自拔。當這些身體有缺陷的人，仍然能像正常的運動員一樣，參加體育訓練，並在賽場上拼搏一番，還有不少人也取得了很優異的成績。做爲肢體健全的人，我們應該從自己常常感覺不如人的困境中，積極地尋找出路。

【減壓ＡＢＣ】打開心靈的鎖，自信起來

一、尋找自己身上的閃光點　重新認識自己，挖掘自己身上與眾不同的地方。比如善於與人溝通、勇於承認過失、敢於嘗試、興趣愛好廣泛等，都是自己身上可以發掘的閃光之處。應該大力發揚，從而讓自己變得更加自信，也更加優秀。

二、不懼怕挫折與失敗，跌倒了就爬起來　挫折和失敗導致許多人會喪失自信心，就像許多被戀人拋棄的人，會在下一次戀愛來臨時會害怕和恐懼一樣。生活上、事業上，總會有冰山。誰都不能避免，我們不可能因爲有冰山，便阻止人生的鐵達尼號前行。也不會因爲遭遇了一次冰山事故，而不再讓輪船航行在大海之上。

因爲一次小小的失敗，就喪失了自信心的人，應該好好地反省自己。歷史上有許許多多百折不撓的故事可以啓發我們，失敗既然是成功之母，不經歷一些失敗，怎麼會有成功呢？

很多很有名的演說家，並不是天生就具有演說的能力，也不是自信心就眞的比常人多出好幾倍。許多成功的演說家在回憶自己的人生道路時，也會說到自己曾經面臨著信心不足的情況。甚至，好些人曾經說話都有一定的障礙，但最後仍然沒有阻擋住他成功的腳步。在每一次登上講堂之前，會恐懼會信心不足是再正常不過的。每次在經過汗水的浸潤之後，記得要對自己說：「我是最優秀的！」

三、不追求做「完人」，做好自己就足夠　任何人的優秀都不會是絕對的，就像世界上本來也沒有什麼事情是絕對的一樣。在自己遭遇到挫折時，對自己說：「不要緊！你是最優秀的！你行！」這種積極的心理暗示，可以幫助自己擺脫一蹶不振的境地，給自己一些鼓勵和重新站起來的勇氣。而在自己獲得了成功的果實的時候，既不能驕傲自滿，更不能對自己沒完沒了地總結經驗，追問細節，想要在下一次做到十全十美。告訴自己：「我已經是最優秀的了！」就像是給自己的一個獎勵。

四、積極的心理暗示，幫助你渡過難關　像對自己說：「我是最優秀的！」這樣的話，都可以算是一種積極的心理暗示。對於一些生性膽小自卑的人，應該常常對著鏡子告訴自己。經常告訴自己多有用，慢慢地它就會引導你的心靈向更爲積極的方向前進。受到了打擊不要緊，最怕的就是受到打擊爬不起來，勇敢地對自己說聲：「我行！我可以的！我是最優秀的！」你將發現打擊並不可怕了。

【減壓禁忌站】信心也要有邊界

1. 自信不等於狂妄，謙虛還是根本。
2. 相信自己，也相信對方，互信才會得利。
3. 時常自省，構築健康心靈。

自言自語也是一種放鬆

如果成年人自己對著自己講話，通常會被懷疑是不是精神出了問題。而一個小孩自己跟自己玩辦家家酒，對著手中的布娃娃喃喃自語，大家都會覺得這孩子十分可愛。

自言自語這種狀態，是小孩子們經常會表現出的一種行爲方式，許多心理學家和教育學家發現，孩子們的自言自語其實是一種無意識的自我調節。而成年人若是偶爾也能自言自語一番，可以幫助緩解壓力，調節和放鬆人的緊張的心情。

當成年人有意識地通過自己跟自己對話的方式，或者假想有一個聆聽者在聆聽自己的傾訴時，其實這種自言自語本身也融入了自我暗示的因素。自己的聲音可以幫助自己保持鎮靜。在進行一次大型演講之前，很多人會採取在獨自準備的時候假裝自己站在臺上，自己對自己演講一遍，然後分析效果，發現一些需要改進的地方。這種方式也可以算是一種自言自語，在緊張的狀態下，通過自己與自己對話，換個角度看問題，反而能把問題解決得更好，也安撫了緊張焦慮的情緒。

自我大聲對話也是自言自語常見的一種形式。有的人在自己犯下了愚蠢的錯誤時，悔恨不已，自己一直把自己陷在內疚的情緒中難以自拔。這個時候，他就很希望有個人

站出來把自己大罵一通，讓自己心裏好受些。找個無人的地方，自己就可以扮演這個罵人的角色。讓自己大聲罵自己一通，對於克服自己的內疚心理很有幫助，也是一種很好的自我認識行爲。特別是自己在爲一些事情鑽牛角尖，如果及時發現，並及時自我對話，有助於幫助你脫離困境，也有助於幫助你換種思維方式，也許問題就迎刃而解了。

心理學家還發現，睡覺之前躲在被窩裏跟自己發洩一通一天裏的情緒，給自己講些悄悄話，會非常有利於睡眠。這樣，你的精神就可以卸下一些負擔，變得輕鬆得多，很快就能進入睡眠狀態。

特別是當你遇到十分令你不滿的情況，與其對別人發洩一通心理的鬱積，弄得人際關係緊張，還不如自己向自己傾訴一番。無論是你覺得委屈也好，憤怒也罷，都可以把自己當做聆聽者。不少人在自我傾訴的過程中，委屈和憤怒的情緒會淡化很多，甚至還能從中找到自己的問題，很快就能原諒對方。這是因爲，在自我傾訴的過程中，自己逐漸放鬆了下來，神經不再緊繃的時候，也能冷靜而全面地思考問題了。

【減壓ＡＢＣ】「空椅子」療法

「空椅子」療法起源於格式塔心理學派，也是一種自己與自己對話的方式。心理學家將其應用於心理治療過程中，用於解決患者的心理衝突、通過內心情感的外泄安撫情緒等問題。「空椅子」其實是以一種以自我角色扮演的方式，有意識地將自己的理性情感從內心發掘出來，從而安撫外在的情感躁動。具體操作方法——

一、內心壓抑了太多情感，急需釋放

找一處安靜的地方，找兩張椅子，自己坐一張，空出一張。假設另外一張椅子上坐著的是自己非常信任的人，嘗試著把內心一直想傾吐卻苦於沒處傾訴的話，告訴對方。這種方式經常用於因爲懷念一個逝去的人內心非常的悲痛無處排遣，可以假設那個人坐在那張椅子上聽你說完你想告訴他的話。這個方法還可以用在治癒失戀的人的情感宣洩上，假設空椅子上坐著的那個人，是你曾經的戀人，把自己想告訴他的話痛痛快快地說完，然後自己就可以獲得解脫了。

二、緩解內心的矛盾衝突

有的時候面對多種選擇自己猶疑不決，不知選擇哪個才好時。就可以在自己面前擺設一張空椅子，自己首先站在一種選擇的角度去權衡利弊，然後換一張椅子，站在另一種選擇的角度上去思考並且辨析。將內心的衝突直接轉化爲外在的衝突，可以使內心平靜下來。

或者在面對失敗時內心非常沮喪，也可以用空椅子來扮演失敗者和成功者之間的對話，從而讓自己內心平復。

【減壓禁忌站】自言自語得有個度

1. 必須在自己意識明確的條件下以自言自語的方式解決內心問題，放鬆身心。
2. 把握好一個度，懂得適可而止，而不是沉浸在其中。
3. 儘量找一個安靜無人的地方進行，以免被他人誤解，又增添自己內心煩惱。
4. 不要反覆進行也不可進行過長時間，儘量避免自己依賴某一種方法過甚，偶爾換換其他的方法，也是一種不錯的選擇。

與壓力源保持距離

如今越來越多的人認識到，生活的品質與賺錢多少並非成正比，許多沒有多少錢的人活得瀟灑自在，樂呵呵地說自己是「窮開心」，眞是一種令人羨慕的好心態。紛繁複雜的職場充滿物欲和陷阱，常常讓人呼吸都局促不安。一位在電信公司工作的女性管理者，說自己常常會躲到洗手間裏失聲痛哭一陣，因爲壓力實在太大了。手中的活兒感覺從來就沒有減輕過，作爲一個管理者，身上擔負著公司賦予的責任，絲毫不敢放鬆。

但是最近，她找到了一種適合自己的解壓方法。每個星期，都會選擇一天下午的兩個小時讓自己暫時逃離一下辦公室。不接電話，不想開會，找一個離公司遠一些的咖啡廳，要一杯咖啡，點份小點心，隨便翻翻架子上的流行時尚雜誌，看著雜誌上令人賞心悅目的香車美女驚歎一番，完全忘記了公司裏的複雜的工作專案和人際關係。

過完這「奢侈」的兩小時後，回到公司，面對著一堆事情，也不再像之前那樣覺得心煩意亂了。這種短暫的出逃，讓她在短時間內與壓力源保持了適當的距離，等到再次回到現場的時候，發現原本讓自己透不過氣來的很多問題都迎刃而解了。而出逃的那兩小時下午茶時間，不單是給自己休息的時間，也給自己充上了充足的電量，足以維持一個星期。

【減壓ABC】應該如何遠離壓力源？

一、暫時「逃離」辦公室　辦公室是一個製造豐富壓力源的場所，即使你不顧一切地衝向一個目標，也還會有下一個目標等著你，而這些目標並不是總能順利地實現，再加上人與人打交道，無法避免地會出現磕磕碰碰，辦公室的人際關係又是不容忽視的，這些都會產生壓力。瞄準時機，不要等到承受不住的時候才採取抗壓的行動，不如及早著手，讓自己做兩小時的職場「懦夫」，暫時與這個頻繁製造壓力的場所保持一段奇妙的距離，等你歸來的時候，又是一名「勇士」，所向披靡了。

二、不把壓力帶回家　經過一天的激烈打拼之後，許多職場中人會習慣性地將工作中的緊張情緒和壓抑的氛圍帶回家，以至於回到了溫暖的家中仍然爲工作中的問題鬱鬱寡歡，這種連帶性的反映直接影響了家人和自己難能可貴的相聚時光。所以，必須自己採取一定的措施來避免壓力跟隨自己回家。

最好的辦法是進門回家，就把從公司帶回的公事包等一系列相關的物件，放在一個固定的位置，第二天上班之前不去碰它。然後換上一套舒適的家居服，在晚餐之前靠在舒適的沙發上，靜坐冥思片刻，或者聽一些自己喜歡的音樂，讓自己能夠順利地實現與工作的「隔離」狀態。如果出現迫不得已的情況，不得不在回家後繼續加班，也必須給自己做好安排，一週之內絕不可在家加班超過兩個晚上。

三、越緊張越要休息　越緊張就得越要休息的道理，如今隨著工作壓力的增大，很多人都接受了這個道理。但如何把它付諸行動呢？雖然不可能從心理上將壓力源與自己決然地分開，但可以通過把工作與生活分離的方式才逐步實現。工作的時候就全神貫注地去工作，下班之前要把該完成的工作完成，下班回家後，就不再去想工作。

四、積極的心理暗示——「那些壓力，走開！」　一些積極的心理暗示也可以幫助你與壓力源保持距離。對於職場人而言，最大的壓力源莫過於工作了。在工作的時候，暗示自己：「現在要全身心地投入工作，就是爲了享受週末。」「一天的事情一天做完，晚上就能睡個好覺。」「暫時解決不了的問題，多想也無用。」諸如此類的心理暗示，都能引導你的精神不至於雜亂無章。雜亂無章的思緒就會讓壓力有機可乘，從而讓自己無法與它保持適度的距離。

五、樂觀積極的人生態度　一個樂觀積極的人生態度，就能與壓力源自動地形成一道渠溝。只要每天都能保持好的心情，不急不躁，不讓壓力見縫插針，自然而言，就不會受到壓力過大的困擾了。自己的心情，自己做主，一切皆有可能！

系統脫敏，科學抗壓

中國人常說：「一朝被蛇咬，十年怕井繩。」系統脫敏方法就是針對這種恐懼症的行爲療法。「脫敏」就是降低對事物的敏感度，也就是說，試圖幫助「受害者」減輕因爲「一朝被蛇咬」而生成的恐懼症。

這項技術已被應用於治療心理疾病中，並且結合了肌肉放鬆的方法，幫助患者與緊張焦慮的情緒對抗，取得了很大的突破性成果。

系統脫敏就是由心理學家Wolpe創立，他最先用貓來做試驗。將一隻貓關在一隻籠子裏，並將籠子的底板定時通電，電擊之前會發出很大的聲響。在經過幾次通電之後，貓就產生了神經性的強烈反應，即便是沒有給底板通上電，也不能消除貓的這種反應。爾後，又將貓餓了二天之後，放回籠子，貓怎麼也不肯吃籠子底板上的鮮肉。顯然，貓已經對籠子產生了神經性的恐懼症。後來，Wolpe將貓放到離實驗室很遠的地方餵食，然後慢慢讓貓靠近實驗室進食，最終貓終於可以在籠子裏進食。貓原來表現強烈的反應也完全消失了。由此，Wolpe結合了逐步肌肉放鬆技術創立了系統脫敏的療法。

一套完整的系統脫敏的療法包括這樣幾個步驟：肌肉放鬆、列出讓你緊張或者恐懼的情景、由弱到強排列這些情景、實際治療。這是一種十分科學有效的治療許多心理疾病的方法。

許許多多實際生活中的焦慮症狀經過試驗證明，皆取得了良好的效果。比如，利用系統脫敏療法調節運動員賽前焦慮的症狀，這種療法還用在了對社交恐懼症患者的治療上，以及治療由於工作壓力過大而導致了工作狂式的強迫症患者。系統脫敏又被稱爲交互抑制，它以循序漸進的方式，引導患者正面迎擊自己逐漸形成的習慣性焦慮。

很多時候，人們的焦慮往往產生於自己的內心，由外部施加給自己，然後逐漸變成自己習慣性地施加給自己。壓力也正是如此，先是由外部環境造成，然後逐漸被自己的身體和心理所習慣性的接納，最後達到了無法擺脫的地步。

系統脫敏在人的心理描述出了一個對壓力逐漸容忍的過程，並且通過不斷重複地顯現這些壓力場景，讓你正視這些壓力而不是逃避。從正視壓力到認識壓力到克服壓力，這個過程就是系統脫敏在人的心理上想要實現的效果。

【減壓ＡＢＣ】系統脫敏抗壓法

一、訓練肌肉完全放鬆　放鬆訓練要結合一定的心理暗示來完成，中國傳統的深呼吸和意存丹田的鬆靜氣功，是有效放鬆的方式。注意力要高度集中，尤其注意每一步的暗示語，配合深沉的腹式呼吸法，從而使全身肌肉得到完全的放鬆。

二、列出壓力等級　要盡可能詳細地列出所承受的所有的壓力，也盡可能詳細地寫出這些壓力都是在何種情況下，由於何種原因所引發出來的。而自己在感受到這些壓力時最主要的表現症狀是哪些？一般情況下，自己是如何應對的，哪些應對措施取得了完滿的效果，而哪些應對措施沒有取得效果，或者找不到應對措施。如果把自己能夠成功應對的壓力值定義爲零，那麼從自己應付得不夠好的壓力開始定義壓力值，一直到自己完全應付不來的壓力爲止。

在自己與壓力坦然對話的過程中，內心也許會多次出現波動，這個時候配以肌肉放鬆的療法，就可以得到舒緩。

三、實施脫敏　對抗壓力，想像脫敏是最適合的脫敏方式。先從壓力值最小的開始想像，每一次最多想像三種壓力狀況。每一種壓力狀況都要細細地回想，不放過每一個細節，直到自己如身臨其境，並且開始出現情緒波動爲止。然後再想像下一種壓力情境，如此反覆想像，直到想像時不再出現情緒波動的狀況爲止。

【減壓禁忌站】系統脫敏注意事項

1. 一般情況下，進行系統脫敏最好不要個人單獨進行，要麼找一個心理醫生來幫助你完成每一個步驟，或者找一個親密的朋友輔助你完成。

2. 一定要在完全掌握了肌肉放鬆的療法之後進行系統脫敏，以便於脫敏過程中出現情緒波動時，可以及時通過肌肉放鬆加以調整。

3. 在脫敏練習時，一定要非常小心地再現這些刺激你神經的場景，從而保證這些場景不會引起你更大的壓力。

4. 在脫敏訓練結束後，感覺自己明顯能夠面對各種之前無法解脫的困境時，也不要立刻終止訓練，繼續訓練一段時間後，確保自己不會在同一問題上再次出現問題，然後才能停止訓練。

放開心扉，壓力都是紙老虎

有一個小故事，一位媽媽非常著急著找醫生，因爲孩子洗澡時不小心吞下了一小塊肥皂。醫生卻暫時脫不了身，媽媽連問：「在您來之前我能做些什麼呢？」醫生說：「給孩子喝一杯白開水，再用力跳跳，就可以讓他吹吹泡泡，來消磨一點時間了。」

事情既然已經發生了，緊張也於事無補。不如寬心等待，醫生很快就能到了。

壓力使我們成爲等待就醫的患者，而能治療我們的醫生卻遲遲不來。繼續擔心，焦慮，或者垂頭喪氣，這一切除了讓我們的病況雪上加霜之外，沒有任何的好處。何不放寬心，窮緊張不如窮開心，你就會發現，其實壓力不過是隻紙老虎，醫生來了，它就會變得不堪一擊了。

【減壓ABC】向壓力說「不！」

一、拒絕猜疑，讓心敞亮起來

我國古代十分有名的寓言「疑人偷斧」就諷刺了那種疑心重重，常常戴著有色眼鏡看人，無緣無故地就猜疑他人的人。

一個人如果心胸過於狹窄，對同事、朋友甚至家人都會疑神疑鬼，老是懷疑自己會被侵犯到利益，自己會有損失，心中自然會增加許多額外的負擔。與此同時，也會影響到人與人之間的關係，只能讓自己在這個社會上的生存變得更加的艱難。

英國思想家培根說：「猜疑之心如蝙蝠，它總是在黃昏中起飛。」

那爲什麼不想辦法照亮自己的心空，讓猜疑無所遁形呢？

要保持坦蕩無私的心態，不要過多地對周圍的人或事物挑剔，也不要給自己消極的心理暗示，諸如：「我懷疑……」之類的想法要儘量扼殺在萌芽狀態。遇到疑惑的問題，大可以坦蕩蕩心平氣和地去詢問，開誠布公地交談才能消除誤解和隔閡。如果證據確鑿，也不要拿你的懷疑說事兒，自己做好了免受其害的準備即可。

這樣下來，讓自己稱爲一個光明磊落的人，行走在陽光中，讓陽光照亮你心裏的每一個角落。不會有陰霾，也就遠離了壓力的干擾。

二、「不怕」從心開始

演化論的心理學家認爲，心存一點點恐懼有益於身心健康，但是害怕的心理加劇到某種程度，就會變成不健全的焦慮症了。

擔心失業，於是努力工作，這是適當的焦慮，可以鼓勵人進取。但是，如果這種擔心過頭了，整天想盡辦法討好上級，不擇手段地爭取業績，就是擔憂過了頭。給自己的心理增添了過重的負擔不說，還讓自己工作的氛圍變得緊張不堪。

生活中有好多不可預料的偶然性，就像我們不知道什麼時候會爆發腸病毒，也不知道什麼時候會發生慘烈的地震。做好自己該做的事兒，對於不可預料的未來，不在我們所能把握的範圍之內，擔心也於事無補，徒增煩惱，還不如坦然地去面對了。即便是突然爆發的緊急事件，不因爲恐懼而手忙腳亂，也可以冷靜處理好的。

過度恐慌是心理上的一種症狀，明知道恐慌也無濟於事，又何必讓自己心力交瘁呢？想開一點，不恐慌，也就不會感覺到壓力了。

三、寬容，接納別人也接納自我

寬容是一種不需花錢就能獲得的「精神補品」，代表著一個人的處事風格和待人的藝術，以及良好的涵養。無法包容別人的錯誤，只會讓自己心生怨恨，這些怨恨逐漸積攢下來，稱爲一種無形的壓力壓抑著自己，到最後，還是拿別人的錯誤懲罰了自己。

每個人都會有犯錯的時候，容忍同事對你的誤解不去斤斤計較，容忍上司對你的責難，畢竟上司也是人，也有喜怒哀樂，容忍親人對自己寄託無限高大的理想，這代表著一種關愛。如果能用一種寬容的心態，去看待這些在我們身邊時常發生的瑣事，就像爲心靈的道路摘除了一顆顆不知何時會爆發的隱形炸彈。這些隱患都會給自己造成各種各樣無形的心理壓力，我們時刻都會擔憂這些「炸彈」會在何時爆發。

但寬容也不是無原則的寬大無邊界，「大事講原則，小事講風格」，這是應取的態度。寬容也不代表軟弱，也絕不是對現實困境的無可奈何隨波逐流。寬容的人，不會過分計較個人的得失，從長遠來看，是減輕負擔的一種有效的方法。寬容的人，也容易取得別人的尊重和認可，在人生的道路上也會行走得順暢得多。

「宰相肚裏能撐船」，是我們應該學習的。一個豁達的人的人生，不是說沒有風吹雨打，一帆風順；而是會減少很多不必要的重負。而是在面對各種各樣的困境和壓力時，自己才不會手忙腳亂。

不變應萬變，平和最寶貴

工作中，總會遇到各種各樣的突發狀況，有些狀況著實令人按捺不住心中的怒火。有些人，遇到不高興的事情，可以悶悶不樂好幾天，而有些人，遇到不順心的事情，身上就像長了刺兒，甭管誰靠近過去，都有可能被扎到。一個好的管理者，最要緊的是要有一個平和的心態，不急不躁地面對突如其來的爛攤子。而即便是一名普通的員工，平和的心態能夠幫助你受到上司的賞識而獲得提拔。

人一旦有壓力，情緒就容易變壞。即便你是一個相當溫和穩重的人，當你長期受壓時，你原本頗爲冷靜、受控制的情緒，會變得讓你自己都難以解釋。和同事槓上了，和家人冷戰，隨時都覺得自己體內積聚著一團莫名的火，都是常有的事兒。這些情況，再好的心理醫生也不能讓它消失得無影無蹤，再完美的人也不可能做到任何時候都能處變不驚。

但是，我們能不能任由我們的情緒，像一匹脫韁的野馬一樣不受控制，任意馳騁呢？答案當然是否定的。畢竟，自有人類以來，都是以群居的方式生存下來的，既然是群居，我行我素是行不通的。壞情緒常常直接干擾我們，以至於我們無法保持平和。那麼，保持平和的關鍵，就是要管理好自己的情緒，不讓壞情緒壞了我們的大事兒。

【減壓ＡＢＣ】平和的理念，從這裏開始

一、先人後己，換位思考

剛吃過午餐的李小姐穿著漂亮的連衣裙，呼吸著雨後新鮮的空氣，準備過馬路去對面的寫字樓上班。一輛車風馳電掣般地從李小姐面前開過，濺了她一身泥。那車開過幾十公尺後，停了下來。李小姐氣沖沖地趕到車窗前，正欲對著車主發洩一通不滿，透過後車窗，看到車裏斜臥著一個似乎疼痛難忍的婦人。車主下車慌忙道歉，並欲掏出錢包賠償，李小姐急忙拒絕，說：「沒事兒，趕緊去醫院吧！」車主感激地看著李小姐的身

影消失在寫字樓裏。整個下午，李小姐裙子上的污點仍然還在，但她的心情卻十分的愉快，因爲她覺得自己做了一次很不錯的讓步，並且及時阻止了一場誤會的發生。

很多誤會的產生就是由於雙方的當事人在沒來得及弄清事情的始末之前，就讓自己的情緒占了上風。輕則出口傷人，重則拳腳相向。阻止一次情緒的發洩，同時也阻止了一場誤會的產生，既不會給自己的心情留下後遺症，也不會讓別人太過於爲難。

有時候，學會大度一些，先考慮到他人的處境，他人的難處，事出必有因，換位思考一番，也許在自己受了不明就裏的委屈之後，也會像李小姐一樣，瞬間就能轉化爲一種好心情。不僅不再爲自己受了委屈而歎息不止，還能爲自己能夠體諒他人而做出讓步而自豪一番。

二、沉默是金，自控是福

英國生物學家達爾文說：「人要發脾氣就等於在人類進步的階梯上倒退了一步。」辦公室是最不能將喜怒形於色的地方，不恰當的發脾氣不僅會讓人覺得自己沒能力處理好問題，還會到處樹敵。但跟同事因爲意見不一爭執得面紅耳赤的情況常有，有些好相處的，事後說一句——「剛剛大家只是就事論事，別在意。」人家或許就原諒了你，但遇到一些不好相處的，凡事都藏在心裏，以後交往起來就困難重重了。

其實，遇到意見不一的時候，兩個人往往都會出現不夠理智的情況，這個時候即便爭執出個高低，也是沒有多大意義的。如果對方堅持著自己的意見絲毫不肯讓步，那這個時候，保持沉默，聽他陳述完，是最好的辦法。沉默在這個時候可以避免衝突的產生。等到大家都冷靜下來了，以平和的心態再去討論，自然就會得出好的結果。

三、微笑是法寶，平和最可貴

一個常常微笑的人，通常會被認爲脾氣好，好相處。讓臉上常常掛著微笑並不是說假裝著一副笑臉。畢竟，皮笑肉不笑，大家一眼就能看得出來的。

學會微笑，可以讓自己變得高雅（你要說「高尚」也可以）。遇到小的問題，一笑置之。遇到不好解決的問題，微笑以對之，反正一時半會兒也解決不了，拉長著臉不僅讓別人看著難受，也更增加了自己幾分焦躁不安的心緒。倘若實在是碰上了難題，苦笑自嘲一番，也能讓自己保持平和的心態，從而等待轉機。

微笑還能傳染。如果對方火冒十丈，隨時都可能爆發一通脾氣，簡直是失去了理智，說什麼道理都是白費工夫。對他微笑，表示理解和支持，頓時可以降下不少火氣。換做是自己覺得自己快要火冒三丈了，就找面鏡子，對著自己微笑一番，偶爾還可以調笑自己一番，「爲這點破事兒，生氣值得嗎？」也可以給自己降降火氣。

如今無論是生活還是工作，都像是在高速公路上穿梭一般，人難免會變得急躁，變得難以控制情緒。保持平和，就能保證自己理智地去處理各種各樣的問題，提高效率的同時，還能不被壓力戕害。

情況最壞又能怎樣？

我們常說，人要是倒了楣，連喝水也能嗆到。偏巧現實中，倒楣的事兒經常不是單個出擊的，往往是一波未平，一波又起。遇到這種情況的時候怎麼辦？難道真的就沒法兒再活下去了？但要說克服它們，也未必是一件容易的事情。

我有個朋友爲了挽救和女朋友之間的感情，拋棄了原來穩定而安逸的工作，奔往異鄉，又恰巧遇到了金融危機，工作變得極爲難找。而在這個時候，女朋友又告訴他，她即將嫁給另外一位非常有前途的優秀青年。我這個朋友不就是人們常說的那種典型倒楣蛋嗎？這一番折騰，簡直是賠了夫人又折兵。情況已經很壞了，這位倒楣的朋友鬱悶不得排解，跑到一家酒吧去借酒澆愁，結果不小心得罪了一個小流氓，惹了一身麻煩不說，還在抽身的過程中，丟了錢包、丟了手機。

於是，他乾脆消失了一段時間，我們誰都聯繫不到他。等到這件事發生過好幾個月之後，這個朋友又突然出現在網路上，向朋友們解釋了一遍自己的消失的原因和慘痛的經歷，並告訴大家他現在過得很好，又找到了一份好工作，老闆人也很好，更幸運的是，他被老闆女兒看中了，現在正準備結婚呢！

我們大家都很好奇他是怎麼度過那段痛苦的時光的，但是誰也不想去揭人家傷疤，終於在一個小型的聚會裡，有個人實在憋不住大膽地問了：「哥兒們，當時你可是倒楣倒到家了，快說說，你是怎麼走過來的？」

那朋友想想，冒出一句話：「當時的確已經夠倒楣了，就想著再有啥倒楣的事兒，一起來得了，還能把我怎麼樣？把心一橫，豁出去了。隨便找個地方窩了一晚上，第二天還不是該幹啥就幹啥去了。結果，慢慢就遇上好機會了，然後就有現在了。」

是的，情況最壞又能怎樣？把心一橫，日子照過，總會出現轉機的。現在來分析一系列壞情況是如何產生的，應該如何避免，往往沒有太大的實際意義。而根本問題是，這些倒楣的事兒已經發生了，還是連鎖反應，弄得人們措手不及。如今痛悔不已早就過時了，前面有一大攤子的事情等著自己去做，哪會有心思先去痛苦一把，再找個人傾訴一番，再規劃一下如何「重生」？

當情況真的壞到頭了的時候，我們只好閉著眼睛接受了。一個人總會遇到這種運氣壞到家的時候，關鍵是接受都接受了，難道還讓它繼續壞下去？人總得吃飯總得生活啊，吃飯穿衣的問題在前，你就只能硬著頭皮去尋找更生的機會了。

也有一些人，遇到這種壞情況的時候，會承受不住，選擇輕生。結束生命的方式應該是最直接的解決方式，也是最懦弱的辦法。如果連人生中的小小錯誤，都承受不住的話，那確實是白在這世界上走一遭兒了。

面對壞情況我們也不是完全拿它沒辦法。每次下決定去做一件事的時候，就不能只往好的方面去想，隨時做好最壞的打算，是最爲明智的辦法。很多時候我們都無法預料未來會發生一些怎樣的事情，讓我們措手不及的事情隨時都可能發生。我們無法去阻止事情朝壞的方向發展，但我們要有這個心理準備。我們可以朝著最壞的方向去想問題，然後事先找到一些解決問題的辦法，這樣可以減輕些自己在遇到壞情況時內心的沉重。

朋友在這個時候是最應該首先想到的人。不要什麼事情都一個人擔著，遇到了自己覺得很難過的事情，找朋友傾訴一下也會讓自己輕鬆不少。雖然朋友未必能從根本上幫你解決問題，但是朋友的關懷會讓你打從心底裏覺得溫暖。至少，朋友的關懷會及時地阻止你產生輕生的念頭。在自己遇到倒楣事兒的時候，找朋友也不是一件丟臉的事。適時地放下你的面子身段，可以挽回許多不必要的精神損失和物質損失。許多連鎖產生的倒楣的事兒，往往是自己沒能及時調整好心態才導致的。

如果你是一個硬漢，一定要自己撐到底，那就昂起頭來，無論多壞都接受吧，然後繼續尋找人生的意義去。畢竟，不管情況有多壞，到最後，總是會出現轉機的。調整好自己，迎接這個轉機，然後讓自己重生吧！

第四章

緩解壓力

——身體與心靈共輕鬆

沉重的壓力，不只是讓我們的精神飽受折磨，還會影響我們的鬥志與體魄。這時的我們，身體和心靈共同遇到了強而有力的對手，慌張也是無濟於事的。找到切實可行的解決途徑，才能讓身體和心靈都感到無比輕鬆。

只知道一味地管理壓力，並不能眞正解決壓力問題，所以必須要學會緩解壓力，在壓力還不夠強大的時候，就驅散它們。這就要求自己主動地去尋求身體的解壓管道，時常關注自己，無論是精神還是身體，都會有一些小提示告訴你，壓力有多大了。讓心靈不再被沉重的肉身所拖累，實現身心一起放鬆，壓力當然就不會是難題了。

發現身體上的驅散壓力的通道

不了解自己的身體，成爲現代人尋找適合自己的解壓途徑的主要障礙。驅散壓力的辦法多種多樣，人與人卻是個個不同。

有的人喜歡在運動中用汗水沖走壓力，有的人只要靜靜地躺一下就能從疲倦中恢復精力，有的人看漫畫讓自己在笑聲中忘掉煩惱，也有的人用眼淚告訴朋友來洗滌悲傷。

無論是哪種方式，都可以成爲自己在重壓之下得救的「良藥」。身體上有各種各樣的閥門，打開它們，釋放出壓力，才會覺得輕鬆。

我們面對著各種各樣的減壓方案，有很多的人致力於幫助壓力過大的人減壓的研究當中。各種各樣的減壓方式可謂魚龍混雜，很多時候不知從何下手是很正常的，主要原因是自己並不十分了解自己的身體。

二次世界大戰期間，德國法西斯將戰火燒到了英國，德軍的狂轟濫炸使倫敦變成了一片火海。可是，在緊要關頭，有人卻發現英國首相邱吉爾居然坐在防空洞裏織毛衣！消息傳出後，人們議論紛紛，抱怨自己的首相是個沒有心腸的人。

其實，織毛衣是邱吉爾的一種獨特的驅散壓力的辦法。當時，這位最高統帥領導著全國人民與法西斯進行著艱苦卓絕的戰鬥，每天工作18個小時以上。敵人轟炸時，他不能處理公文，於是乾脆趁此機會織織毛衣，放鬆身心，減輕自己的心理負擔，以求能更好地投入到緊張的戰鬥中去。

像邱吉爾用織毛衣的方式給自己解壓，我們也可以通過不斷地了解自己，找到自己身體上最有效的驅散壓力的通道。

【減壓ＡＢＣ】找到你專屬的解壓閥

一、新女性，自己的選擇自己做主　女性喜歡在工作之餘，約上了「姊妹淘」出去瘋狂地購物一番，在購物中發洩心中淤積的負面情緒。

但有些女性討厭商場嘈雜的環境，不願意外出人擠人，想在家做點什麼放鬆放鬆，就可以選擇在家練練瑜伽，既可以塑造完美的曲線又可以減緩疲勞。

二、新男人的解壓方法，健康很重要　大部分的男性，是鍾愛各種各樣的激烈的運動的。在大汗淋漓中暢快地發洩心中的鬱悶，與好哥兒們把酒言歡。

不管採取怎樣的放鬆方式，首先是個人興趣，其次是健康原則。對於興趣廣泛的人，隨著年齡和閱歷的增長，會逐漸選擇健康的生活方式和放鬆方式，而年輕人往往不太在意，只要達到了預期的效果，採用什麼方式是不做考慮的。殊不知，年輕雖說是一種資本，但在逐漸損耗的過程中，不懂得維護，只會給自己不久的將來平添煩惱。

在當今社會上，女性主義的呼聲雖然不絕於耳，但事實上男性所承受的壓力確實比女性大得多。儘管從生理上看，男性有許多優於女性的地方，但社會的繁複就在於各種各樣既成的觀念是一種無形的束縛，有些還具有隱形的殺傷力。幾乎所有男人都被賦予了養活老婆孩子的責任，工作場上的失意，會直接影響到能否養活老婆孩子的問題。因此，工作的壓力在男人的肩頭顯得更加的沉重。

三、男人哭吧，不是罪　男士們出於自尊，在飽受壓力的困擾之後，並不會像許多女性一樣，去購物，找朋友們傾訴，或者痛痛快快大哭一場。事實上，心理學家常常建議男性們想哭就哭出來。淚水可以緩解和洗滌內心的憂愁，是一種情緒的疏導劑，也是一種良好的心理治療方法。英國作家狄更斯說過：「我們不應爲流淚而慚愧，因爲眼淚是洗滌心靈塵埃的及時雨」。

因此，在苦於找不到解壓方法的男性群體中，也可以考慮一下偶爾大哭一場，畢竟，這種方式對身心都有益，總比借酒澆愁好得多。

因此，了解自己的身體的同時還得好好地愛護它，畢竟它將伴隨著你漫長的一生，並且直接制約你的每一步路子。選擇健康的驅壓通道，是對自己的人生負責的一種最爲理性的選擇。當歲月慢慢在你的額頭刻下痕跡的時候，在回首往事的時候，少一些惋惜，多一些滿足，豈不更好？

讓大腦也「散散步」

人體的中樞神經系統是人體的最高司令部，大腦又是這個司令部的最高統帥，由它指揮和協調全身的功能。大腦還是人體所有器官中耗氧最多的器官，而我們每天不間斷地使用它，從未考慮過讓它也休息片刻，自由呼吸一會兒。

大腦和人體的免疫系統聯繫得十分緊密，消極的行爲、想法、情緒，尤其是過重的壓力都會使大腦「難過」，直接影響到人體的免疫功能。當大腦「難過」的時候，這些想法能夠降低人體的抵抗力，使你更容易感染上細菌、眞菌、病毒和其他危害。一旦大腦能及時恢復正常的工作，你的免疫力又可以得到立刻的回升了。

當你過度運用大腦從事腦力勞動時，大腦就會產生疲勞，腦細胞活動所需的氧氣和營養物質供不應求，不僅會使人頭昏腦脹，嚴重的還會引發偏頭疼或者嘔吐等症狀，甚至會出現早衰、老化。誰都不希望自己因爲用腦過度，而讓年輕的歲月從指縫間溜走了。珍惜青春，也意味著珍愛自己的腦健康。

雖然市面上有不少促進腦健康的保健藥品，但是，人人都知道，「是藥都有三分毒」，不到迫不得已，是不會輕易地食用過多的藥物的。相對於服用藥物而言，運動是一項眾所皆知的保健方式。堅持從事體育鍛鍊的人，精神會比平常缺乏鍛鍊的人要好得多，而我們的大腦也是需要「運動」的。

人的大腦皮層裏，共分爲幾十個功能不同的區域，它們之間有著相互誘導的作用，一個大腦區域的興奮，必定會帶來其他幾個區域的抑制。作爲腦力勞動者，更應該對它們疼愛有加才是。當腦力勞動者暫時停止思維活動，去參加體育活動的時候，大腦中與體育活動有關的區域，由於被誘導而導致抑制，從而使在腦力勞動時已經疲勞的神經細胞得到了有效的休息。人需要體育鍛鍊，我們的大腦也需要參加一些體育活動，偶爾讓大腦「散散步」就是一個很不錯的方法。

【減壓ABC】放鬆大腦的實用五招

一、頭部健腦按摩　長時間的腦力勞動，頭暈目眩，精力難以集中，記憶力下降，思維變遲鈍的時候，按摩太陽穴。用手指壓迫此處，能振奮精神，消除疲勞。這種常見的按摩方法，被人稱作「精神振作操」。

除了太陽穴以外，還可以按摩頭頂，這裏是最接近大腦的神經末梢的位置，不僅可以促進血液的循環，配合著太陽穴的按摩，更加有效地減輕腦部的緊張，使大腦放鬆。

二、搖頭健老操　搖動頭部，可以使因疲勞收縮和關閉的腦血管開放和舒張，使更多的新鮮血液供應大腦。用手撐在椅子上，一邊深呼吸，一邊慢慢將頭部向左右搖晃。搖頭的過程中還可以配合適當的腿部運動，比如手撐住欄杆穩住重心，頭部慢慢搖晃的同時，雙腳可以進行原地慢跑。跑步速度和搖頭的幅度自己都要根據各自的情況控制好，感到頭部發熱就可以停止了。也可以邊搖頭邊伸懶腰，只要注意調整好呼吸，把握好速度即可。

三、梳頭　常常用梳子或者用手指梳理頭髮，可以起到按摩的功效。用手指梳理的時候，儘量讓手指能接近髮根，感受到頭皮的溫度。

四、靜思冥想　冥想是一種深受大眾喜歡的放鬆方式，通過想像來控制不良情緒的產生，調節腦部神經的同時，還能減輕大腦過重的精神負擔。讓大腦通過想像來製造快樂的方式散散步，輕鬆輕鬆。

五、聽一些舒緩的音樂 或是看一些輕鬆幽默的電影，也能調整大腦的疲倦狀態。

【減壓禁忌站】令大腦耗損過度的生活細節

1. 不要長時間高強度的工作，雖然年輕，也是耗不起的。
2. 不要過度依賴含有咖啡因的物質提神，飲用過多，還是很傷身體的。
3. 保證睡眠的時間和睡眠的品質，讓大腦能夠充分從睡眠中得到放鬆的機會。
4. 儘量保持平和的心態，不要動不動就發怒，人每發怒一次，對自己的腦部神經都是很大的傷害。

心靈瑜伽，放鬆身心的祕訣

每個人都會遇到情緒不佳、健康出問題的時候，所以學會用喜悅的心靈資訊，補充身體的活力，排除容易被外在事物干擾的煩躁不安的心情，才能逐漸將自己導向寧靜和幸福的心境。許多人抱怨自己的工作和生活，不僅僅讓自己的身體抵抗不住疾病的侵害，更是讓自己的心疲憊不已。如果心都累了，人就極容易被不好的情緒牽著鼻子走，沉溺在悲傷或者沮喪的情緒之中無法自拔，一蹶不振。

人類的心靈力量具有無窮大的潛能，這種潛能足以使你應對各種各樣的狀況。瑜伽是一種修身的方法，心靈瑜伽就是充分利用人的心靈的強大力量，讓你的信念伴隨著你的身體成功克服難題。如果說瑜伽的方法是由外而內的改造身心，那麼心靈瑜伽就是由內而外，構築信念的城牆，阻擋壓力的進攻。一些新生活的理念加上一些簡單的瑜伽方法，在通過心靈的整合之後，極容易與心靈達成共識，使身體由內而外變得強大起來。在你獨處無助的時候，用心聆聽自己的身體，幫助你勇敢地走出陰影。

沒有人可以一直氣宇軒昂地走在人生這條坑坑窪窪的大路上，健全的心志固然難能可貴，一顆健康的心靈更爲重要。心靈瑜伽將瑜伽的觀念融入拯救都市人心靈的行動之中，對於許許多多或疲憊、或受傷、或沉溺、或彷徨的心靈一劑強心針，放鬆身體，更重要的是放鬆心靈。

【解壓ＡＢＣ】心靈瑜伽的好處

一、靜思，享受一個人的孤獨

瑜伽的靜思方式有助於感受內心世界的平靜，通過靜思可以幫助我們逐漸認識自己。不用刻意地尋找一個空氣清新的鳥語花香的地方，在自己的公寓裏，一個人待著的時候就可以。

許多人都認爲孤獨是可怕的，一個人的時光眞的很難打發，心靈瑜伽的靜思可以幫助你改變對於孤獨的看法。找一個舒適的地方，也可以坐在軟墊上，盤膝而坐，用腹部呼吸，將注意力集中在呼吸上。然後放開你的想像，去想像一週以來在你周圍發生的一些事情，用想像去感受愛和溫暖，不要停止呼吸。

也可以在室內放一些舒緩的音樂，用心靈去感受音樂中的和諧，在音樂和呼吸中，你會感到心情越發平靜，即便是想到一些不開心的事，也會在平靜中自動化解掉。而一些充滿愛心和情趣的事情，會讓你禁不住微笑。在靜思中認識自己的優缺點，用自我意識去喚醒內心的平靜和祥和，一切的煩擾在平靜中都蕩然無存了。

當你逐漸能用自我意識讓自己回歸平靜之後，無論外界環境多麼嘈雜，只要你想靜下來，閉上眼睛，靜思一會兒，就一定可以！這說明，你的心靈的力量開始發揮它那無窮的能量，去戰勝周圍的一切。

二、瑜伽樹姿勢，堅固心靈

雙手合十放在胸前，雙腳併攏站穩，讓腳趾頭盡情地舒展開來，伸直脊背，調整好呼吸。慢慢地抬起左腳，用手將左腳擱在右腿大腿的內側上，右腿保持直立。慢慢調整身型，雙手依舊合十於胸前。用腹部呼吸，只要心平氣和，不急不躁，慢慢地站穩腳跟其實並不是難題。

瑜伽中的這個樹姿勢，訓練我們的單腳站立，培養平衡能力。很多時候，大家都會覺得這種金雞獨立的站姿是很難站穩，可是，許多常常練習瑜伽的人會告訴你，只要你的心靈堅守住了，站穩很容易。當自己通過慢慢的身體嘗試，能夠像一棵樹一樣穩穩地札根在地上的時候，說明你的身體和你的心靈是一樣的堅不可摧了。

心靈瑜伽著重在於塑造心靈，瑜伽的理念只是一個輔助的作用，因而，只要你守住自己的心，這些簡易的瑜伽動作，只是幫助你調整好身體的一種手段。

三、瑜伽森林式，用自然的氣息來彌補心靈的傷痕

瑜伽的理念就是在尋找人體與自然是如何相契合的，人類是自然界孕育出的精靈，因而，當我們的身心都受到了傷害的時候，自然的氣息是最好的療傷藥。心靈瑜伽教給我們用心靈去觸摸自然的氣息，用身體感受自然的力量。

雙腳併攏，手臂慢慢向頭頂伸直，雙手在頭頂合十，慢慢地踮起腳尖，保持平衡目視前方。手臂儘量往上伸，好像自己在慢慢伸長，往天空的方向伸長一樣，就要觸碰到天空了。調整呼吸，用腹部呼吸。世間的一切事都是在朝著某個方向向前發展的，這時順應自然界的普遍規律之一。我們無法控制的事情有很多，爲什麼單單因爲某件事而踟躕不前呢？像森林裏的一棵樹一樣挺拔和堅韌，不用害怕，因爲大自然賦予了我們神奇

的力量。

我們的呼吸與自然的呼吸保持著同一節奏，當清風吹過，傷痕被帶走，換來的依舊是我們完好無損的軀體和靈魂。

走進健身房，換個環境紓解壓力

每天對著電腦，總覺得渾身上下到處都疼，吃飯也不香，走路也沒精神。即便是那一天什麼活兒也沒幹，也會覺得疲憊不堪。偶爾遇上了加班，一個通宵下來卻要好幾個星期才能讓精神恢復過來。

很多白領都會在工作中發現自己的身體狀況，變得越來越不如從前了，本來工作壓力就很大，忙起來的時候沒日沒夜，雖然偶爾也會閒散一會兒，但還是常常腰酸背疼，大病不犯小病不斷。究其原因，即在於缺乏運動。常言道，生命在於運用。缺乏運動的人的體質，當然會比經常運動的人的體質要孱弱得多。

對於一部分時間較為寬裕、經濟能力也較為舒展的白領而言，健身房是個不錯的選擇。在各大健身房都配備有專業人士對需要進行運動健身的人，提供全方位的服務，在專業健身教練的指導下進行運動，不僅可以保護自己不因運動過量或操作有誤而受傷，同時也可以更有針對性地提高身體的免疫力。

哈佛大學的研究發現，精神抑鬱症患者在經過十週的力量鍛鍊後，能顯著減少臨床出現的各種抑鬱症狀，甚至比心理諮詢還更爲有效。研究發現，在訓練過程中，大腦中的羥色胺與內啡呔分泌得更加旺盛。羥色胺與內啡呔屬於大腦的一種精神遞質，內啡呔具有鎮靜的功能，羥色胺可以改善人的情緒，兩者結合起來，就變成爲人的「快樂遞質」，可以讓人精神愉悅。

因而，對於許多因壓力的難以派遣而深受精神困擾的白領們，健身房的鍛鍊是一個不錯的選擇。有規律地去健身房鍛鍊身體對於十分講求辦事效率的白領們而言，是一個不錯的減壓的途徑。換個環境，換個心情，還能結識到一些新朋友。但自己的健康也不能完全依賴健身房的鍛鍊，平時多從飲食作息上下工夫，再加上健身房的鍛鍊，身心自然可以保持長久的健康和活力。

現在越來越多的人，尤其是平時工作緊張，白領們紛紛選擇到健身房去鍛鍊作爲減壓新途徑，不少人從中獲益良多。對於還在猶豫要不要選擇健身房或者正打算加入健身房鍛鍊大軍的人而言，如何選擇適合自己的健身房，確實是個問題。但是也不用太擔心，選擇健身房還是有幾個小技巧可以學習的。

【減壓ABC】選擇健身房的幾個小技巧

一、健身房的設計和設備須留心

選擇健身房千萬不要被廣告所迷惑，許多健身房是在地下室的，如果通風設備不完善，在此處健身是會影響到健身效果的。對於一個好的健身房而言，空氣的流通顯得尤其重要。

健身器材更是不可不考察的。一般健身房的器材主要以有氧運動和心肺練習爲主，有的健身房還有游泳池、三溫暖甚至美容護膚設施，當然，這些都是可以根據自己的需要來進行選擇的。設備的種類和新舊都是應該首先考察的，有一些健身房提供一次性的免費體驗，可以根據自己的喜好來決定。

二、健身教練須精選

一位好的健身教練可以幫助你少走彎路，一位負責的健身教練還會針對你的個人情況，制定出一份健身計畫。一些健身房經常會以各種各樣的廣告，爲自己的簽約教練做推廣，從而吸引更多的顧客前來。但是，白領們來健身出於健康的目的而不是比賽的目的，因而，選擇一個敬業並且善於溝通的教練，比選擇一個頂著各種各樣頭銜的教練來得實惠。

三、價比三家不吃虧

健身房的淡季一般在冬天，許多健身房會在冬天推出許多優惠計畫，出於健康的目的去參加健身房鍛鍊的白領們，大可不必花大價錢加入一些昂貴的俱樂部，關注各種優惠資訊，可以爲自己節省一大筆不必要的開支，又何樂而不爲呢？

【減壓禁忌站】健身不能這樣做！

1. 忌三天打魚兩天曬網　許多人在付了一筆昂貴的入會費用之後，在剛入會的那段時間裏，表現得特別的積極，之後便了無聲息了。我們要知道，健康和健身都是自己的事，既然選擇了健身房就要堅持鍛鍊下去才會有成效。如果自己一個人堅持不了，可以找幾個好朋友一起辦理入會，也許還能享受到團體的優惠價格，而且還能通過互相監督和提醒，有效地保證健身的時間和頻率。

2. 忌過分依賴教練或者完全不理會教練的意見　有的時候自己想選擇一些自己感興趣的運動，偏偏這時候教練在耳邊嘮叨，應該如何如何才能如何如何，許多人一聽覺得有道理，就撇開自己的興趣愛好於不顧。其實，對於想通過運動來減壓的人而言，如果能夠在健身房發現自己十分感興趣的課程，也是一件意外收穫，不妨堅持學習下去。

現在許多健身房都提供了各種各樣的健身課程，女性可以選擇的種類尤其豐富，像普拉提、肚皮舞、瑜伽等等，當然男性也有許多課程可以選擇參與。因此，抱著學一門健身舞蹈加入健身房的目的也是件好事兒。

但完全不理會教練的意見也不利於保護自己，特別是在做器械練習時，教練的意見往往有利於你遠離肌肉拉傷或者扭傷、骨折等不必要的危害。

辦公室放鬆操，消除疲勞成效大

在辦公室「打坐」一天，搞得渾身酸疼，是很多朝九晚五的上班族常常遇到的麻煩。於是，聰明的健身教練開發出了一些簡單易學的放鬆操，它們動作幅度不大，甚至有些坐在椅子上就能完成的放鬆訓練，令很多辦公室「懶人」即使足不出公司也能達到一定健身效果。

結合德國的舒爾茨教授的自生訓練和前蘇聯的心理學家雅克布松的漸進鬆弛法，可以毫無阻礙地實現「懶人」的夢想。通過人工的放鬆訓練獲得控制身心活動強度的能力，對辦公室「懶人族」而言，眞是再適合不過的了。

【減壓ABC】從頭到腳的放鬆練習操

一、眼部神經的放鬆練習

眉頭肌肉向前額皺起，讓額部緊張起來，堅持2～3秒鐘，然後恢復；

皺眉，使兩眼間的肌肉緊張，堅持2～3秒鐘，然後恢復；

緊閉雙眼，使眼瞼一帶的肌肉緊張，堅持2～3秒鐘，然後恢復；

頭不動，眼睛向左看，使眼睛右側的肌肉緊張，堅持1秒鐘，然後換個方向，使眼睛左側的肌肉緊張，再堅持1秒鐘，恢復原狀；

頭不動，眼睛儘量向上看，使眼球向上轉動，出現眼睛下部肌肉緊張之後，堅持1秒鐘，然後再換個方向，向下看，使眼睛上部肌肉緊張，再堅持1秒鐘，恢復；

轉動眼球，產生眼球周圍的鬆緊感覺，左右交替各做3次，中間間隔2秒鐘，然後恢復。

二、嘴部神經的放鬆練習

緊閉嘴唇，咬牙，堅持2～3秒鐘，從下巴到太陽穴都會有肌肉緊張的感覺，然後恢復；

用力張大嘴巴，堅持2～3秒鐘，這時候耳前和喉頭都會有肌肉緊張的感覺，然後恢復；

咬緊牙齒，慢慢張開嘴唇，堅持2～3秒鐘，兩平面和牙根會感覺肌肉緊張，然後恢復；

用力收縮嘴唇和牙齒，堅持2～3秒鐘，舌和顎都感覺到緊張的時候，即可慢慢恢復；

舌頭分別用力頂上顎，頂前齒，堅持2～3秒鐘，直到舌、喉肌肉緊張的感覺出現爲止，然後用力縮回舌頭，堅持2～3秒鐘，再恢復；

數一數，從1數到10，聲音由大慢慢變小，每數一數，儘量去體會舌、喉、顎甚至胸腹肌肉的緊張，然後用想像來補充發音，慢慢降低想讀的次數，最後感覺全身肌肉隨著發聲的完畢，而達到完全的放鬆。

三、頸部神經的放鬆練習

雙肩聳起，頸部肌肉向下收縮，堅持2～3秒鐘，然後沉下雙肩，體會頸部肌肉的緊張和放鬆的感覺；

向左側轉動頭，使後頸肌肉拉緊，堅持2～3秒鐘，然後向右側轉動頭部，再次拉緊後頸肌肉，堅持2～3秒鐘，恢復；

下巴儘量向下伸，使頭部和頸部的兩側以及後面的肌肉拉緊，堅持2～3秒鐘，再恢復；

頭部向後仰，拉緊頸部前部的肌肉，感覺脖子拉長了不少，堅持2～3秒鐘，再恢復。

四、肌肉骨關節部位的放鬆練習

兩肩向後方拉緊，然後擴胸，動作儘量大些，背部挺直，感覺肩胛骨、胸肌和背部的肌肉緊張，堅持2～3秒鐘，慢慢放鬆兩肩，收肩，含（縮）胸，背部稍微彎曲，使全身鬆弛下來之後，再端坐恢復姿態。

挺腹，繃緊腹肌，堅持2～3秒鐘，感覺到腹部肌肉緊張後，再慢慢收腹、鬆腰，直到感覺腹部放鬆爲止。

雙腳用力蹬地，使腳、小腿及臀部肌肉緊張起來，全身由下肢支撐，重心向前移，感覺下肢的肌肉拉得很緊，然後再慢慢放鬆，將全身的重量還原於臀部支撐，下肢肌肉完全放鬆。

【減壓錦囊計】四小細節讓放鬆練習更愉悅

1. 這些動作坐在椅子上就可以完成，但基本坐姿一定要端正，背要挺直，身體各部位在做這些練習之前，保持放鬆的狀態。
2. 不僅僅是肢體在運作，也要通過一定的自我暗示來感受緊張和鬆弛的感覺，這樣才能達到驅除疲勞的效果。

3. 在拉緊肌肉的過程中，不可以太過於勉強，畢竟每個人的肌肉組織結構不同，在拉緊和放鬆的過程中，逐漸摸索出適合自己的限度，不要過猛也不要過於輕柔。少許的酸脹的感覺，在剛開始練習的過程中，是很正常的。

4. 做完了一系列的放鬆訓練，站起來走動走動效果會更加明顯。

古代祕傳的氣功，身心修行兩相宜

《黃帝內經》中這樣說過氣功的神奇功效：「恬淡虛無眞氣從之。精神內守，病安從來。」也就是說，人的精神一旦進入到某種極度寧靜，並且十分愉悅的狀態之後，排除了各種雜念，身體的各項生理功能也會得到協調。精神守住了，疾病哪裡會傷害到你？

就像太極拳一樣，這種流傳已久的中國傳統修身方法，具有的神奇效果吸引了許多外國友人的眼光。儘管許多老年人喜歡通過練習氣功來修身養性，還可以延年益壽，但是身處壓力包圍下的年輕人，早已把氣功帶入了自己的減壓新理念之中。到如今，氣功早已不是老年人的專屬，而成爲男女老少的共愛。

對於都市白領而言，正是有一大堆的雜念需要排除，有許多時候緊張得覺得自己的身體都快要爆炸了，長時間的腦力勞動，讓大腦超負荷的工作，想放鬆下來，卻是那麼的不容易。那何不採取一下氣功療法呢？從中國傳統的氣功療法中取經，看看自己能否擺脫壓力帶來的精神困擾。

氣功的鍛鍊核心有三：遵循呼吸、體勢、意念。氣功的精髓則需要三要素相結合。古人說：「全憑心意練功夫」就很好的概括出意念在氣功中所具有的決定性地位。通過呼吸，調整體內的氣息，從而讓精神安靜下來。從某種程度上說，氣功與心理療法有一定的相通之處，即都爲了解決人的精神隱患。但氣功因爲有體勢和呼吸相結合，更能起到強身健體的效用。

【減壓ABC】健身氣功八段錦站立式的功法

八段錦是氣功中一種非常有名的氣功導引功法的名稱，這種功法從北宋時期就已經開始聲名在外了。因爲其簡單易學，功效顯著，而稱爲學習氣功的初學者的大愛。共有八節，於是被稱爲「八段錦」。站立式也被稱爲武八段，又稱爲北派，很適合青壯年和體力充沛的人練習。

一、雙手托天理三焦

自然站立，兩腳分開與肩同寬。調理呼吸，雙手在身側慢慢向上，掌心向上，像是托起一件看不見的東西一樣。雙腳隨著雙手的向上托舉，腳跟慢慢踮起。雙手慢慢放下的時候，腳跟也慢慢放下。雙手放下的時候，手心向下，像是將某種看不見的東西緩緩按下一樣。氣息隨著身體的起伏而慢慢起伏。

二、左右開弓似射雕

左腳向左側邁開一步，身體下蹲，紮穩馬步。雙手握空心拳於身體兩側，兩拳自胸前由內而外劃弧，提於胸前，像是持弓於手，左手握弓，右手拉弦。視線透過左手的食指望向遠方，呈伺機待射出弓箭的狀態。稍微停頓約10秒鐘，雙手由外而內劃弧，左腳慢慢收回，身體慢慢站直。左右調換大約10次左右。

三、調理脾胃需單舉

雙腳分開與肩同寬，左手緩緩向上托舉，自體側起，手心向上，與此同時，右手慢慢向下按住。數次之後，換右手舉左手按，然後將雙手收回體側。

四、五勞七傷往後瞧

依然保持雙腳分開與肩同寬的站姿，雙手自然垂於體側，頭部向左慢慢轉過去，雙眼向左後方探尋，身體不要扭轉，稍作停頓後，將頭部慢慢收回，然後緩緩向右轉過去，雙眼朝右後方看。左右交替練習。

五、搖頭擺尾去心火

身體下蹲紮穩馬步，身體略微向前傾，雙手撐住膝蓋，大拇指朝內，虎口向內。以腰爲軸，身體由內而外劃弧線。左側劃弧線時，左手肘子可以彎曲，右臂繃直，頭部與膝蓋要垂直，臀部

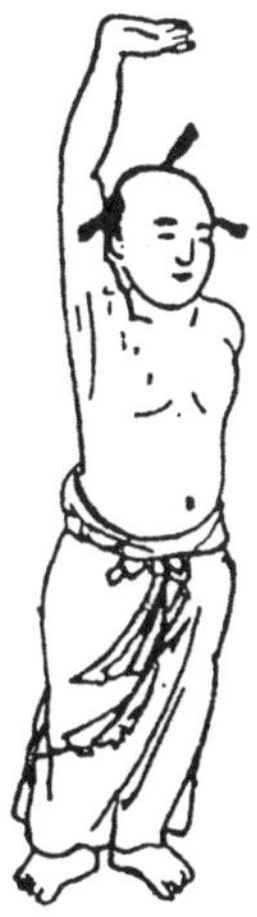

要撐住，目光注視著右足尖。稍作停頓後，換一側繞弧線，動作相同，方向相反。

六、雙手攀足固腎腰

保持站立姿勢不變，雙手慢慢向上托舉，掌心向上，兩腿繃直，身體慢慢向前稍微傾斜，手臂緩緩向下，手指儘量攀住足尖，雙腿不要彎曲。停頓少許後，身體慢慢站直，雙臂仍然向上托舉，然後緩緩收於體側。

七、攢拳怒目增氣力

身體下蹲，雙手握拳，拳眼朝下，左拳向前方擊出，同時右拳向後拉，視線通過左拳向前方看。然後換個手出拳。

八、背後七顛百病消

雙腳併攏，身體直立，雙手自然下垂。手指併攏，伸向前方，後腳跟慢慢踮起，同時，手掌平掌向下按。稍作停頓後，雙腳慢慢垂下。

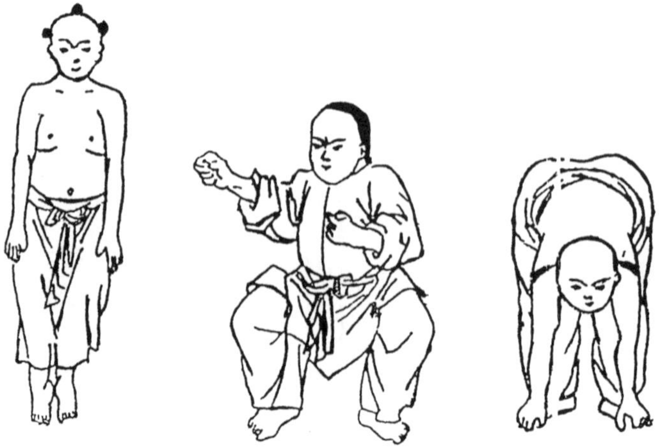

全套動作練習十次，效果自然不言而喻了。

【減壓錦囊計】健身氣功的三大要領

1. 體勢　氣功一般要求動靜結合，體勢主要分站姿和坐姿兩種，含胸、拔背、收腹、垂肩、墜肘，舌抵上顎，這是兩種體勢都不可忽略的要領。

2. 呼吸　採用腹式呼吸法，用嘴呼氣，用鼻吸氣，呼氣時癟肚子，吸氣時鼓肚子，氣沉丹田，要深呼吸，呼多吸少。

3. 意念　調心也意味著調節精神，把注意力關注到自己的體勢和呼吸上去之後，就可以慢慢地排除腦子裏的雜念，從而使身心合一。

第五章

抗擊壓力

——全方位總動員

壓力不是憑空產生的。各種壓力都有它產生的原因，尤其是生活中從飲食到睡眠，都會導致壓力的繁衍變化。有人說，「做大事的人應該不拘小節」。但是，很多時候，「小細節卻能改變大命運」。

有句話說：「進攻是最好的防守。」從改變生活中的不良細節入手，防微杜漸，才能在關鍵時刻不被疾病控制住。解決壓力問題也是如此，學會與壓力對抗，讓自己的每一步行動都行之有效，讓壓力不再成爲自己的精神和身體上的沉重的負累，由細節入手，全方位出擊。改變生活，抗拒壓力，每一步都必須留心。

吃對食物少壓力，飲食細節療心病

越來越忙的現代人，要麼把一日三餐當做一種負擔，草草解決了事，要麼養成晚餐做重頭戲的不良飲食習慣。緊張的工作會引起疲勞、頭疼、睡眠不足、食欲不振等問題。可是，漸漸失調的飲食，又會加重了身體的衰弱。

繁忙的上班族，爲了爭取早上10分鐘的睡眠時間，壓根兒就沒早餐的概念。儘管越來越多的專家提醒，不吃早餐嚴重傷胃，甚至使你無法精力充沛地工作，但是這種不吃早餐的人群還是越來越多。而午餐呢？無非是便當和外賣最得人心了，大家都把晚餐當做一天中吃得最好的一頓來對待。下班後有時間了，朋友們自然要聚一聚，也有很多時候應酬晚餐成爲下班後的工作延續，這些都是造成晚餐成爲上班族飲食「重頭戲」的現實原因。

不健康的飲食習慣，是讓工作上的壓力加重的一大因素，並且還有可能造成對身體的戕害。尤其是愛美的白領女性，常常爲自己身材不夠完美而在飲食上大動干戈，有時候，適得其反，甚至還會引起其他的不適。養成健康的飲食習慣，改變飲食中的不良攝入元素的構成，吃對了，身體舒服了，精神也強大了。

【減壓ＡＢＣ】對抗壓力，上班族飲食習慣全攻略

一、忙人的早餐巧搭配　如果你是那種一定要爭取早餐時間來補充自己睡眠的人，你也可以有兩全其美的方法來解決你的早餐難題。

西式：牛奶＋麵包＋水果　上海第二醫科大學的張教授指出，不要空腹喝牛奶，在喝牛奶前吃個雞蛋或者麵包，都可以降低乳糖濃度，有利於營養成分的吸收。水果含有大量的維生素和纖維，是人體第一必須的營養。

中式：豆漿+燒餅+雞蛋　豆漿中含有植物雌激素，不僅可以調節女性的內分泌，還能改善心理狀態，延緩人體衰老。

二、素食晚餐進行時　人體的一天中不能少了葷腥，但把大量進食葷腥的時間安排在晚餐，實在是太不明智的選擇了。人體一天中攝入的葷腥太多，不僅不會提供能量反而會引起疲勞。過多的蛋白質身體無法消化，腎臟就只能承擔起這個重擔了。

魚肉卻是個例外，它含有的不飽和脂肪酸可以降低人體的血脂肪，抑制高血脂的形成。因此，在你不得不參與晚餐的大餐計畫之中時，可以適當進食魚肉，而少之又少地進食雞、鴨、牛、羊等肉類。

晚餐之後，活動量減少，素食不僅可以減輕人體的負擔，還可以防癌。以豆製品和蔬菜為主的晚餐是最好的選擇。

三、飯後細節要留意　飯後半小時吃水果對身體有益，但不能吃多。飯後馬上喝茶或者吸煙，會阻止人體對食物中的鈣、鐵的吸收

四、找適合的電腦零食　坐在電腦前並不是什麼都不能吃，有些零食吃對了，吃得合適，可以健脾胃還能減疲勞。每天下午茶的時間，可以吃一些花生、腰果、杏仁、核桃之類的堅果零食。因為它們含有豐富的維生素B、維生素E和必須的礦物質。像富含維生素C的柳丁等水果也可以當零食來吃。

核桃和芝麻被中醫認為是——「補五臟，益氣力，強筋骨，健腦髓」的良品，可以作為零食中的首選。桂圓、紅棗和蜂蜜，可以養胃健脾，增強腦細胞的活力，也可以在

下午茶的時間適量進食。

五、吃東西都不能忘了多喝水　便秘、結石、痛風是辦公室的常見病，都跟水喝得少、喝得不夠有關係。水的重要性每個人都知道，但是總是常常忘記了。而以水果、飲料代替白開水的辦法，也是屢見不鮮，但是白開水的功效又不是它們能替代的。清晨起床一杯水，午間休息幾杯水，多喝白開水。

現代人的豐盛飲食習慣，讓心血管疾病的問題更形凸顯，健康專家們研究得出結論：少吃動物脂肪，多吃植物油。而以新鮮蔬菜，全麥製品和橄欖油爲主要食物的地中海膳食結構，是世界公認的健康飲食模式。那麼，你爲什麼不嘗試一下！

培養好睡眠，遠離壓力困擾

都說人生有三分之一的時間在睡眠中度過，而睡眠最能保持心情愉快、思想敏銳，那還等什麼，趕快養出你的好睡眠吧！

在生活、工作、家庭等方面的壓力下，睡眠障礙已成爲越來越普遍的現象，嚴重危害生命健康。不少人晚上睡不著，或者入睡時間要很長，還有不少人早上起不來，晚上卻失眠。

睡眠是舒緩壓力的好方法，保持一個優質睡眠不僅精神狀態好，心情愉悅，工作效率也會提高。睡眠還可恢復體力、增強免疫力、增強記憶力、美容美膚。因此，避免睡眠障礙就顯得尤爲重要。

【壓力自測版】你有睡眠障礙嗎？

你了解自己的睡眠狀況嗎？下面的幾道測試將告訴你答案：

1. 入睡難，從上床到入睡時間超過30分鐘。
2. 睡眠中夢遊、說夢話、突然驚叫、心跳加快、呼吸急促、出現幻覺、做噩夢、磨牙、自笑、肌肉或肢體突然跳動一下等異常行為。
3. 睡眠量不足，整夜睡眠時間低於6.5個小時。
4. 睡眠量過度，出現嗜睡、昏睡及因腦病變而引發的發作性睡病，還可能伴有摔倒、睡眠癱瘓和入睡前的幻覺等症狀。
5. 睡眠不連貫，一晚上要醒很多次，覺醒時間每次超過5分鐘，次數在兩次以上；尤其愛頻頻從噩夢中驚醒。

如果這些狀況你出現過其中一條，說明你的睡眠品質有某些輕度問題，趕緊加以改善，把睡眠障礙扼殺在萌芽中；出現兩條，你的睡眠面臨中度考驗，要多多留心自己的睡眠狀況了；出現三條以上則說明你有較嚴重的睡眠障礙，最好以就醫方式解決問題。一些異常行爲或許自己並不能及時察覺，但是別人發現告訴你之後，更應該引起重視。採取一些必要的措施來改善睡眠，緩解壓力。

【減壓ABC】睡眠減壓的幾個妙招

對付睡眠障礙不是一朝一夕的事情，但最重要的解決之道，就是養成良好的睡眠習慣，下面的一些解壓方法可供參考：

一、把握最佳睡眠時間　一般來說：晚上9點～11點是最佳睡眠時期，11點～凌晨3點也還算理想。健康成年人睡眠時間在6～8個小時，女性的最佳美容時間在10點～凌晨2點。學習壓力緊張的青少年最好在晚上10點左右睡覺。對於壓力過重者，須適度延長睡眠的時間。

二、睡眠用具巧挑選　床墊需兼顧軟硬度、彈性及透氣性適中的；床鋪軟硬度要適中；床單、被褥及睡衣的材質宜選色澤柔和、舒服體貼、透氣好的。枕頭宜選高度在10～15公分之間的，以仰臥時頭與軀幹保持水平爲宜，且質地要柔軟。對健康人來說，右側位睡眠可放鬆四肢，緩解疲勞，是最佳的睡眠姿勢。

三、睡前少思考　生活、工作中的緊張因素長期積壓，難免會出現睡眠障礙。不妨在睡覺前，先給自己幾分鐘的暗示，把沒有想清楚的問題暫時都忘掉。或是通過集中睡眠訓練法來避免睡眠障礙。如想像自己正躺在柔軟的沙灘上，聽著大海的海嘯，感受著輕柔海風拂面，眼前到處是令人心曠神怡的藍天、白雲、海鷗……不知不覺身心就會得到放鬆，很快就能進入睡眠狀態。

除上面提到的解壓措施外，睡前還可以試一試這些解壓方法：

1. 喝一杯牛奶或是吃些桂圓、大棗、蜂蜜、蘋果、香蕉等能補心安神的食物。

2. 熱水泡腳可促進全身血液循環，讓你氣血運行舒暢，心情頓然舒緩，對入睡非常有益。

3. 床頭、枕邊擺個薰衣草香包，撲鼻的幽香可以安定情緒、消除沮喪，撫平你心靈的創傷。

若是遇到極大的壓力障礙，則要及時尋求心理醫生的幫助，以免拖延病情，影響治療的良好時機。

【減壓禁忌站】改善會讓你睡不香的小細節

睡眠也是一門學問，注意睡眠品質的同時，還要避免不宜睡眠的小細節。

1. 不宜以仰臥、俯臥、左側位的姿勢入睡。仰臥使四肢肌肉得不到放鬆，易引起噩夢；俯臥胸腹受壓、呼吸不暢，易「落枕」；左側位會壓迫左心室，對血型液循環不利。同時，還要避免將雙手放在胸前，以免壓迫心肺，阻礙呼吸。
2. 晚餐定時進食，不宜過度進食辛辣、油膩、刺激性食物；不要常吃夜宵。
3. 入睡前避免看驚險刺激節目或黃色書刊。
4. 臥室環境避免噪音、亮光。
5. 睡前不要做劇烈活動或做容易興奮的事情。

尋找一把啓動快樂細胞的鑰匙

你是什麼樣的人，決定了何種方式最能有效地啓動你的快樂細胞。一般來講，性格開朗活潑的人，喜愛較爲熱烈的方式，比如運動、郊外野炊、跟朋友們去各種娛樂場所讓自己全身細胞都high起來。而對於某些性格較爲內向的人來說，他/她或者更傾向於在一個陽光明媚的早晨，與愛人一同到的公園漫步，亦可一個人選個安靜的咖啡館窩在一個舒適的角落裏閱讀小說。

只要有那麼一種或者兩種方式可以讓你感覺到滿足和快樂，那麼它也許就是能夠啓動你全身快樂細胞的一把鑰匙。很多人會經常埋怨自己的人生過得不如別人，其實並不是你比起他人來說有多麼不幸，而是你不善於從自己的生活中挖掘快樂的因素。那些身上常常充滿喜樂氣息的人，比你優越的地方即在於——他們知道怎樣做，能夠讓自己快樂起來。

【減壓ABC】樂活的方程式

一、凸顯自我最快樂　一個快樂幸福的家庭生活，並不是可以用佔有物質的多少來衡量的，而我們常常會犯下愚蠢的錯誤，得隴望蜀，一山望著一山高，親手毀掉原本可以十分快樂的婚姻家庭。當不經意間染上了攀比的習慣的時候，就會被虛榮的表面蒙住了雙眼，看不到自己的快樂，而只會爲別人外表的奢華而感歎不已！

大家都說，快樂是自找的。如果在你尋找的過程中，用來尋找快樂的雙眼被蒙住了，你該如何繼續尋找呢？長別人志氣滅自己威風的事兒，可能不少人會常幹，也會常想。若是這樣，你可能就永遠無法眞正快樂起來，因爲你永遠也不知道自己身上的特效穴點在哪裡，而總是拿別人的快樂來掩蓋自己的快樂。

二、知足常樂　不去與別人攀比，靜下心來審視一下自己，你也許會驚歎原來身邊還有這麼多，可以讓自己快樂的理由。

三、小愛好帶來大樂活　能夠讓自己快樂起來的方式沒有高低貴賤之分，做自己喜歡做的事，可以讓人忘記周圍的一切煩心事，讓心情徹底放鬆。

有的人酷愛看足球，不管工作多累多辛苦，只要時間允許，一定會通宵達旦地大看一晚。看足球比賽，讓自己全身心地投入，爲每一次射門吶喊助威。尤其是自己喜歡的球隊射入了關鍵的一球時，那種快樂的心情似乎可以讓他年輕好幾歲。

我有一個朋友在大學的時候就特別喜歡跳街舞，並且練就了一身舞蹈技能。大學畢業後進了某家公司工作，每個星期都有好些天需要加班夜戰。但他始終沒有放棄自己對於跳舞的熱愛，每當一個項目通過小組的人連夜奮戰完成之後，他就會找個夜晚約幾個朋友去過一次跳舞的癮。在舞蹈中盡情傾瀉連日來的壓力和疲勞，而後重新投入工作中去的時候，又可以信心百倍地加入奮戰中去了。在激烈的職業競技場上，他依然樂觀堅強，並且常常顯得十分開心。因爲他始終沒有放棄他的最愛——舞蹈，舞蹈啟動了他全身的快樂細胞，令他在壓力場上依舊如魚得水，應付自如。

四、愛我所愛，甭管別人眼光　自己的愛好是讓自己快樂起來的法寶，所以大可不必在意別人的眼光。曾經，但丁用一句話：「走自己的路，讓別人去說吧！」

有一段時間，新聞上報導了一個北大畢業生當起了個體戶賣豬肉的事兒，引起了軒然大波。許多人詫異，覺得堂堂一個北大畢業生幹啥不好，爲啥幹起個體戶？還賣起了豬肉。後來許多媒體爭相採訪報導，也有不少單位想把這位賣豬肉的北大生招攬在自己的門下。但是，這位仁兄卻拒絕了各方的好意。因爲他覺得幹個體戶完全是自己喜歡，而賣豬肉雖然對一個北大學生而言確實不太體面，但他樂意幹，並且也賺了些錢，養活了自己，還有老婆孩子一家人。自得其樂，若不是偶爾聊天不小心暴露了自己曾經在北大讀過幾年書，也不至於引起這麼大的波瀾，還影響了他現在自得其樂的生活。

每個人都有不同的生活方式，只要可以讓自己活得快樂，就不用去管別人的眼光。畢竟嘴巴長在別人身上，人家要怎麼說，誰都管不著。最重要的是，懂得如何讓自己快樂才是眞諦。

運動，沒有心病的一種活法

儘管人人都知道運動對於保持健康很重要，但現在的「懶人」貌似越來越多，還常常會找出一大堆冠冕堂皇的理由拒絕運動。尤其是都會女性，夏天怕出汗，冬天怕著涼，寧願做「宅女」盯著螢幕看電視劇哭得稀裏嘩啦，也不願意運動片刻。

工作忙碌也成了逃避運動的一個很好的藉口，「我實在是太累了！」、「我累得動彈不得！」出門搭車，回家直接搭電梯上樓，連走路這種最簡單最直接的運動方式，都無處可以施展了。人變得越來越忙碌，也會讓人變得越來越懶惰。

難道運動眞的有那麼難麼？追求健康，相信所有的人都不會否認它的重要性。運動不僅僅可以幫你保持苗條身段，增強抵抗力，還能讓壓力隨著汗水一起沖走。事實上，許許多多被省下的小細節，就是各種各樣的運動方式。

【減壓ＡＢＣ】被忽視的運動方式

一、坐公車，沒座位的時候，站立也是一種運動　不要懶洋洋地倚靠著欄杆，兩腿分開站穩，提臀收肛，每次站在公車上都注意到，痔瘡就不會那麼折磨人了。

二、早晨到公司爬樓梯進辦公室　只要晚上休息得好，早晨的精神是一天中最好的。很多老年人喜歡在清晨去公園鍛鍊，對於忙碌的上班族而言，早上能多睡十分鐘也是一種福氣。早上趁精力充沛的時候，爬樓梯就相當於你的早晨鍛鍊了。

三、起床前的床上伸展運動　每天早晨被鬧鐘驚醒，有多少人是一骨碌就爬起來了呢？利用賴床時間，伸展一下胳膊，以仰臥起床的姿勢坐起來，每天比前天多做一個仰臥起坐，直至你1分鐘可以做滿40個爲止。你就不用爲你日漸凸起的小腹擔憂了。

四、原地小跑步　上班時坐在電腦前時間過長累得慌，利用喝水的間隙，只需要很小的空間，原地小跑5～10分鐘，就會發現困頓和疲倦都消失了。

五、喝水也是一種運動　這裏喝的水是指白開水和礦泉水，而不是高熱量的飲料，每天至少喝2升水，起床後、早餐前、上午、午餐前、下午、晚餐前、晚餐後各喝一杯，慢慢地喝，不僅能促進身體的新陳代謝，也可減輕腸胃的負擔。

六、打掃衛生也是運動　現在不少人的家務都是家政公司代勞的，有一些人，寧願花錢去健身房，也不願意給自己的房間拖拖地。其實拖地是一種一舉多得的運動方式，不僅可以鍛鍊身體，還可以把房間弄乾淨。但千萬不要急躁，動作大些，稍微慢些，自己輕鬆鍛鍊了身體，也打掃了衛生。

【減壓錦囊計】趕上「輕體育」風尚潮

現在日益流行一種被稱為「輕體育」的健身運動，又被稱為「輕鬆體育」和「快活體育」，是大眾體育中極為受歡迎的一種形式。因為「輕體育」運動形式靈活多樣，運動強度小，只要是自己願意運動誰都可以加入，並且也不需要花費金錢，是如今的老百姓十分喜愛的一種健身方式。

「輕體育」是一種有效釋放身體內的內啡肽的一種運動形式，這種物質是衆所皆知的可以使人心情愉快、精神振奮、情緒高漲的有效快樂劑，對於緩解人們的心理壓力，增添生活的情趣有顯著的效果。「輕體育」是一種老少咸宜的運動和健身方式。

什麼樣的形式可以稱爲「輕體育」呢？因爲其沒有形式的拘泥，也不要求時間，而且主要是達到身心愉快的目的。如：定量步行、爬樓梯、登山、慢跑、跳舞、瑜伽、太極、氣功、打網球等等，只要是可以讓你輕鬆愉快的運動形式，都可以當做「輕體育」的鍛鍊項目。時間的安排完全按照自己的意願，以體能消耗少爲最佳狀態，運動時也不必爲動作技巧等費盡心思，也沒有目標限制。

這種「輕體育」其實重在怡情養性，陶冶情操，讓自己通過一些簡單的運動方式實現身心共愉快。因爲它的自由自在，無拘無束，人們從事「輕體育」的熱情是越發地高漲，每個人都可以參與，每個人都可以身心快樂。

大自然也是間療養院

有一個東方傳說，講的是有個大力神，他的力量是大地賦予的，一旦他的雙腳離開了站立的地面他就變得一點力氣都沒有了。其實我們也一樣，大自然賜予了我們一切，也賦予了我們靈性，只有回歸到大自然的懷抱當中，才能眞正地讓身心都得到放鬆。

「久在樊籠裏，不得返自然。」長期生活在都市裡，不妨趁週末休息的時候，到郊外走走，張開雙臂，大口呼吸。大自然像個母親一般絲毫不會吝惜她的所有，毫無保留地奉獻出她的一切供人們享用。

白天無休止的工作，將身體束縛在鋼筋水泥的都市叢林，讓我們的內心常常因爲疲憊而渴慕新鮮的空氣，自在的心情。內心深處常常不由自主地發出對於大自然的呼喚，想遠離這喧囂的城市，遠離這令人窒息的空氣，一片綠葉有時就能讓我們欣喜若狂。這是因爲，人類來自大自然，大自然孕育了我們，因而每當我們覺得無法忍受這城市的空虛和寂寞之時，內心對於大自然的呼喚會異常的強烈。究其本源，在於我們的身體和氣息與大自然息息相關。

羅素曾說：「我們的生命是大地生命的一部分，就像所有動植物一樣，我們也從大地上吸取營養。」大自然的廣袤無邊，會讓你的胸懷變得寬廣。大自然的一草一木似乎都具有靈性，可以撫慰你受傷的靈魂。也正是出於這樣的原因，許多人喜歡在繁忙之餘的假期，四處去旅遊。

【減壓ABC】都市人的大自然親近法則

一、感受都市的林蔭道　走在綠樹成蔭的大道上，聽著樹葉被風吹著颯颯地響，偶爾還能聆聽到樹叢中傳來悅耳的鳥聲，是那樣的清脆婉囀動人。

許多生活社區的林蔭道，還有許多校園的林蔭道，都是都市人的首選。在工作累極了的時候，林蔭道裏鬱鬱蔥蔥的樹木，就能帶給人最大的安慰。

二、親近公園裏的鳥語花香　公園就是現代人親近自然景色最直接的地方，許多老年人喜歡在公園裏優閒地度過。找個天氣晴朗的下午，一個人走進公園，感受一下寧靜的美好。

公園雖然是人爲構造的一個自然場所，但自然的氣息仍然環繞在人們身邊，人文氣息與自然景觀的結合，讓煩亂的心靈得到片刻的安慰，趕走身上的壓力。

三、近郊遊歷的樂趣　在週末選擇一處都市的近郊，遠離城市的喧囂，釋放壓力，無疑是現代人親近自然的很好的選擇。也不像遠遊，要花費很多時間和金錢。

大自然就是有這諸般奇妙之處，用它的一花一草一樹一木消除我們胸中的塊壘，讓我們工作的疲累隨著溪水洗去，也讓我們的心靈變得更加明澈。

有位智者說：「安靜地看一瓢水，可以聽到它演示的清淨義，請汲來柔潤自己的心田；細緻地看一朵花，可以聽到它宣說的莊嚴義，請掬來美化自己的生命。」

還有不遠處霧氣繚繞的群山，雖然也不常常都是那麼的雄偉壯闊，但它的偉岸和堅韌都會觸動你內心的意志，從它們身上可以得到有關堅定的資訊。如果不遠處還有流水，那更是愜意了。靠近它，聆聽一下水流撞擊石頭發出的聲音，自然的神奇力量就會在許多微小的瞬間讓你感動。

路旁許多不知名的植物，參差不齊，也許還會長出一些叫不出名字的小花，它們不被人注意，但仍肆意地開放，它們沒有絢麗的色澤，但仍然得到了自然的垂愛。自然界中的許多不知名的小植物，也許就能讓你引發聯想，鼓舞你生存的勇氣，讓你更加堅定地走著以後的路。

四、感受名山大川的極品魅力　許多長假，爲何不出去遊樂一番呢？旅遊中的名山大川常常是眾多遊客的首選，這些大自然的傑作讓人驚歎她驚人的創造力。當我們遊訪這些名山大川的時候，我們會被大自然的奇觀所深深地吸引，從而不自主地會忽視掉日常生活中瑣碎的煩惱，那些瑣碎的東西在大自然的博大的胸懷的映照下，簡直不值得一提……。

而當我們回歸到正常的生活中去時，這些尋訪的感覺還深深印在我們的心底，啓迪我們的心智，幫助我們以寬廣的胸懷去接納這些微不足道的小事。因爲大自然毫無抱怨地無私地接納了我們的一切，好的和壞的，爲什麼我們就不能接納身邊的一切呢？

不管你內心會有什麼樣的聲音，大自然都會是一個最好的聆聽者。有時候也不需要你的精心策劃，找個週末，約幾個好友或者獨自騎著自行車就可以去郊外感受一下大自然帶來你的純淨。在綠色的世界中，不僅僅可以讓你的眼睛明澈，也可以使你心靈上的塵垢一掃而光。即便你不喜歡沉默，可以放聲歌唱，肆意玩耍，將不愉快的事和沉重的壓力都拋諸腦後，相信大自然這個世界上最好的療養院，可以讓你身心愉快！

溝通也是一味抗壓良藥

一把堅實的大鎖掛在門上，一根鐵杆費了九牛二虎之力，還是無法把它撬開。鑰匙來了，把它瘦小的身子鑽進鎖孔，大鎖「啪」的一聲就打開了。鐵杆奇怪地問：「你爲何這麼容易就把它打開了呢？」鑰匙說：「因爲我最了解他的心。」

與人溝通，把心理的痛苦和難處傾訴出去，找到解壓的鑰匙絕不是難事。

信任對方，為自己打開一扇溝通的大門

人與人之間缺乏信任，必定處處設防，而誤會就常常因爲彼此之間的不信任變得更加嚴重。父母與孩子之間的「代溝」就是因爲缺乏溝通和了解造成的。孩子們有年輕一代的新穎的想法和永不懈怠的前進的動力，而

父母在經歷過人世間的滄桑與浮沉之後，希望能做自己的孩子的庇護者。出發的動機都是好的，可是爲什麼還是會有那麼多離家出走或者行爲不良的青少年，讓做父母的爲難和擔憂呢？父母與孩子之間彼此缺乏信任是最根本的問題。

夫妻之間也往往會因為缺乏信任而使婚姻破裂　妻子經常捕風捉影，懷疑丈夫有婚外戀，而丈夫呢？覺得自己受到了莫大的委屈和羞辱，兩個人從頻繁的爭執到最後消耗掉夫妻之間的情感，可能花不了多長時間。缺乏信任，彼此誰都不願意向對方傾吐心事，漸漸地，朋友也會變成陌生人，親人也會逐漸疏遠。

信任對方有那麼的困難麼？　事實上並非如此。現在社會雖然有許多意想不到的邪惡繚繞在周圍，可是親人和朋友是你身邊最值得信任的人，這一點應該是毋庸置疑的。這些悶在心裏不想說的話，到最後變成了雙方解不開的謎團。懷揣著這些解不開的謎團，心裏怎麼會輕鬆？工作上的壓力加上生活中的謎團，相當於給人上了一道精神的枷鎖，而鑰匙就在自己手中。

【減壓ABC】說出你的心事

一、即使痛苦，也要說出來　沉默是金這個道理並不是在任何情況下都奏效的，人人都會有心裏憋得慌的時候。借酒澆愁是最愚蠢的做法，酒醒之後愁還更愁。我們壓在心底的並非都是珍貴的記憶，很多時候，因爲是痛苦的，而拒絕傾訴。

那些不願觸碰的傷痕在心裏慢慢結了疤，會留下深深的印跡。一朝被蛇咬，十年怕井繩，當再一次與內心的痛苦狹路相逢的時候，痛苦依舊是痛苦。

這些痛苦的記憶在歲月的沉澱中慢慢稱爲心靈上的塵垢，讓自己陷入一種沉重的生存狀態之中。讓心靈擺脫各種無形的壓力的壓迫，可以輕鬆愉快地品味生活的美好，那就把積壓在心中的痛苦說出來吧！

朋友和家人往往是你最忠實的聆聽者，如果你覺得這樣會讓關心你的人更加的擔心你，還有一種不錯的抒發內心的方式，就是時下在網上流行的寫部落格，把內心的痛苦用文字表達出來。在與他人或者自己的溝通過程中，那些沉寂已久的壓抑內心的重負，自然就會隨著你的抒發而慢慢地被卸下！

二、不要害羞，沒有人會笑話你

遇到一些尷尬的事情，大家都習慣把它藏在心裏，不願意向人吐露半點，以免引起別人的嘲笑。久而久之，這些令人尷尬的小問題，也會讓你感覺到壓抑。

曾經有一個朋友，說話時間一長就會出現輕微口吃的毛病，每次遇到大家聚會聊天的時候，怕別人嘲笑就躲得遠遠的，或者一聲不吭。長期下來，在公司裏成爲很不受歡迎的一個人。可他對任何人都沒有惡意，並且會幫助別人完成過重的工作。但是，不明就裏的大家仍然對他心存芥蒂。這使他感覺到自己的人際關係上的危機而惴惴不安，但他仍然很努力地幫大家幹活。

事實上，聊天聚會是同事之間聯絡感情的一種方式。這位朋友其實心裏也很想參加，可是就是怕說話時間一長暴露了自己口吃的毛病。終於有一次，他實在忍不住了，悄悄告訴一個經常參加聚會的同事自己的問題。後來，大家又開始熱情地邀請他加入了，每逢在談話中他出現口吃的時候，大家都微笑地等待他說完，然後繼續聊天，誰也沒有因此而嘲笑過他。

自此以後，這位朋友就再也不用爲公司裏的人際交往而苦惱了。同事們都很和善，自己也融入其中，一起加班都是件十分愉快的事情。

著名的小說家司湯達說：「向隨便什麼人徵求意見，敘述自己的痛苦，這會是一種幸福。可以跟穿越炎熱沙漠的不幸者，從天上接到一滴涼水時的幸福相比。」

的確如此，釋放自己內心壓力的最直接的辦法，就是將內心的掙扎說出來，與他人溝通，可以及時化解自己心中的鬱結。

享受神奇音樂，悅心養生雙受益

輕柔悅耳的音樂使人感到明朗，激發人們對美好事物的追求的願望。優美動聽的音樂，能有效地刺激人體的神經系統，調節人體各方面的生理功能，促進人體內有益於健康的物質的分泌。幼兒常聽音樂還能促進智力的發展，而老年人常聽音樂，不僅能延緩大腦的衰老，還能促進記憶力的恢復。

在醫學界，有人曾在一些患有情緒性高血壓的病人身上做試驗。讓他們聆聽巴哈的b小調小提琴協奏曲，患者在聽了那悠揚美妙的樂曲之後，血壓可以下降10～20毫米汞柱。現在市場上還出售一種能播放催眠曲的音樂枕頭，用來治療失眠症，使失眠者很快可以進入夢鄉。

適用音樂進行心理治療，必須得結合個人的興趣愛好、身體狀況和當時的情緒狀態來選擇音樂的類型。曲調較爲圓潤，節奏舒緩輕柔的音樂較爲適合緊張工作之餘，想減緩疲勞的人們。而鏗鏘有力，雄奇高亢的音樂對於精神委靡不振、工作效率低下的人有激發意志，振作精神的效果。

清晨起來，聽一些很有振奮力的音樂，可以增加一天開始時身體的應激度，有利於將自己投入到緊張的工作中去；而傍晚歸家，閉目凝神的時候，聽一些悠揚的樂曲，可以減緩一天的疲勞，改善心情，享受一個美好的夜晚。

【減壓ABC】減壓音樂，對症下藥很重要

一、輕音樂，解決案頭煩惱　許多從事案頭工作的人，可以嘗試著聽一些抒情的輕音樂，不僅可以促進想像力的生成，刺激腦細胞產生靈感，也能放鬆心情，提高寫作效率。

二、K歌，壓力在音樂中釋放　音樂也常常成爲人們發洩情緒的一個有效的通道。在經過一週高度緊張的工作之後，約幾個好友去卡拉OK放開嗓音開懷大唱。既可以驅散一週以來心理上積聚起來的濃重的陰影，還能增進朋友間的友誼，一舉多得。跟朋友們一起，不用在意自己的嗓音，也不用在意自己的唱腔，邊唱邊舞，盡情地釋放心情。然後回家好好睡上一覺，所有的困頓、不滿、消沉、憤怒都在歌聲中消磨殆盡了。

三、音樂，帶你走出失戀陰影　有些人情緒不好的時候，聽一些傷情的歌曲，就能將自己的情緒轉移到音樂當中，而自己反而獲得了解脫。但對於那些生性過於敏感的人，在情緒不好的時候，應該多聽一些輕快明麗的歌曲，它能帶動你的情緒走向積極向上。

曾經有一個朋友因爲失戀，無處發洩，天天拉著朋友們去唱卡拉ＯＫ，還老是點唱一些傷情的歌曲，結果每次都是不歡而散。這位朋友自己一個人的時候，也總是聽一些與失戀有關的悲傷的曲調，結果弄得自己抑鬱不已。很多時候，音樂就是有這種神奇力量讓人深陷其中難以自拔。

四、睡眠，音樂幫助你　如果你的睡眠有障礙，睡前聽音樂儘量避免聽一些有歌詞的歌曲，一旦自己的思維被歌詞所纏繞住了，反而更加難以入睡。世界上許多知名的藝術家，像蕭邦、舒伯特、李斯特和巴哈都有一些專門的催眠曲，這些催眠曲流傳已久，它們是失眠症患者首當其衝的選擇。爲了讓自己儘快入睡，在音樂的選擇上，有的時候不得不犧牲一些個人的興趣愛好，安神養心，以輕音樂爲最佳選擇。

【減壓錦囊計】減壓音樂，給你對的選擇

一些專業的音樂理療師們，推薦了一系列適用於各個方面的減壓音樂，風靡了全世界。這份音樂清單，活得了許多人的熱烈推薦。稱爲減壓音樂的首選專案。

❶有關草地的音樂聯想推薦作品：

貝多芬：《第六交響樂》第二樂章

戴留斯：《杜鵑之歌》

拉威爾：《達夫尼斯與克羅爾》第二樂章
鮑羅廷：《在中亞西亞草原上》

❷有關高山的音樂聯想推薦作品：
布拉姆斯：《第二交響樂》第二樂章
德布西：《夜曲》
格羅夫：《大峽谷》組曲的「日出」
馬勒：《第四交響樂》

❸有關溪水的音樂聯想推薦作品：
貝多芬：《第九交響樂》第三樂章
雷斯皮基：《羅馬的松樹》第二樂章
斯美塔那：《伏爾塔瓦河》

❹有關大海的音樂聯想推薦作品：
德布西：《大海》第一部分
艾爾加：《謎語變奏曲》第八、第九段
雷斯皮基：《羅馬的松樹》「阿比亞街之松」

❺讓自己擁有安全感的音樂聯想推薦作品：

蕭斯塔科維奇：《第二鋼琴協奏曲》小行板
卡林尼科夫：《第二交響樂》行板
拉赫馬尼諾夫：《第二交響樂》柔板
貝多芬：《第五鋼琴協奏曲》第二樂章

❻可作為音樂想像的其他作品：

貝多芬：《小提琴協奏曲》小廣板
貝多芬：《第九交響曲》極慢板
布拉姆斯：《小提琴協奏曲》柔板
巴哈：《兩隻小提琴的協奏曲》廣板
丹第：《法國山歌交響曲》第一樂章
雷斯皮基：《羅馬的松樹》喬尼科羅之松
馬斯奈：《第七管弦樂組曲》
蕭邦：《第一鋼琴協奏曲》浪漫曲
華格納：《羅恩格林》第一幕序曲
鮑羅廷：《第一交響樂》行板
布拉姆斯：《第三交響樂》稍微的小快板

布拉姆斯：《第二鋼琴協奏曲》行板
拉赫馬尼諾夫：《第二鋼琴協奏曲》第二樂章

書中尋自在，打造你的「悦讀」生活

早在古埃及，一些寺院圖書館就開始通過閱讀療法治療許多人的心理疾病，掌管文獻的官員被稱爲「生命之宮的文臣」。在古埃及底比斯城的一個圖書館的門樓上還鐫刻著「醫治靈魂的良藥」的字樣。

在古代有許多文人用閱讀的方式來治療內心的創傷，陸遊對讀書的治療作用相當地推崇，他曾在《閑吟》一詩中寫道：「閑吟可是治愁藥，一展吳箋萬事忘。」陸遊還旗幟鮮明地把《周易》推舉爲病中應讀之書，在閱讀療法的歷史上，具有重要的意義。

現代醫學經過反覆的臨床實踐證明，多讀書，勤於思考，可以使腦細胞老化速度減慢，保持頭部血液流通順暢，也能促進人的腦細胞新陳代謝的速度。有不少專家還告誡說，腦細胞的特點是「用進廢退」。因而，人們平時多讀書，不僅僅是讀一些淺顯易懂的書，還應該多讀一些需要動腦筋的書。許多腦筋急轉彎之類的智力圖書，不僅可以讓你在閱讀的過程中心情舒暢，開懷大笑，還能刺激腦細胞的運動。一旦大腦缺少了資訊的刺激，大腦的功能得不到充分的發揮，大腦內特殊生物活性物質的水準就會降低，若長期如此下去，大腦功能會退化，分析判斷能力也都會下降。

需要說明的一點是，我們所說的「悅讀」是個泛義詞，你可以讀書，更可以「讀畫」，比如媒體上都在說現在的閱讀已經進入了「讀圖時代」，看圖觀畫也是一種閱讀方式哦！宋代的秦觀就是以觀畫療病著稱。

秦觀在病中看了唐代大詩人王維的山水畫名作《輞川圖》，畫的是陝西藍田輞川這個地方的景色。因爲秦觀是江蘇人，睹江海多，見峰嶺少。在病中看到了《輞川圖》，這幅意境高遠，栩栩如生的圖畫作品，使他如臨輞川之山水，目不暇接，興致勃勃，很快就擺脫了病痛的糾纏。

用現代心理學的知識來闡釋，秦觀通過閱讀名畫來治療疾病的方法，實際上是把心理學中的暗示療法同超覺靜默療法相結合的方法。每天看畫，集中了意識，控制了心緒，擯除了煩惱和雜念，使得精神鬆弛，心情暢快，肌體的活力增強之後，抗病能力就得到了顯著地提升，因爲病況便日益好轉了。

【減壓ＡＢＣ】打造你的「悅讀」生活

一、加入讀書俱樂部　在很早以前，無論是西方社會還是東方社會，都有各式各樣的讀書沙龍，那個時候不像如今擁有各種各樣的娛樂休閒設施，大家閒暇之餘，常常通過讀書討論的形式來消磨時光，還表現出十足的貴族化。如今，這種讀書沙龍的形式以一種俱樂部的方式承襲了下來，這些讀書小組不僅可以幫助寂寞的人消磨閒暇時光，也幫助孤獨的人減輕孤獨感，可以當之無愧地被稱之爲一項康復運動。通過閱讀減輕身體上的痛楚，和精神上的悲傷。

二、**經常逛書店**　許多城市裏興起了不少像光合作用那樣的書屋，這些書屋裏上架的書品都是經過了精心挑選的。通過書屋的佈置，給人一種寧靜的感覺，當你推開門走進去，看到擺設別緻的書架，各種各樣的書目讓你應接不暇。找個沙發坐下來，在清淡如流水般的音樂中隨手翻起一本書，就會造就一段愜意的心靈體驗。這些精心設計的書屋，主要是爲了迎合現代人休閒的觀念，在忙碌的工作之餘，推開門進去，就是另一個世外桃源般的世界。

三、**圖文共欣賞**　如今早已進入了視覺化的時代，大家忙碌的生活導致人心不能靜下來去讀一些枯燥乏味，儘管有很深刻意蘊的書籍，於是許多圖文並茂的書籍開始出現在書市上。休閒類的圖書中，得到不少人青睞的，可以幫助人們尋求心靈寄託的圖文並茂的書籍像幾米的漫畫，配上清新的文字，讓人在翻閱的過程中就感受到了心靈的共振。也有不少成人童話可以引導著大眾向更爲健康的心靈模式過度，如《小王子》一直以來，陪伴了許許多多孤獨寂寞的靈魂。

四、在小說中體驗別樣生活　從古至今，小說這種形式在幾千年的發展中仍然生生不息。在閱讀小說的過程中，我們體驗著另一種生活，這種生活對於我們而言也許是陌生的，也許是熟悉的。欣賞另一種生活，把自己的情緒轉移到故事中主人公的命運上，讓自己的心潮隨著跌宕的情節發展而起伏不定，可以讓你忘卻現實中的煩惱和不安，也可以美化心靈，是一種相當不錯的選擇。

【減壓錦囊計】床頭書，都市人怡情養性的必備品

睡覺之前，或者某個清閒的早晨睡醒之後，隨手在床頭拿起一本書翻翻，在睡前可以幫助你安眠，在清晨可以讓你心情愉悅。選擇幾本自己喜歡的床頭書，讓自己可以不間斷地享受「悅讀」的樂趣，是很多都市人擺脫壓力的良方。

幾米的漫畫系列，配合著心情文字，可以給人帶來許多慰藉，尤其是他的《又寂寞又美好》，是給常感到寂寞的人的一份特別的禮物。另外，你也可以選擇一些歷史，名人的傳記或典故，還有一些勵志的小故事等等。

多種選擇，多項預備，興趣做引導，各選各的喜好。

♗芳香療法讓心靈回歸自然

芳香療法也叫香薰療法，最早由法國醫生金・華爾耐特於一九六四年提出。後來，經過香料化學家、調香師、心理學家和美容化妝師的試驗分析，正在逐步成爲健身祛病，調理情緒，美容和日常生活中的一份子。

在這種治療之中，利用香料的香味來促進平靜感的產生。在古埃及，那時的人們都相信花朵和薄荷的香氣，是身體與靈魂結合起來的唯一途徑，從而可以給人帶來安寧，讓人的心靈可以更好地貼近大自然。經過現代人的發展，通過按摩、沐浴、呼吸、室內設香、聞香等多種方式，促使人體神經系統受到良性的激發，調節新陳代謝，加快體內毒素的排泄，緩和情緒，減輕精神負擔。

許多研究者認爲，芳香療法可以用愉快的感覺代替不愉快的感覺，讓人們在嗅覺上感受到香味，從而可以有效地降低人們意識的敏感性，或者減輕五官的負荷。很多香氣甚至可以引發強烈的記憶和思想。

在美國，有一個國家整體芳香療法協會發行了芳香療法的雜誌，目的在於讓人們了解花草植物和精油的醫用範圍和知識。由於大腦中處理嗅覺感受的區域與下丘腦很接近，香氣不僅可以喚起記憶，也能喚起與記憶相關的許多情感。不僅如此，精油還被用於癌症病人的治療。有研究發現，羅馬洋甘菊能夠讓癌症病人變得更加輕鬆。某些國外的腫瘤醫院，甚至用香草精油來對那些在進入CAT掃描儀器時，感到焦慮的病人進行放鬆，一些產科病房也常用熏衣草來讓女性放鬆以準備生產。

芳香療法的進行方式多種多樣，主要是學會「對症下藥」，了解自己是處於一種怎樣的狀態，在什麼時間，什麼情況下最適宜，還有自己的皮膚特點是怎樣的，平時喜好哪些等等，都要列入芳香療法的考慮範圍。

對於都市白領而言，如何能夠讓身心回歸自然，讓自己疲憊的身體能夠得到安撫，減輕工作帶來的一系列繁重的壓力呢？芳香療法可以說是個不錯的選擇。

【減壓錦囊計】適合減壓的幾款香料

對於芳香療法而言，最重要的莫過於香料的選擇，這些香料市場上都有售，主要是結合自己的身體狀況來選擇適用的香料，這就是芳香療法的關鍵所在。

以下列舉了在芳香療法中常用的一些香精，以及它們在生物醫學上對降低壓力的應用。

熏衣草：最初是一種鎮靜劑，能夠降低神經衝動，因此能降低安靜狀態下的心跳速率和血壓。在緊張狀態下使用，它的香氣能夠讓心理和身體都得到平靜和放鬆。

松香：它最著名的是對肌肉放鬆。松香適合用於肌肉痙攣、纖維肌痛、腸和子宮的絞痛、消化器官的潰瘍。

洋甘菊：這是一種使人感到平靜、滋養、精神振作的香味，洋甘菊能夠降低血壓，是一種氣管擴張劑和抗過敏藥物，也是一種神經鎮靜劑和放鬆劑。主要用於需要抑制憤怒的環境。

岩蘭草：它能夠促進免疫系統的完整性，因此被認爲是一種免疫調節劑。它被用於治療免疫缺陷和自體免疫障礙。它的香味能使人們感到更眞實、更自信。

玫瑰草：玫瑰草香精可以作爲一種抗傳染的藥劑，在細菌、病毒、眞菌，以及鼻竇炎、念珠菌、衣原體感染的情況下使用。它的醫療作用就是推進免疫系統的組成，使身體恢復動態平衡。

【減壓ＡＢＣ】簡單易行的芳香療法

一、在摸清自己的狀況之後，選擇合適的精油，一般一湯勺就夠了，塗抹在皮膚上，並進行按摩，讓皮膚逐漸吸收其養料。比如：用桉樹油按摩胸部，可以預防和治療呼吸器官的疾病；用一些能夠起到減壓效果的精油按摩背部，效果會十分明顯。

二、如果是自己給自己按摩，按摩的力度和技巧只有靠自己慢慢摸索，比如背部一些地方自己無法按摩到，可以讓朋友或者專業按摩師爲你按摩。

三、在熱療或者桑拿（三溫暖）之後用精油進行按摩，效果最好。

四、在沐浴的時候可以放少量香精，獨特的香味即使不按摩，也能起到很不錯的舒緩神經的功效。

五、香精是不能內服的，但可以作爲聞味劑，將自己適用的香精裝在小瓶裏隨身攜帶，也是一種簡便的芳香療法。

沐浴，給心靈一種微妙的體驗

沐浴的歷史由來已久，從沐浴產生開始，它就不僅僅是一種身體清潔的方式，還具有多重的文化意義。西方早先把沐浴的淨化意義與宗教相聯繫，認爲沐浴不僅可以洗盡身體上的塵埃，還能洗滌靈魂。後來，許多繪畫作品也將沐浴納入表現範圍之內，展現人的沐浴，恬靜的畫面性感而不妖豔，柔美而不輕浮，具有很高的審美價值。這些以沐浴爲題材的繪畫作品，主要表現人在經過沐浴之後，走向一個聖潔的歸宿。

除了宗教和藝術的因素以外，沐浴給人體帶來的愉悅和舒適是不言而喻的。西元六世紀的希臘的體育運動極爲興盛，於是興起了洗浴的風潮。從十一世紀開始，人們在蒸汽沐浴中體驗到了前所未有的舒暢。當時的設施已經很完備了，不僅有一個熱水浴室，還有一個公共大浴池，甚至還配備有蒸汽浴室，跟現在的桑拿房非常相似。各種各樣的洗浴隨著時代的進步開始出現了，泡沫浴、浴鹽泡澡、香薰洗浴、高溫桑拿浴等等受到了人們的普遍歡迎。

沐浴逐漸超越了簡單的清潔方式，成爲一種生存主張。上班歸來，將疲倦的身體置於浴缸中泡上一泡，疲勞就全消除了。一向注重保養靚膚的人更是鍾情於沐浴了，在水中加入自己喜歡的精油或者香料，在霧氣繚繞中優閒地聽著音樂，閉目養神，尤爲愜意。沐浴常常與按摩相結合，沐浴過後，按摩一下身體的各個穴位，從而實現消除疲勞，放鬆壓力，還能預防身體疾病的產生。

自從人們發現了溫泉的巨大效用，越來越多的人喜歡在週末或者假期攜家人前往溫泉地帶，泡溫泉，徹底放鬆放鬆。溫泉沐浴得到了大眾的一致好評，無論男女老幼都可以通過溫泉的浸泡改善人體自身的功能。

這裏所說的沐浴與便捷的沖涼方式不屬於同一個概念，生活節奏的加快，不少忙碌的都市人，覺得沐浴是一種浪費時間的行爲。時間對於他們而言又是尤其寶貴的。但是，我們得換個角度想問題，花費一定的時間在沐浴上，讓我們疲憊的身心都能得到充分的釋放，是一種投資，在日後的工作中就會逐漸體會到沐浴帶來的好處了。

【減壓ＡＢＣ】我的沐浴，自己做主

一、半身浴，促進睡眠　很多人會以爲，沐浴就是要將全身浸泡在水裏，其實半身浴對於許多睡眠品質不高或者睡眠有障礙的人而言，都是一個不錯的選擇。半身浴可以使副交感神經發揮作用，促進身心放鬆。一般情況下，半身浴的水溫保持在37度到39度最爲合適，將肋骨（腰部）以下的身體浸泡在水中，靜心聽一下音樂，大約20分鐘後就可以起身了。利用睡覺前的20分鐘泡個半身浴，改善睡眠，第二天養出好的精神。

二、加入花朵，沐浴有奇功　很多花朵在水中浸泡後都會產生奇異的效果，像非洲菊在水中浸泡後可以達到調節脂肪平衡的效果，百合花可以降火，玫瑰可以美白潤膚。在沐浴的時候，適當地加入一些花瓣，可以達到更好的沐浴效果。

三、芳香沐浴　芳香療法離不開沐浴，配合各種各樣的精油，可以實現你想要的效果，再配合按摩師的按摩功效，減壓抗疲勞的效果相當顯著，深受白領們的熱愛。

四、牛奶浴　很多人十分鍾愛的美白方法，均衡的美白功效。38度的水溫，1000cc的牛奶，就可以讓你的肌膚達到光滑和細膩。是許多熱愛美容肌膚的人們，十分信賴的沐浴方法。

五、浴鹽的功效　浴鹽可以消炎降火，對於去除背部上的青春痘有很好的效果，與橄欖油或者精油調成糊狀對浴後的身體進行按摩，可以有效促進皮膚的新陳代謝。

【減壓禁忌站】沐浴應當留心的小細節

1. 浸泡時間不要太長，尤其是冬季，浸泡時間過長，身體裏的水分會流失，會發現皮膚變得皺皺乾乾的。
2. 水溫不宜過高，一般的沐浴38度左右最合適，如果是桑拿，最好在專業的桑拿房進行，以保證身體肌膚的安全性。
3. 沐浴過後為自己的肌膚準備一些護膚的用品，可以有效地讓肌膚吸收營養。
4. 沐浴過後儘量不要做劇烈的運動。
5. 沐浴後一杯白開水，補水養顏。

第六章

解放壓力

——導引解壓，輕輕一按一身輕

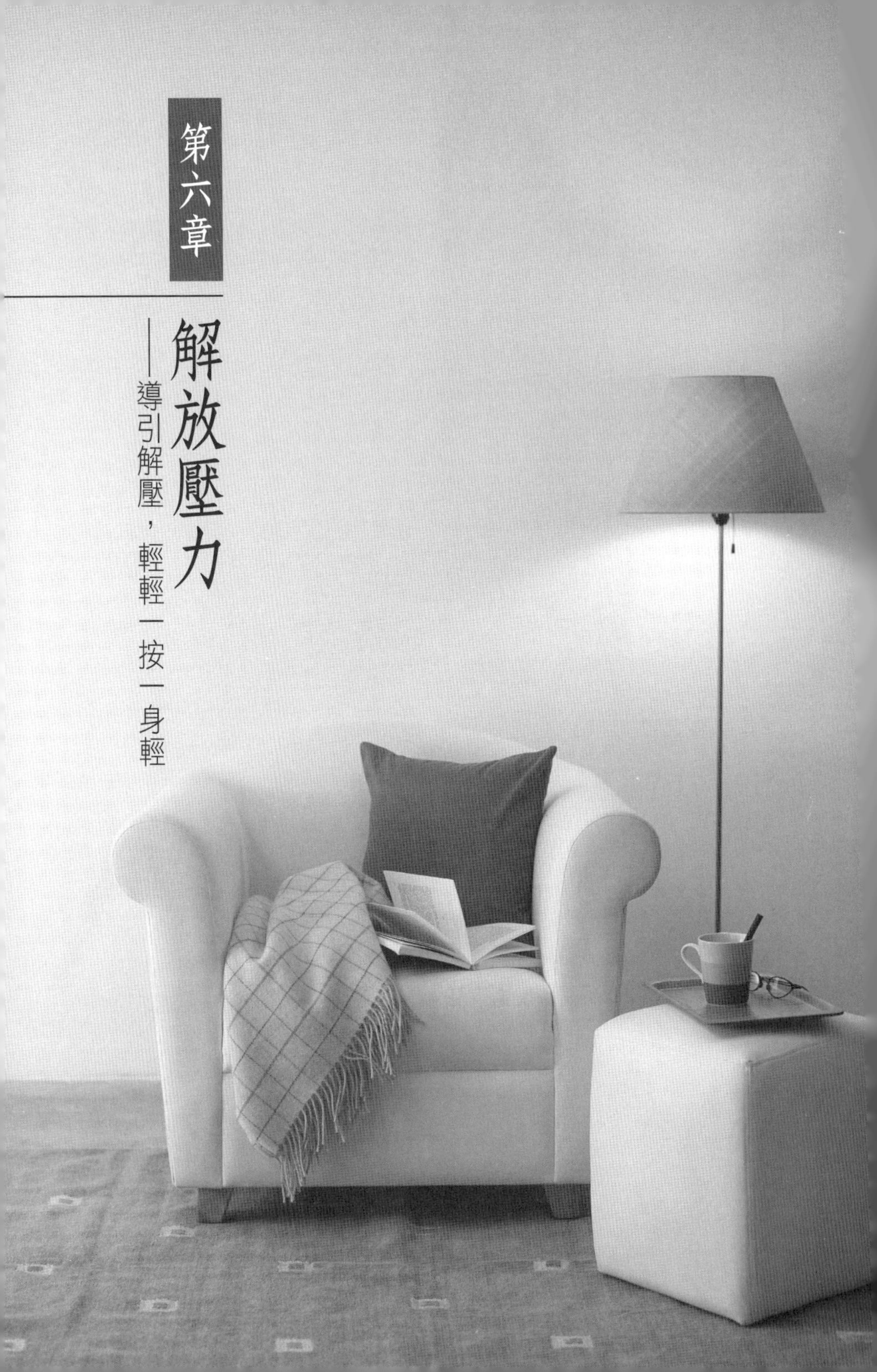

人體正面穴位圖

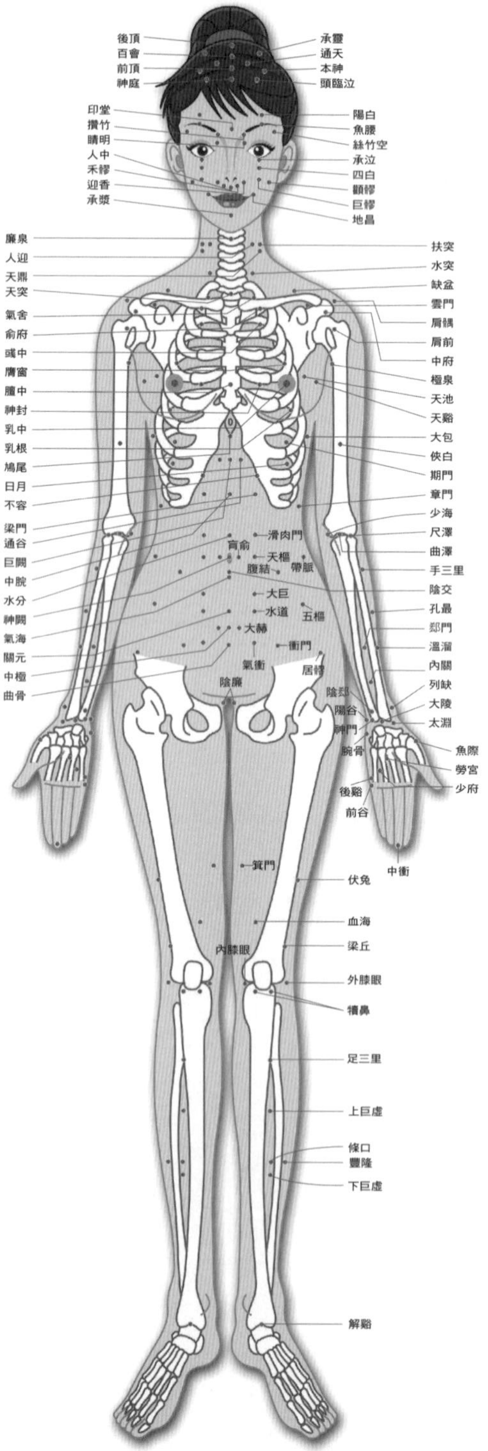
後頂
百會
前頂
神庭
承靈
通天
本神
頭臨泣
印堂
攢竹
睛明
人中
禾髎
迎香
承漿
陽白
魚腰
絲竹空
承泣
四白
顴髎
巨髎
地倉
廉泉
人迎
天鼎
天突
氣舍
俞府
彧中
膺窗
膻中
神封
乳中
乳根
鳩尾
日月
不容
梁門
通谷
巨闕
中脘
水分
神闕
氣海
關元
中極
曲骨
扶突
水突
缺盆
雲門
肩髃
肩前
中府
極泉
天池
天谿
大包
俠白
期門
章門
少海
尺澤
曲澤
手三里
陰交
孔最
郄門
溫溜
內關
列缺
大陵
太淵
滑肉門
肓俞
天樞
腹結
帶脈
大巨
水道
五樞
大赫
衝門
氣衝
居髎
陰廉
陰郄
陽谷
神門
腕骨
魚際
勞宮
少府
後谿
前谷
中衝
箕門
伏兔
血海
梁丘
內膝眼
外膝眼
犢鼻
足三里
上巨虛
條口
豐隆
下巨虛
解谿

人體背面穴位圖

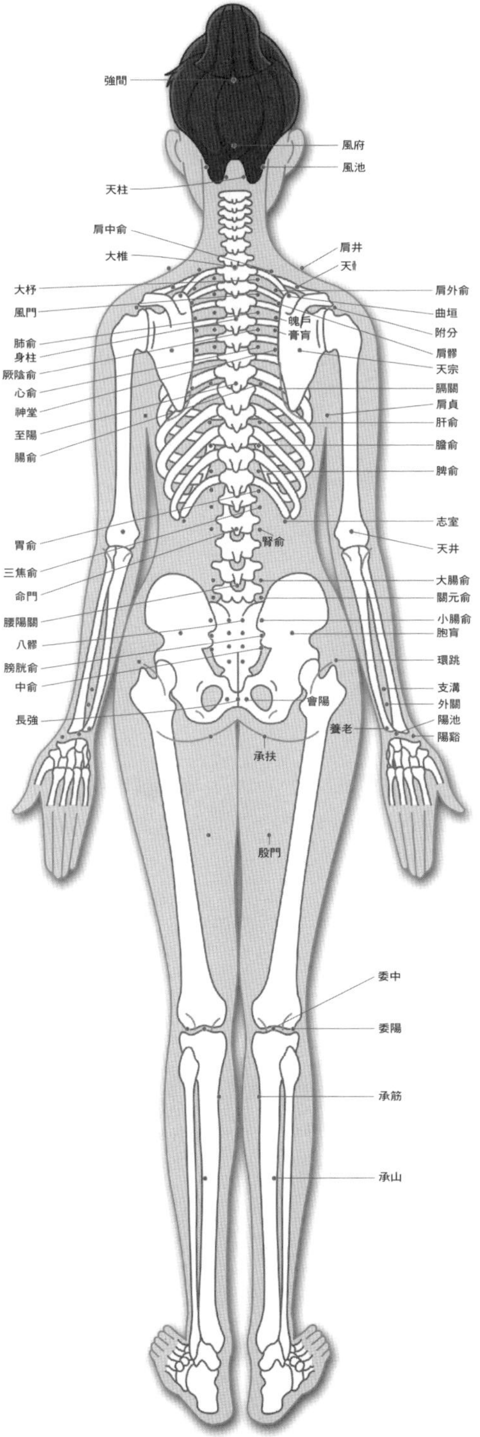
強間
風府
風池
天柱
肩中俞
肩井
大椎
天
大杼
肩外俞
風門
曲垣
附分
魄戶
膏肓
肺俞
身柱
肩髎
厥陰俞
天宗
心俞
膈關
神堂
肩貞
至陽
肝俞
膈俞
膽俞
脾俞
志室
胃俞
腎俞
天井
三焦俞
大腸俞
命門
關元俞
腰陽關
小腸俞
胞肓
八髎
環跳
膀胱俞
中俞
支溝
會陽
外關
長強
陽池
養老
陽谿
承扶
殷門
委中
委陽
承筋
承山

人體下肢內側面穴位圖

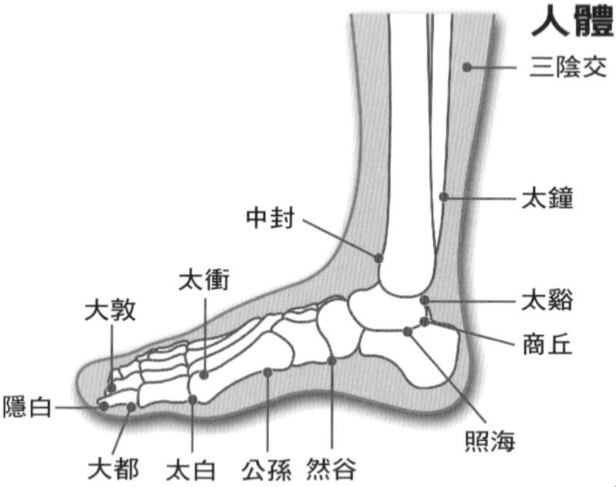

人體下肢外側面穴位圖

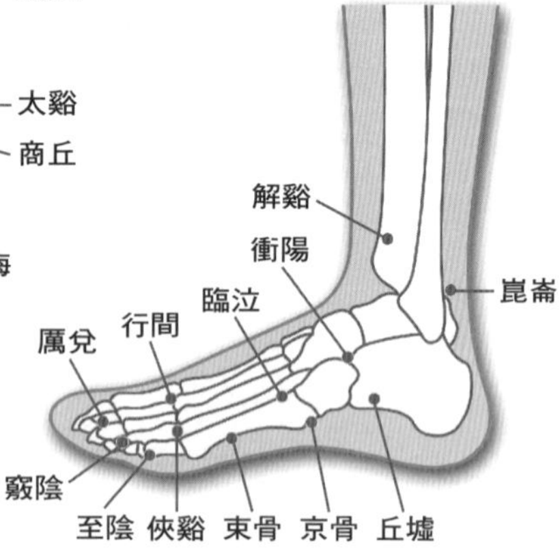

手掌掌心穴位圖

這是左手的手掌心喲！

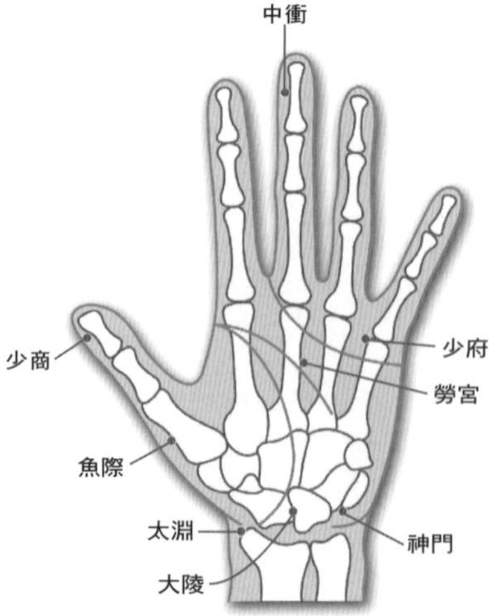

手掌背面穴位圖

這是右手的手掌心喲！

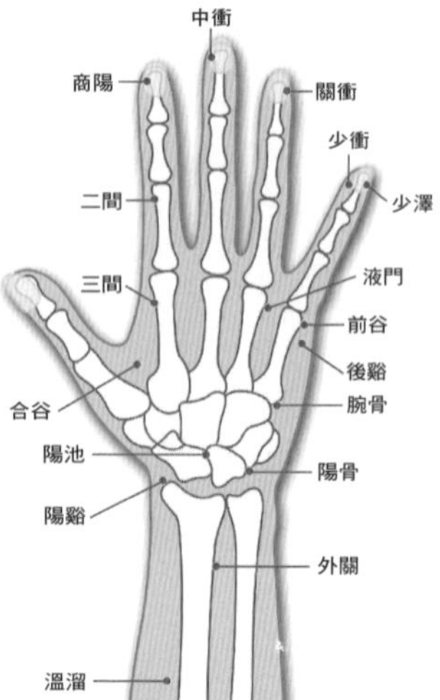

現代人的壓力是雙重的。在生活中，我們不僅在精神上要承受壓力，在身體方面也承受壓力。有壓力未必是一件壞事，適當的壓力可以激發人的潛能。但是，誰能控制好壓力的強度呢？所以，更多的人在忙碌的工作中，於不經意間，給自己施加了過於沉重的壓力，就像給自己的身體和心靈銬上了沉重的枷鎖……

消除了精神壓力等於治了標，要標本兼治，就必須解放身體。按摩是一種有效緩解身體壓力的方法，人體的穴位五花八門，使我們驅散壓力的有效通道。通過身體上這些奇妙的穴點，按走壓力、按走煩惱，就在你的指掌之間。

刺激穴位緩解壓力，按摩招數有學問

緊張的現代生活給人們造成的各種巨大的、高強度的生活壓力、工作壓力、心理壓力。「高壓鍋」狀態下，人們極易因腦力勞動、體力勞動、運動量過大、旅遊、長時間進行電腦操作引起的過度疲勞，或其他多種周身不適，如頭痛、頭暈、肢體酸痛、頸項酸痛、腰背疼痛、落枕、肩周炎、岔氣、失眠、腹脹、經痛、消化不良、感冒等等不良反應，這些症狀都可以列入按摩治療的範圍。

按摩在古時被稱作「按蹻」，是我國傳統醫學中最古老的醫療保健方法。按摩多是用手或肢體其他部位，按照各種特定技巧的動作，作用於患者體表的特定部位或穴位來操作，這種醫療方法具有疏通經絡、調和氣血、平衡陰陽、調理臟腑、活血祛淤、舒筋活絡、消腫止痛、延緩衰老、強身保健等功能，而且不用藥不打針不用開刀手術，不需要特殊醫療設備，不受地點、氣候條件限制，簡單易學操作性極強。不論男女老幼、體質強弱、有無病症，均可適用，它是一項深受廣大群眾喜愛的醫療保健措施。

我們知道，按摩是在人體特定的部位上「推穴道、走經絡」，那麼，如何準確快捷地找到這些穴道或是經絡之處呢？按照中醫學理論，人體內有一千多個穴位，大致可分爲十二大經絡。這麼多穴位，我們不可能個個俱能找準，中醫在按摩經絡時有個說法叫「以痛爲俞」，就是說疼痛的部位就是按摩的穴位，遵循此理，我們可以將疼痛部位的穴位來做重點按摩。

找準穴位後即可以實施按摩。按摩過程中，須注意按摩者的力度與手法。力度均要求持久有力、均勻、柔和，做到柔中有剛，剛中有柔。手法則需按照六大類來操作：一是擺動類手法，如一指禪推法、滾法、揉法；二是摩擦類手法，如摩法、擦法、推法、搓法、抹法；三是振動類手法，如抖法、振法；四是擠壓類手法，如按法、點法、捏法、拿法、撚法、踩蹺法；五是叩擊類手法，如拍法、擊法、彈法；六是運動類手法，如搖法、背法、扳法、拔伸法。

在這些按摩手法當中，最常用的有下面八種手法：摩、擦、抹、揉、拿、撚、按、叩擊。摩，一般用指腹或手掌有節律地進行環形的撫摸；擦，多用手掌緊貼皮膚，來回摩擦，但不能用力壓；抹，傾向於用指腹上下左右往返移動，要求用一點力度，但要把握好度；揉，用大魚際（拇指、手心、手腕中間的那一塊肌肉）做迴旋的揉動；拿，一般用拇指、食指或中指四指相對捏拿肌肉，要鬆弛有致，力度慢慢加重；撚，用拇指食指指腹捏住小關節輕巧快速輾轉撚動；按，一般用指腹用力按，直到感覺到壓力時再減緩力度；叩擊，也叫拍打法，主要用虛掌拍打體表。

按摩者掌握了以上八種常見手法後，還需要遵循正確的按摩順序來施行按摩。如果是全身按摩，按摩者可先使人體呈仰臥位，從頭面部——上肢部——胸部——腹部——下肢部，再轉俯臥位，從頭頸部——背部——腰部——下肢部——足部。如果是局部按摩，按摩者可根據血液循環來進行局部調理。一般全身按摩大約45分鐘，局部按摩大約15～30分鐘。

根據人體結構的不同，各部分的按摩指法、穴位也有不同。人體的穴位紛繁複雜，找準了穴位進行按摩才算是按到點子上了，效果自然會比較好。

【減壓ABC】一次優質按摩的五要素

一次優質的全身或局部按摩，可以通過刺激穴位爲被按摩者舒緩壓力，全套有效按摩方案則可治癒不少疑難雜症。爲了確保每一次按摩都能正常、正確地進行，按摩者需要做好一些必備工作與注意事項：

一、按摩前要修整指甲、熱水洗手，同時將有礙操作的物品如戒指、手錶等事先拿下來。

二、冬季寒冷，按摩時要注意保暖，最好在室內進行按摩，按摩前應先把手摩擦暖和，然後再進行按摩。

三、按摩者和被按摩者的體位和姿勢必須正確，並使被按摩者肌肉放鬆。

四、按摩的力度要輕重合適，一般來說按摩的力度是由輕到重，再由重到輕至結束，速度應由慢到快，再由快到慢至結束。個體的差異較大，按摩時力度和節奏，也要因人而異。

五、按摩的手法一定要注意：均勻、柔和、持久、滲透、有力。這裏要注意有力並不是指要用很強大的力量，而是要力量要達到滲透的作用即可。

【減壓禁忌站】按摩不是你想像那樣……

1.用踩壓的手法時，被踩者最好不要躺在充氣防潮墊上，躺在充氣墊上身體會隨著踩壓向下沉，達不到踩壓效果。踩壓者要有一個穩固的支撐點，這樣更好控制力度避免不必要的受傷。

2.急性閉合性軟組織損傷，一至兩天內不能進行按摩，骨折和關節脫位以及婦女月經期間，都不宜做按摩。

3.飽食之後，不要急於按摩，一般應在飯後兩小時左右為宜。

4.按摩時嚴禁開玩笑，防止被按摩者意外受傷。在被按摩者在大怒、大喜、大恐、大悲等情緒激動的情況下，不要立即按摩。

5.按摩時，有些被按摩者容易入睡，應取毛巾蓋好，以防著涼，注意室溫。當風之處，不要按摩。

6.對有些禁忌病症證不宜施行按摩，如：急性軟組織損傷早期不能按摩患部；各種急性傳染病；各種惡性腫瘤的局部；各種潰瘍性皮膚病；燒、燙傷；各種感染、化膿性疾病及結核性關節炎；月經期、妊娠期婦女的腹部；嚴重的心肺功能不全；各種血液病，如血小板減少、血友病、白血病；骨折及關節脫位；胃及十二指腸潰瘍急性穿孔；年老體衰的危重病人，或其他經不起按摩者。

緩解壓力從「頭」開始，放鬆身心又療養

繁重的腦力勞動使我們的腦袋承受了無比巨大的重負，無論是工作和生活，處處都是需要思考，需要想辦法去應對難題。

很多人常常會因爲勞累而出現偏頭疼、頭昏，甚至渾身都沒有力氣，連眼皮都睜不開。因爲人體的頭部被認爲是聚集了全身器官的反映點，從中醫學的觀點來說，屬於十二經絡的諸陽經聚會之處，百脈所通，乃一身之主宰。正因爲頭部主宰了全身的器官，對於人體的生命活動起到了控制和調節的主導性的作用，頭部出現了疲勞的症狀，全身上下都不舒服，正所謂「牽一髮而動全身」。

在面對大腦出現疲勞的狀況時，我們可以通過去戶外走動走動，呼吸一下新鮮空氣，聽聽音樂放鬆一下。更可以體驗一下穴位按摩的奇效哦！

穴位按摩，是中國的祖傳醫學。傳統中醫理論認爲，通過按摩刺激頭部的穴位可以改善大腦的功能，起到提神醒腦的功效。

人身體上的穴位星羅棋佈，頭部的穴位也非常的多。儘管我們不可能了解了全部的穴位之後，再進行有效的按摩，一些比較常見的穴位就可以幫我們大忙了。按摩從治療

疾病爲目的發展到一種保健方式，是逐漸朝著更加大眾化的方向發展下去。在這個忙碌的時代，越來越多的人依靠著運用大腦的智慧來生存而不僅僅是體力勞動。在體力勞動慢慢減少的今天，腦力勞動下工作的人對於健腦的概念越來越關注。許多健腦的方法由臨床醫學走向大眾保健，無疑爲我們提供了更爲寬廣的平臺，自己動手豐衣足食。

當我們覺得自己用腦過度的時候，爲了防止更爲惡劣的症狀出現，可以採取一些較爲常用的手法按摩腦部，從而緩解腦部疲勞，讓身心都能夠輕鬆起來。腦部上的一些常見的穴位按摩方式，通過自己的不斷摸索就會越來越受益於身心了，關鍵是要有一些耐心一些恒心，再加上一點信心，就沒有難成的事。

【減壓ABC】10分鐘緩解疲勞的腦部按摩法

一、指壓穴位　頭腦部有許多穴位可以直接預防和治療一些常見的疾病，如頭暈、頭痛、偏頭痛、暈眩、耳鳴、失眠等病狀。找準這些穴位，然後施以按摩技巧便可達到效果。

頭維：位於前髮際正中旁開4.5寸，約在與眉心骨呈120度的額角髮際處。以雙手食指的指腹按壓腦部兩側的頭維穴，力度由輕到重，可點揉，也可旋轉性的按壓約10分鐘，每天早晚各一次。

百會：位於頭頂正中線向後約2寸處，兩耳的耳尖相連線，與頭頂正中線相交處就是此穴位了。找準穴位後，用右手食指指腹按壓約10分鐘，每天2次。

這兩個穴位對於各種頭痛、暈眩、耳鳴、失眠都能起到很好的作用，每天堅持按壓，對於疲勞引起的腦部疼痛可以適時得到緩解。

二、**按太陽**　把手掌擦熱，貼於兩太陽穴，順時針按摩10次，再逆時針按摩10次。也可以把兩手拇指指腹分別按在太陽穴外，順、逆各轉相同次數，用力可稍強。如果感到大腦很疲勞，太陽穴脹痛，會多做幾次這一步驟。

三、**梳頭髮**　將兩手十指鬆開，插入頭髮後，做「梳頭」動作。路線是：前頭部以頭上方外上星穴（前後頭正中直上1寸處）到頭頂的百會穴；後頭部以風府穴（後頭髮際正中直上1寸處）到大椎（第七頸椎棘突下），共做10次。手法的力量中度即可。

四、**擊天鼓**　先用食指按壓耳屏（耳前凸起的部分），然後用兩手掌心捂住兩耳，並用食指、中指彈震後腦部位，連續近百次。這種按耳彈後腦的方法，可以聽到「咚咚咚」的擊鼓聲，又被稱做「鳴天鼓」，可以預防耳聾、增強聽力，還可以防止頭暈目眩。

五、**叩擊玉枕**　玉枕穴位位於頭頂正中線左右各兩橫指（即雙手手指彎曲併攏，用手指的第二關節橫側，手掌心朝下，大拇指相對，橫側2個手指指關節的寬度即可）、後髮際上方三橫指處（手指併攏伸直，手掌心分別正對雙耳，大拇指位於後髮際處，約在中指指腹按壓的地方）。將食指疊放在中指的背上，食指用力從中指上下滑，即爲叩擊，連續叩擊約10次左右即可。可以達到耳聰目明，頭腦清晰的效果。

六、**指彈頭頂可醒神**　用大拇指的指腹扣壓住食指或中指的指甲，用力滑脫彈擊頭頂正中線以及正中線旁側的穴位，由輕到重用力，但不可用力過猛，否則容易傷及頭部。若是在彈擊過程中，某部位的感覺比其他部位更明顯地出現酸痲脹痛，可能是彈擊到了頭部較爲敏感的地方，可適當減緩力度。

【減壓禁忌站】「腦按摩」要慎重再慎重

1. 有些病症不適宜做頭部的按摩，如外科創傷、傳染性疾病、出血性的疾病、心腦血管疾病、內臟衰竭、精神病等，頭部按摩並不能包治百病，但是若僅僅是出於頭部疲勞，而身體又無其他病症的情況下，完全可以自行操作。
2. 婦女妊娠期不宜按摩。
3. 暴飲暴食之後，或者酒足飯飽之後不適宜做頭部按摩。
4. 洗澡後一小時內也不適宜做頭部按摩。
5. 極度疲勞的情況下，不要立即做頭部按摩，可以靜坐閉眼緩緩神，調整好心率和呼吸之後再加以適當的按摩。

6. 按摩時要避免骨骼較為凸起的地方，或者皮下組織較少的地方，以免造成不必要的損傷，尤其是頭部的許多部位相當敏感，因此要謹慎小心。

7. 在自己完全不清楚穴位的具體位置的情況下，不要進行具體穴位指壓法的按摩方式，儘量採用較為大衆化的保健按摩方式。

8. 按摩不是越用力效果越好，力度要根據個人的感覺而定，稍微有些力度是允許的，力度太強反而背道而馳，不僅達不到預期效果，還有可能造成別樣的負擔。

輕揉慢撫耳和眼，隨時隨地減壓力

工作時間一長，身體上最先感覺到不適的就是眼睛了，因爲眼睛是身體上最爲敏感的器官。眼睛乾澀，視線模糊，有時候還會出現脹痛，眼部也會出現肌肉痙攣，就是我們俗稱的「眼皮跳」。儘管市面上出現了各種各樣的眼藥水，打出來的廣告都是說對於緩解視疲勞有效用的，但是每天一遇到眼睛疲勞的時候就滴眼藥水的辦法，不僅會使藥物效能下降，對於眼睛而言，也是一種變相的戕害。

對於許多人來說，他們的視力抗疲勞的能力比一般人強大得多，一旦使用過度，稍微休息一下就會好很多。而這些人也會有其他的煩惱，像我們常常會忽視的耳朵。都市裡的噪音污染越來越嚴重，我們每天工作的電腦也會發出持續並且長久的轟鳴聲，表示機器出於運轉的狀態。但越來越多的人的耳朵，出現了各種各樣的症狀，比如：耳鳴、中耳炎、聽力下降等，這些都有可能由於長期對著電腦工作而引發出來的。畢竟，再好的電腦也會發出噪音，尤其是許多台電腦一起使用的時候，那種低沉的噪音很容易讓人心煩意亂。

在長期依賴於藥物抗疲勞的環境下，只會出現惡性循環，讓自己的器官深受藥物的毒害。何不換一種方式抵抗壓力帶來的身體困惑？當你的眼睛或者你的耳朵，因爲疲勞而出現了諸多不適的時候，可以自己給自己按摩一下。

相信許多人還堅持認爲按摩一定要去一些專業按摩機構才行，其實，按摩有許多種方法，其中就有一些方法自己就可以學著做。自己給自己按摩的最大便捷之處，就是隨時隨地都能操作，免去了尋醫問診過程中不得不經歷的繁文縟節。

人的身體器官周圍處處都是穴位，穴位並非像許多不太了解的人想像的那樣高深而不可捉摸。眼睛是人的五官中最爲敏感的部位，常言道：「眼睛裏容不下一顆沙子。」眼睛周邊分布著許多穴位，可以有效地緩解眼部疲勞。有的穴位，如果運用得當，還能起來治療病症的功效。我們從小就學習的眼保健操就是一種針對視力的穴位按摩方式，爲了防止中小學生的眼睛近視而推廣的。

那我們的耳朵呢？耳朵周邊的穴位同眼睛周邊一樣，也分布著的各種各樣的穴點。這些穴點中，有不少是針對耳部疾病的有效治療穴位，也可以起到預防的功效。也有不少靠近耳朵的穴位，還能對頭部、頸部出現的狀況產生奇妙的功效。

人體的穴位多得如同滿天的繁星，生活中有許多點滴的保健方式都與人體的穴位有關，稍微留心一下，誰都可以給自己做按摩。

【減壓錦囊計】常用的耳眼指壓穴位

指壓穴位療法因為其易學、操作簡單而稱為大衆按摩的首選，只要把握好力度，就能避免因為按摩而導致的損傷。最關鍵的就是要找準有效的穴位。指壓按摩主要是利用指腹進行按、揉、壓等操作，有的時候可以旋轉著進行，根據個人的習慣，來施加力度，不是越痛越好，而是越舒服越好。

耳朵周邊的幾個有效穴位——

耳門：這個穴位很容易就能找到，耳朵張口呈凹陷處的地方，與面部最為靠近的一個點，可以理解為畫耳朵的起筆處。這個穴位不僅可以預防和治療耳鳴、中耳炎、還可以治療下頷關節炎。按摩兩耳的耳門穴每次5分鐘，一天2次即可。

聽宮：在耳門穴正下方約一寸的地方，這個穴位有助於恢復聽覺能力，緩解因疲勞而導致的耳鳴，同時對外耳道炎有一定的治療功效。用中指指腹按揉5分鐘，一天2次即可。

聽會：在聽宮穴的正下方半寸處，這個穴位對於耳鳴、聽覺障礙等有幫助，同時，牙痛或者面部神經麻痹的人，也可以通過按摩這個穴位得到有效的緩解。

眼睛周圍也有不少的穴位可以起到緩解視疲勞引起的諸多不適，我們以前學習的眼保健操就是按摩眼睛周圍的穴位的最好示例，如果你已經忘記了如何操作也不要緊，只要摸準穴位，自己也可以選擇自己喜歡的方式。

睛明：在眼睛內側眥角上方0.1寸處，用食指指腹按壓睛明穴，對眼部疲勞症、近視、散光有幫助，吹風時容易流淚的人經常按摩這個穴位症狀也會得到緩解。按摩時間每次5分鐘即可。

瞳子髎穴：眼角外側眥角平行0.5寸處，用拇指指尖點揉此穴位3分鐘，可以驅逐疲勞，對於角膜炎患者也很有幫助，夜盲症患者經常點揉此穴位有助於減輕症狀。

四白：眼睛平視的時候，位於瞳孔的正下方1寸處，預防和治療近視的人做眼保健操常常按摩到的穴位，一般用食指指腹點揉，每次約8分鐘，可以數四個八拍的數位也可。

【減壓ABC】可以一試的耳眼保健操

一、用手掌按摩耳朵，或者用指關節從脖子的邊緣向臉頰骨，再往耳後的皮膚進行撫摸，當然要有一定的力度。手指的動作要輕盈一些，指腹用力，然後輕輕地以圓形的方式按壓耳後至頭蓋骨的皮膚。最後，拉扯一下耳朵。這是紐約專業指壓治療師珍妮・安卡芙強烈推薦的一款舒緩耳朵壓力的方法。充分利用耳朵的放鬆反射機制。

二、用雙手的食指從睛明穴開始沿著眼眶的下緣，慢慢向眼角輕輕的摩擦和按壓，再沿著眼眶從眉頭慢慢摩擦按揉至眉梢。每次操作時，可以以喊口令的方式控制時間，一般來說，四個八拍的時間就足夠了。這種按摩上下眼眶的方法可以改善眼睛周圍的血液循環狀況，對於視疲勞引起的視力模糊很有幫助。

三、用雙手的食指和中指非常輕地揉揉眼球，可以先按照順時針揉10次，再逆時針揉10次，分3組進行。動作一定要輕，因爲眼球是非常容易受傷的。通過輕揉眼球可以促進眼睛的血液循環，降低眼壓，促進視力恢復正常。

四、反覆閉目睜眼，閉目的時候，轉動眼球，上下左右地轉，眼睛感到乾澀的時候隨時可以用這個方法緩解一下。

五、用雙手食指、中指、無名指三指的指腹，從內眼角向外眼角一直到太陽穴的位置抹上多次，每一次大約用一個八拍的時間，每次做八個八拍會有顯著的效果。這種抹眼瞼的方法不僅可以消除疲勞，還可以減少眼角的皺紋，既保健又美容。

按到心坎才自在，撫慰心靈的祕方

當人承受的壓力超過了人本身所能承受的範圍時，人的身體就會發出許多警告的資訊。彷彿就是身上背負的東西越來越沉重，腳步就會自動放慢下來。壓力超標了，工作效率就會明顯降低。如果長期忽略這種情況，就會讓身體產生許多亞健康的狀況。

人常說，身心健康才是眞正的健康。一個好的體魄要配之以健康的精神狀態，身體虛弱了，心情自然也不會好到哪裡去。許多人會因此而患上一些生理或者心理上的疾病，尤其是患上嚴重的心理疾病像抑鬱症，很難通過藥物治療讓患者徹底脫胎換骨。

雖然現代醫療技術的發達程度，讓許多疑難雜症都不是問題，但是人的心理健康遇到了障礙，卻不僅僅是一些醫療技術就能解決的難題。在自己感覺到疲倦的時候，如果及時採取一些適當的方式緩解自身的壓力，才能扼制更壞的情況發生。

對於按摩的認識，許多人都是從中國傳統醫學治療疾病的角度出發。按摩的治療功效確實很顯著，但是按摩對於人的心理保健而言，也是一個極爲不錯的方式。雖然按在肌膚表面，但是它更能有效地撫慰心靈，這就是爲什麼越來越多的人在主動學習一些簡單易行的按摩方法，自己給自己按摩，緩解身心疲勞。

按摩儘管是在人體的肌表下工夫，但根據我國的傳統醫學的經絡學說出發，經絡因爲貫通於人體的上下、內外，像是在人體內部織下了一張大網，貫通人體的各個部位，是氣血運行的管道。經絡若是出現了問題，就像車輛遇到交通堵塞一樣，人體氣血不暢，就會導致陰陽失調，然後產生疲勞並有可能引發一系列的疾病。

而大腦又是人體十二經絡的彙集處，大腦的神經又是相當敏感的，經絡不暢，血液的流通出現問題，大腦是第一個做出反映的。疲倦、焦躁不安、興奮異常或者抑鬱，都是大腦神經做出的反應。

人體接受按摩之後，就能及時地促進經絡疏通，大小循環系統回歸正常狀態，改善肌體的各項功能，最主要的是第一時間讓大腦的神經得到安慰，這樣它才不會發送出一系列像是：「我很累！」「壓力好大啊！」「我該怎麼辦？」「很不舒服！」等信號。即便是你的大腦已經發出這些信號，按摩能幫助你及時調理恢復正常的同時也增強了免疫力，也能控制你的不良情緒對你的工作和生活造成的惡劣影響的發生。

要知道，我們的心靈也是受大腦控制的，心靈的感受其實最根本是大腦神經發出的信號，及時地通過按摩舒緩了腦神經的緊張狀態，自然也可以安撫心靈。

【減壓ABC】放鬆神經的按摩小手法

儘管心靈的感覺受控於大腦的神經，但是僅僅對腦部按摩還是不夠的，身體的各個部位的穴位在腦部都有一個反射區，腦部就像是身體的司令部一樣。通過對於身體的其他部位的按摩，再結合腦部的按摩，就可以成功實現緊張神經的輕鬆調節了。

一、將雙手快速摩擦，知道雙手手掌發熱，然後將手掌緊貼於面頰。找到面部的迎香穴，即臉頰的正中心，眼睛正視前方的時候，在瞳孔的正下方，與鼻孔平行，笑的時候在笑紋中取穴。用兩手中指的指腹按壓在此穴位上，並向上推至髮際，過睛明穴（眼睛內側眥角上方0.1寸處），然後分開向兩側，經瞳子髎穴（眼角外側眥角平行0.5寸處），至耳門穴（耳朵張口呈凹陷處的地方）止，爲一次，每次耗時一個八拍的時間，做八個八拍即可。

二、背部挺直，兩手插腰，兩手虎口朝下，四指向背後伸平。將雙手沿脊柱的兩側用力向下抹至臀部，如果局部出現疼痛的情況，可以用食指和中指的指腹輕輕按揉1分鐘。臨睡前抹抹腰，可以讓你感覺一身都輕鬆無比，更容易進入睡眠狀態。

三、找一處舒適的地方端坐下來，用雙手手掌心揉膝蓋，先順時針揉動30次，再逆時針揉動30次，揉動時，手掌心不要離開膝蓋，一定要用點力才行，但又不能使勁按住膝蓋無法導致揉動受阻。

四、洗腳之後，用手掌搓腳掌的前半部分，左右來回揉搓，直到腳掌微微發熱，然後換一隻腳揉搓。一隻手揉搓的同時，另一隻手握住腳的踝關節，固定位置就行，揉搓的力度不要太大，揉搓完畢後站起來抖動一下身體，就會感覺無壓一身輕的愉快了。

【減壓禁忌站】撫慰心靈別「受傷」

學些簡單的按摩方式，使你不用到一些專業的按摩機構，就可以隨時享受到按摩帶來的心靈放鬆的感覺。但一個根本沒有接觸過按摩的人，總是需要一個學習的過程的。你需要注意一些基本的小細節，才不會導致自己因為按摩而受到傷害。但也不要過於擔心，畢竟很多東西，只要願意去了解，就不會有難點。

1. 不管是按壓還是揉搓身體表面的時候，都要保持平穩的心情，這樣有助於保持力度的均衡，你可以一邊聽著舒緩的音樂一邊揉搓，更加有助於調節心理。

2. 洗澡後1小時後，睡前半小時進行自我按摩，有助於促進睡眠。

3. 按摩身體時，不要飲用過多的水，尤其是抹腰時，喝水過多會感覺到不適。

4. 全套動作完成後，加一點積極的心理暗示會取得更加顯著的效果。在按摩身體的過程中，充分相信按摩能夠幫助減輕心靈的負擔，當你的這個想法產生的時候，你的大腦在第一時間，會接受並使你的神經系統積極回應。這就是自我暗示的神奇作用，因而，在身體按摩的同時，我們也可以通過自我暗示促進更好的效果的實現。

一按即靈的肩頸導引術，趕走無情的壓力

年紀輕輕頸椎出問題了？如今的頸椎病不再是中老年人的常見病，越來越多的年輕人加入了頸椎病患者的行列。各種各樣的原因，使得我們的頸椎過早「老化」，尤其是整日靜坐辦公室的白領，相當一部分人年紀輕輕就爲這頸椎上的疼痛痛苦不已！

一些不良的生活習慣導致更多的年輕人患上了肩頸酸痛的病症，保持同一種姿勢操作電腦時間過長是最主要的原因。眼睛是直接的受害者，因爲我們靠眼睛與螢幕的直接接觸來獲取資訊。除了眼睛之外，我們容易忽視的就是我們的脖子和肩膀，長時間坐在電腦前，脖子會僵硬，肩膀也會酸痛不止。如今又趕上了資訊化的時代，什麼事情都離不開電腦，我們的脖子和肩膀，和眼睛一起並肩作戰，不得不承受住這份沉重的差事。

這種病狀不像一般的身體上的疼痛，可以通過手術等方式除去病根。只有極少數病人，由於神經、血管、脊髓受壓症狀非常嚴重，並且反覆發作頻率很高，嚴重影響了工作和生活。相對於其他的病況，肩頸酸痛之類的屬於慢性病，需要自己慢慢調理才可以減少其對於工作和生活的影響。

在許多長年受到其疼痛困擾的患者中，有不少人通過非手術性治療緩解了病況，他們使用了包括頸椎牽引、頸托、手法按摩、理療、針灸、藥物等等，其中像頸椎牽引和手法按摩這種自我療法，得到了很多患者的喜愛。因爲這兩種方法便捷可行，並且持續效果較長。

人體的穴位就像是一種「導電量」特別高的「良導點」，這些「良導點」處被認爲是機體肌肉組織中的局部交性部位，具有深層組織敏感、結節及伴有放射痛的特點。通過按摩這些穴位，可以有效地釋放身體上的局部疼痛。

【減壓ABC】有的放矢按摩頸椎

一、由於頸項與肩膀直接相連，常常一觸即發，有一些穴位對於頸椎引起的肩頸項部的酸痛有直接的效用。

後頸部酸痛並且牽連肩胛骨斜上方肌肉酸脹，可按摩肩井穴。

肩井穴：正坐或者俯臥的方式便於取穴，肩井穴位於肩上，當大椎與肩峰連線的時候，取其中點就是此穴位了。用食指的指腹按揉肩井穴約10分鐘，若自己給自己揉，要儘量使點力氣方可。按摩此穴位可以有效緩解肩背痛和頸項痛，不小心睡落枕了的人，也可以按摩這個穴位，非常有效。

頸部側面脹痛，連帶肩關節外部上側面酸痛，可按摩風池穴、天柱穴。

風池穴：位於後頸部，後頭骨下，兩條大筋（胸鎖乳突肌與斜方肌）外緣陷窩中，相當於與耳垂齊平，也就是枕骨粗隆直下凹陷處，與風府穴相平。一般採用拇指和食指的指腹按壓、點揉雙側風池穴位，直至局部產生酸脹感爲好。疼痛不是特別嚴重的，5分鐘即可，若是還引起了頭痛眩暈的，可延長至10分鐘。喝醉酒的人按摩此穴位有助於清醒意識。

天柱穴：在項後髮際旁開1.3寸處，也就是後頭骨正下方的凹處，頸脖子處有凸起的肌肉，在這肌肉外側的凹處。一般用食指點揉或者按壓此穴道，約5分鐘，直至局部肌肉有酸、麻、脹的感覺即可。這個穴道是治療頭部、頸部、脊椎以及神經類疾病的重要首選穴之一，肩膀肌肉僵硬按摩時要有力度，指壓此穴道還能緩解憂鬱症。

肩部疼痛嚴重會使上肢都出現麻痹的感覺，可按摩曲池穴。

曲池穴：屈肘成直角的時候，在肘窩的橫紋的盡處即是。這個穴道爲人體手陽明大腸經上的重要穴道之一，當你由於肩部的酸痛連帶上肢麻木且關節疼痛時，用大拇指的指腹按摩此穴道約15分鐘，症狀會明顯減輕。這個穴道對於降低血壓有較爲明顯的作用，對於由於嚴重的頸椎病引起的頭暈發熱的症狀，也有一定的療效。有高血壓病家族史的電腦操作者，常指壓此穴道有預防高血壓的作用。

二、將食指、中指、無名指併攏，與大拇指一起捏拿後側頸項部肌肉，稍微用點力度，一般來說，讓自己周遭的人或家人幫忙捏拿，讓自己儘量放鬆下來，效果會比較好。如此捏拿10分鐘左右。然後，用手背近小指側部分，附著在一定的部位上，以腕部內外靈活轉動進行不斷的滾動，此法稱之爲滾法。用滾法在兩側頸項部自上而下地滾動，再自下而上滾動，反覆操作5分鐘左右。滾動的同時，頭部放鬆，儘量隨著滾動的節奏左右緩慢轉動。

這種方法對於頸項部疼痛十分厲害的人，有非常良好的效果，尤其能疏通經絡。

三、用掌根部位平推後頸部，先自上而下，然後又從下到上。平推的時候，大拇指的指端可以著重用力在某個穴位上，其他四指呈空拳狀，以腕部力量帶動拇指的關節做屈伸活動。在推的時候，用力輕柔一些，這種做法一般雙人配合著做最有效果，能促進頭部頸部肩部的血液循環。

四、食指、中指和無名指併攏與大拇指一起拿捏肩臂的肌肉，方法和拿捏後頸側肌肉相似，也是先自上而下，再自下而上進行，要有一定的力度，但根據個人的承受範圍而定。對於電腦操作者因長時間伏案工作而引起的肩臂肌肉疲勞狀況有顯著療效。

【減壓錦囊計】隨時都可進行的自我牽引術

在工作的間隙，或者外出的時候，若是突然感到頸部酸痛或肩背部以上的肢體酸麻，可以立即採用自我牽引，隨時隨地都可以進行。

將雙手的十指交叉合攏，放在平常頭部枕枕頭的地方，支撐住頸部，將頭向後仰，雙手逐漸用力向頭頂上方持續牽引10秒鐘，連續幾次，就可以明顯感覺到頸項間的肌肉得到了放鬆。

這種方法利用雙手幫助自己向上牽引，使椎間隙牽開。其實就是給自己做牽引，活動活動自己的頭部和頸部。

無論你是在辦公室對著電腦長時間的辦公，還是下了班走在回家的路上，都可以進行自我牽引。對於那些頸椎還沒有出現嚴重症狀，而只是稍微有些酸脹的人來說，每天堅持做1到2次，可以及時防止頸椎病的發生。

腰背按摩保健法，輕鬆遠離亞健康

常常會聽到一些老年人說自己腰痛得站都站不起來，那是因爲隨著年齡的增長，骨質密度降低，骨質疏鬆成爲中老年人，尤其是老年人的家常便飯。輕者可能就是感覺腰背疼痛，重者則會影響正常行走甚至起居飲食。其他的一些病症的感染，像生殖器官發炎、泌尿系統發炎、類風濕關節炎，也是引發腰背疼痛的重要原因。

但是爲什麼許多正直壯年的青年人喊腰痛的呻吟聲越來越高呢？許多原本以爲只有中老年人才容易患上的疾病，現在越來越年輕化了。這就是所謂的「亞健康」狀態的表現之一種了。

既然不是因爲年紀大了，各方面的機能都出現了一些正常的退化，那麼究其原因就値得人深思了。一些相關的調查表明，青壯年人患上腰背疼痛很大一部分屬於職業病。長時間的站立，如教師，尤其是女教師，穿著高跟鞋一站就是好幾個小時，長時間的坐姿不良，如公司的職員，對著電腦就是一天，怎麼舒服怎麼坐，根本不考慮坐姿問題。再加上本來工作的強度就很大，於是很容易就引發了腰背的疼痛。還有一部分男性的腰背疼痛是由於創傷未愈，忽視了後期的護理而引發的。男性通常都喜歡做一些較爲劇烈的運動，難免會出現局部肌肉拉傷，韌帶拉傷的情況，而覺得自己還年輕，身強體壯，復原能力強的想法延誤了及時的診斷和治療，從而落下了病根。

腰背疼痛又不是說忍就能忍的事，因爲它直接威脅到你的日常起居。但是不是像這麼年輕就患上腰背疼痛的毛病，就沒有辦法解決了呢？其實，年輕的時候腰背疼痛，身體稍加調理，就能避免落下更爲嚴重的病根，到了老年也就不會因爲年輕時的過失而受到病痛的折磨了。

無論是現在稍微有點腰背疼痛的端倪，還是已經腰背疼痛好久了，利用按摩的方法來調理自己的身體，都是一個不錯的選擇。

【減壓ABC】安撫腰背的妙計五條

一、拿捏腰部肌肉　用大拇指、食指和中指拿捏腰椎兩側的肌肉，先從上到下的揉捏，然後再由下到上的揉捏。如果是自己給自己揉捏的話，虎口朝下有利於使力。但最好是自己保持身體放鬆，請親人或朋友幫你揉捏。揉捏的時候儘量用雙手的腕力向上提捏一下。

二、按揉腰肌　用右手手掌按揉腰部肌肉，用力均勻，但也需要有一定的力度。揉捏的過程中，腕關節連動的前臂在揉捏的肌肉部位做一些上、下的按揉，呈旋轉的按揉方式，腕關節迴旋的速度要快，一分鐘80次最爲合適。揉捏至肌肉有了一定的發熱量方可減緩力度，慢慢停下來。

三、滾推背部　背部一般用滾（用手背近小指側部分，附著在一定的部位上，以腕部內外靈活轉動進行不斷的滾動）、推（以上臂帶動手掌做均勻的往返摩擦，手掌要緊貼肌肉）的方式，先自上而下再自下而上反覆多次，直到局部肌膚的溫度發熱爲止。

四、拍打背部　用手掌輕拍背部兩側的肌肉，左右各30次爲好，主要是幫助血脈運行流暢，因此拍打的動作要輕巧，但又不可完全無力度，一定的力度可以幫助減輕背部的酸痛。

五、彈拔背肌　右手捏住背肌，自上而下以拇指彈撥30次，可以達到放鬆背部肌肉的作用。在酸痛的肌肉部位適度彈撥，還能起到促進血液循環，止痛。

【減壓錦囊計】腰背的特效穴點

腰背部的疼痛通過有規律性的按摩，並且長期堅持下來，可以使一些症狀較為輕一些的患者，慢慢恢復正常。而疼痛得很厲害的人，也可以通過這些特效穴點的按摩，在短時間內緩解疼痛。腰背部的穴位由於是在身體的背面，因而自己按摩不方便。如果你不想找專業的按摩師進行按摩，也可以讓和自己最為親密的人經常為自己按摩。掌握好這些特效穴位，自己也可以做自己的按摩師。

腰部特效按壓穴位——

命門穴：位於腰部，在第二脊椎與第三脊椎棘突之間，也就是說，在第二脊椎棘突的凹陷處，指壓時會有強烈的壓痛感。但是按壓此穴位可以緩解腰痛，對於腰部扭傷的人也會有好處。操作方法以揉、按壓為主，手法要輕柔，約10分鐘即可。

腎俞穴：位於腰部第二腰椎棘突旁1.5寸，人體的穴位一般都是成對出現的，這個穴位的按摩方法是用雙手拇指按壓、點揉腰部兩側的腎俞穴，約10到15分鐘。一些腰部軟組織損傷的患者，可以通過按摩這個穴位逐漸恢復。

志室穴：與腎俞穴平行，在腎俞穴旁側1.5寸處。按摩方法跟腎俞穴的按摩方向一樣，都是用拇指按壓、點揉穴位，主要針對腰痛的患者。小便不利、前列腺炎的患者，也可以通過按摩這個穴位緩解。

腰眼穴：在第三脊椎棘突旁側3.5寸處。一般用雙手拇指按揉此穴位，有酸脹感最好，每次按摩10分鐘最為合適。也是主要針對腰酸背痛、腰肌勞損的患者，但對於腎下垂也有一定的療效。

背部特效按壓穴位——

心俞穴：此穴位位於背部第五胸椎棘突下旁側1.5寸，背部按摩一般讓別人操作效果會好很多。用雙手拇指分別按壓背部脊椎兩側的心俞穴，一邊按壓一邊點揉。揉的時候先按順時針方向揉2分鐘，再按逆時針方向揉2分鐘。用力輕柔一些為好。這個穴位對於背部肌肉強痛的患者，有顯著的療效。

風門穴：位於第二脊椎棘突旁側1.5寸處，用拇指按壓、點揉風門穴，操作方法與心俞穴的按摩方法一樣，約5分鐘即可。這個穴位對於肩背軟組織勞損的患者，有極大的幫助。

天宗穴：位於肩胛的凹陷處，與第四胸脊相平行。用雙手拇指指腹分別按壓在兩個天宗穴上，按揉相結合，約5分鐘即可。有肩胛區酸痛或者背部肌肉勞損的人，適合按摩這個穴位緩解疼痛。而一般無明顯疼痛感的人，一天按摩2次天宗穴，可以起到預防背部肌肉勞損的作用。

按摩腿部受益多，減緩疲勞更增壽

當老師多年的吳女士說，從自己上班以來，每週的課時量都是20節左右。上課的時候，老師是一定要站在講臺上的，即便是一堂自習課，也不允許老師坐下來。經常晚上睡覺前，就會發現自己的小腿有明顯的浮腫跡象。而愛美的吳女士又是非常喜歡穿高跟鞋的，據她自己說，她的高跟鞋最低的也有7公分左右。難怪自己的小腿會經常浮腫得如此厲害，幾乎是自己把自己折磨出來的。

一雙纖細的美腿幾乎是每個女士夢寐以求的事兒，可是長期地踩著高跟鞋行走對於腿部又是一種莫大的傷害，稍有不慎就會扭傷腳踝，或者出現小腿浮腫的症狀。而每到冬天，仍然喜歡穿著絲襪短裙的愛美女性，得風濕的機率也會比常人高出一倍以上。

這樣說來，似乎女性的腿部是最大的受害者？其實不然，男士們雖然不會穿上高跟鞋長時間站立，或者行走使腿部受折磨，但酷愛運動的他們，也常常會因爲某些運動造成肌肉損傷或者韌帶的拉傷。無論你在運動之前在腿上綁上多厚的護膝之類的保護品，但若是很久沒有運動了，一旦踏入運動場，就很難免除其傷害了。

難道就沒有什麼預防措施保護我們的雙腿不受傷的嗎？很多種方法可以起到預防甚至治療的功效，按摩就是一種實用便利的方法來保護我們的雙腿。如果身爲女性的你，覺得無法放棄冬日裏穿短裙的願望，或者作爲男士的你，常常因爲運動過後腿部肌肉的酸痛苦惱不已，那麼我們可以選擇自我按摩來解決這些難題。

人的腿部有許多種穴位，充分利用這些穴位，來促進全身的血液循環，減少疼痛的同時，還能延年益壽。

【減壓ABC】腿部三大關鍵穴位

一、腿部出現浮腫，並且伴隨有麻木、疼痛的症狀，可以按壓膝陽關穴、伏兔穴、陽陵泉穴等穴位。通過尋找這些穴位，還可以更加了解身體的各項機能狀況。這些穴位都位於腿部的內外側，對於腿部的病狀起到直接而有效的作用。

膝陽關穴：在膝關節的周圍，當你屈膝時，這個穴位在膝關節的外側，處於筋骨之間，在股骨外踝的上方呈凹陷的地方。採用按揉的方式按摩此穴位，對這個穴位的按摩主要用於膝關節以及周圍的軟組織疾病，但對於下肢腫痛的患者也有十分顯著的療效。所以，疲勞的時候按摩一下這個穴位，可以預防下肢的腫脹以及膝關節的酸痛。

伏兔穴：正處於大腿的正面，在膝蓋骨正上方6寸的地方。用右手拇指的指腹按壓、點揉這個穴位，先順時針按揉，再逆時針按揉，每次按揉10分鐘就會非常有效。這個穴位可以治療膝關節炎和下肢麻木。平常也可以結合保健的方法，常常按揉此處。

陽陵泉穴：這個穴位在靠近膝蓋的小腿內側，屈膝時，在腓骨小頭前下方的凹陷處。用拇指指腹按壓、點揉這個穴位，方法和伏兔穴一樣，先順時針按揉，再逆時針按揉，每次按揉大約10分鐘就可以起到緩解下肢麻木、膝關節疼痛，一些膽囊炎、高血壓病的患者，也可以通過按摩這個穴位起到保健的作用。

自己掌握了這三個基本穴位的取穴與按摩的方法之後，就可以自己給自己按摩了。這些穴位的取穴方法，配合一些詳細的人體穴位圖，不會花費太多時間就能夠找到，還能熟悉自己身體的結構，眞是一舉多得。

二、針對膝關節發炎引起的疼痛，或者膝蓋周圍的軟組織受傷引起肌肉痙攣，可以按摩梁丘穴、膝眼穴、委中穴。

梁丘穴：在髕骨外上緣2寸處，一般來講，用雙手的拇指指腹按揉腿部兩側的梁丘穴，大約10分鐘，每天堅持下來，可以治療慢性的膝關節炎，胃炎和經常腹瀉的人，按摩此穴位也能起到緩解症狀的作用。

膝眼穴：屈膝時，在髕骨下緣，髕骨韌帶內外的凹陷處取穴。這個穴位主治膝關節和膝蓋周圍軟組織疾病。同樣用拇指的指腹按揉穴位，但手法要輕些，每次按摩10分鐘即可。

委中穴：位於膝蓋背後的窩窩裏橫紋的中心點，這個穴位很好找，一般用拇指點揉合按壓10分鐘，就可以起到緩解因爲膝關節炎帶來的疼痛難忍的症狀，急性腸胃炎患者也可以通過按摩此穴位保健身體。

這些穴位並非只有到疼痛難忍的地步才去按摩，平時感覺身體很舒服的時候，也可以自己給自己按摩一下，可以起到預防的效果。

三、小腿抽筋的特效穴位　承山穴就是直接針對小腿抽筋的一個很有效的穴位，它的取穴方法比較獨特，在俯臥的時候，用力伸直腳尖使腳跟上提，當委中穴和足跟的中點出現「人」字形的凹陷處即是。也是用拇指點揉、按壓這個穴位，抽筋的狀況即可就能得到緩解，持續時間達到10分鐘，就可以讓自己抽筋的小腿變得舒服得多。經常揉揉這個穴位，還能減少抽筋的次數，小腿經常抽筋的人，一定要記住這個穴位，並且常常給自己按摩按摩。

【減壓禁忌站】保護腿部的小細節

1. 愛穿高跟鞋的女性，不要每天都穿高跟鞋，經常換一些平底鞋或者運動鞋，讓自己的腳和緊繃的小腿肌肉放鬆放鬆。
2. 熱愛運動的男性，在運動前給自己的腿部做一些適當的按摩，再加上一些護理措施，可以有效幫助自己遠離傷害。運動過後，腿部疲勞也可以通過按摩的方式驅除。
3. 找穴位的時候儘量配合穴位圖來尋找，找到了穴位的相關位置之後也不要慌忙就下手，儘量通過輕微的按壓方法來調整自己的指腹直到合適為止。
4. 按摩是一個要不斷堅持下去才會有效果的保健和治療方法，不要以為一按上去就可以藥到病除，慢慢地多按幾次，效果就相當明顯了。

風靡足療帶回家，壓力煩惱留外邊

人的足部因爲有著多達60多個穴位以及反射區，被稱爲人體的「第二心臟」。一些醫學典籍上還記載著：「人之有腳，猶如樹之有根，樹枯根先竭，人老腳先衰。」可見，小小的足部在人體中佔據著如此重要的位置，它的重要性是不容忽視的。

運動醫學專家驚奇地發現，非洲的土著經常打赤腳，足底皮膚粗糙並且十分耐磨，足部的肌肉及韌帶十分堅強有力，足弓發育十分良好，並且比一般穿鞋的人更加富有彈性。人的足部神經非常的發達，以至於對地面的凹凸不平都能及時地感知到，通過末梢神經回饋到中樞神經系統，從而及時調整身體各種器官，對身體的健康十分有益。

因此，若是能經常給自己的足部做按摩，對於身體的各個器官都能產生作用，是減輕壓力導致的身體疲勞的最有效的辦法，還能延年益壽。許多人在經過一天疲勞的奔波之後，就會通過熱水泡腳來減輕身體的一些負擔。熱水泡腳也可以疏通足部的經絡，通過反射區的功能促進全身的血液循環。

足療在我國是一種很古老的傳統醫學治療和保健的項目，它起源於我國遠古舞蹈保健時代，據《史記》記載，上古時代有一位叫俞跗的醫者，就是說他專門從腳部按摩出發來治療疾病。《黃帝內經》中也介紹了人體足部反射區的知識，人體足部有38個腧穴。據傳東漢名醫華佗很重視足部導引術，在《華佗祕笈》中稱此法爲「足心道」，而日本至今仍沿用這個名稱。

後代寶貴的中醫文化大量外流，「足療」等中醫技術被國外有識之士視爲至寶，而恰巧相反，在國內則受封建思想的影響而瀕臨失傳。

足療就是通過對於足部反射區的按摩來實現的。足療又稱足部反射推拿法，可以治療多種疾病，尤其對於各種功能性疾病療效顯著。如：神經系統的頭痛、失眠；內分泌系統的更年期綜合症、肥胖；消化系統的便秘、腹瀉以及糖尿病、高血壓、冠心病、前列腺肥大、遺尿、關節炎、月經失調、經痛、性功能不全等。足部共有5個反射區，分別是：腹腔神經叢、脾臟、腎臟、輸尿管、膀胱。

足療就是通過對足部各個反射區的刺激使體內的生理機能得到調整，從而達到調和臟腑，平衡陰陽的效果。還能通過對於反射區的按摩，達到提高自身免疫系統的功能，調節神經反射，改善血液循環，調整內分泌，通經活絡，扶正祛邪，從而達到防病，治病，起到保健的作用。只要掌握了一定的方法和步驟，在家裏也可以給自己做足療。

【減壓ＡＢＣ】足療ＤＩＹ

一、遵循足療按摩的順序。一般情況下，因爲左右腳穴位各有差異，左腳有三個反射區——腎臟、輸尿管、膀胱。要進行全足按摩的話，應該從左腳開始，先按腳底，接著是腳內側、腳外側和腳背。用雙手的大拇指揉捏，按摩的時候儘量尋找足部的敏感點，一般敏感的地方不需要用太多力量，就會感到酸痛，這樣就會產生反射的療效。

二、腳部某些穴位可以幫助你有效地對準症狀進行點對點的按摩，這些穴位被稱爲身體的黃金點。根據中醫針灸學的觀點，上病取下，下病取上，因此，治療疲勞引起的神經性衰弱、頭暈目眩、內分泌失調等症狀，都可以從足部反射區的穴位上找到緩解的良方。因為人的足部的獨特性，因而我們更應該注意足部的一些重要的穴位：

湧泉穴：位於足掌心前三分之一後三分之二的交界處，這個穴位是針對高血壓，還有經常頭昏乏力，失眠等症狀的。患者以每天2次，每次10分鐘的頻率，用食指或拇指點揉、按壓此穴位，可以緩解症狀。平常工作疲累了的人，也可以通過按摩這個穴位減緩疲勞。

太沖穴：位於第一、二趾縫上1.5到2寸的地方。先用食指按揉左腳的太沖穴約5分鐘之後，再按揉右腳的太沖穴約5分鐘，每天按揉2次即可。這個穴和湧泉穴的主治範圍相似，都是針對高血壓、頭痛、失眠、四肢無力的症狀的。每次可以在湧泉穴和太沖穴之間選擇其一進行按摩。

照海穴：這個穴位在內踝尖直下1寸處，左腳和右腳分別都有一個照海穴，分開按揉效果會比較好，先左後右，遵循足部按摩的順序。每次每隻腳約5分鐘，每天2次即可。這個穴位主要針對神經衰弱、身體部分浮腫、還有月經失調的症狀。

與照海穴的主治功能相似的穴位還有太溪穴，按摩的時候也可以二者取其一。

太溪穴：位於內踝尖與跟腱連線的中點。與照海穴的按摩方法一樣，但是它比照海穴更多的功能在於，可以緩解脫髮，還有足底痛，以及耳鳴的症狀。

足部的許多穴位都能反射到足部以上的身體的各部位，像隱白穴（足拇指內側，距腳趾甲0.1寸處）對於腹脹腹痛有療效，還有行間穴（第一、二趾縫間），按摩此穴位可以治療肋間神經痛，還有昆侖穴（在外踝尖與跟腱中點凹陷處）對於踝關節以及周圍的軟組織疾病有很好的效果。

三、按摩力度的大小是取得療效的重要因素，對於身體的很多部位而言，尤其像背部，力度過小則無效果，反之就會讓你無法忍受，所以按摩時，力度要適度、均勻。按摩處伴隨有一定的酸痛感，按摩力量漸漸滲入之後，再緩緩抬起，並有一定的節奏，是最好的按摩方式。

【減壓禁忌站】六大狀況不宜足療

1. 飯前30分鐘、飯後1小時內，不可做足部按摩。
2. 足部按摩前後飲水量要控制在300到500cc，並且最好是溫開水，有嚴重心臟病、腎病的人及兒童、老人按摩前後飲水不要超過150cc。
3. 女性在懷孕、月經期間不宜做足部按摩。但對月經失調、經痛者按摩時，力度要輕。
4. 罹患各種傳染性疾病患者，不宜做足部按摩。
5. 病人在服藥治療期間接受足部按摩不應停藥。

6. 對於嚴重的心臟病、腎病、糖尿病、肝病患者，按摩力度要輕，雙足按摩不能超過10分鐘。

「按走」失眠，無壓自然睡得香

在心理醫生眼裏，容易失眠的人大多數都有一些共同的特點：性格多慮、自信心不足、優柔寡斷、敏感、固執、完美主義，對於偶爾爆發出的一些小症狀總是難以釋懷，憂心忡忡。很多患者在自己睡覺前總是擔心自己會不會又像昨晚一樣無法入睡，這種心理暗示直接導致了今晚又不能睡一個好覺。很多人就是在這種惡性循環中，一直得不到醫治。

不少人也試過很多種辦法，比如：吃安眠藥、聽催眠曲、或者拼命克制自己胡思亂想的毛病，結果反而都不太奏效。失眠也有不少是生理上的原因，比如肝鬱化火、陰虛火旺、痰熱內憂。西醫學也總結了不少失眠的原因，最主要的莫過於長期腦力勞動及精神緊張、其次是強烈的精神刺激、生活無規律、軀體疾病、藥物或煙酒過量等。現代醫學研究發現，兒茶酚胺的增高會使中樞神經興奮異常，腦組織中應當適時控制其在夜間睡眠時間發揮作用，才能保證睡眠。

許多臨床醫學表明，對於失眠症的重症患者，通過專業的按摩和針灸的治療，可以讓人從失眠的陰影中逐漸走出來。而一些程度較輕的失眠症患者，則可以採取自我按摩的方式，來擺脫失眠的困擾。

對於那些因為工作的疲勞使大腦處在一種亢奮狀態難以平靜下來的人來說，在嘗試過各種各樣的入睡安眠的辦法還不見效之後，可以通過自我按摩來改善失眠的症狀。人的身體上的許多穴位都可以發揮治療失眠症的效果，穴位調節人體的各項機能，從最根本出發，通過穴位來調節神經系統的緊張狀況，疏通人體的經絡，促進血液循環。

按摩可以說是標本兼治的一種方法，從中國古老的傳統醫學沿襲下來。它與西醫最大的區別在於，西醫由內而外，按摩則是由外而內，通過一些特殊的穴位，就可以成功地實現目的。這些可行性都是通過多年來的鑒定才得出的結論。

自我按摩治療失眠的方法，對於常常熬夜，亂了生物鐘的工作狂們來說，是一種不錯的選擇。每天只需花上少量的時間，既經濟又實惠。趁此機會，也能學習一些中國的傳統醫學知識，還增長見識，也是一種收穫。

【減壓ABC】從頭到腳，「按」走失眠

一、抹額　兩手指屈成弓狀，第二指節的內側緊貼印堂，由眉間向前額兩側抹，約

40次爲好。在前額髮際正中旁開4.5寸處有一個頭維穴，可以改善失眠。因爲在抹的過程中，可以適當用雙手的食指指腹按肉兩側的頭維穴，約5分鐘。

二、按揉腦後風池穴　用兩手的手指指腹緊按風池（位於枕骨粗隆直下凹陷處與胸鎖乳突肌之間）並用力旋轉按摩，至以局部有酸脹感爲最好。然後整體按揉一下腦後，放鬆腦後的頭皮。

三、搓擦頭頂　用雙手指端與頭頂皮膚摩擦，從前向後，從中央向兩側摩擦，力度由輕到重，加重的過程中注意手法的強度也是逐漸加重的，每日10分鐘可防治神經性頭痛，對於失眠、多夢等症狀都有很好的療效。

四、頭部按摩與耳穴按摩相結合　耳穴與十二經絡、臟腑都有密切的聯繫，並且能夠通經活絡，調節陰陽。從中醫學的觀點來看，失眠的原因與五臟虛損，陰陽失調有極大的關係。因而通過耳穴按壓可以產生持續緩慢的良性刺激，經過末梢神經傳送到大腦皮層的相應區域，從而抑制病理興奮灶，產生新的平衡，從而徹底地改善睡眠。

五、按揉三陰交穴　位於小腿內側，足內踝上緣3寸處，在踝尖正上方脛骨邊緣的凹陷中。三陰交穴是十總穴之一，對於婦科疾病甚爲有效。坐在床上，將左腿的下肢放在右腿的大腿上，左右拇指的指腹放在左腿的三陰交穴上，由輕到重地按揉3到5分鐘，然後換腿按揉此穴位，可以寧心安神。

六、點揉、按壓足三里　取穴方法爲外膝蓋眼下3寸，脛骨外側約1.5寸處。坐在床上，用雙手的手指指尖放在雙腿兩側的足三里穴位上，其餘四指放在小腿後側，先用指尖用力掐按30次，然後按壓1分鐘。可以起到補脾健胃、調和氣血、治療失眠的功效。

七、手掌按揉上下腹　將右手手心與左手手背重疊之後，輕輕放在上腹部上，適當用力先順時針後逆時針地環形按揉3到5分鐘，然後按揉下腹肌肉，可以益氣壯陽，交通心腎，促進睡眠。

八、泡腳並搓揉腳背　用熱水泡腳20分鐘，水最好沒過足踝關節以上。泡完腳後即可進行足部反射區的按摩。先將腳搓熱，再搓腳背以及腳的內外側，然後按壓足部的各大反射區，每個反射區按壓1分鐘左右。要有一定的力度，能感覺到適度的酸痛即可。

九、鵝卵石按摩腳底　取一些小鵝卵石鋪於水盆底，倒入溫開水，一邊踩踏鵝卵石，一邊泡腳。睡前採用這種方式，讓鵝卵石來幫助你按摩，減輕你的負擔，還可以順手翻一些讓人舒坦的雜誌，消除工作疲勞。

【減壓禁忌站】需要注意的失眠按摩

1. 失眠期間不要喝咖啡。雖然按摩能起到不錯的效果，但是若是自己不注意自己的飲食習慣，按摩的效果就會立刻減半。像咖啡這些刺激神經的飲食類的食物，還是儘量不要飲用。對於失眠的你而言，咖啡無疑是你曾經埋下的禍根之一。

2. 做按摩之前用溫水洗乾淨雙手。一雙有溫度的手對於按摩而言，是會促進良好效果的生成的，若是你的雙手冰涼，就很難在揉壓穴位的時候，讓穴位傳達出正確的資訊。

3. 按摩期間不要喝安眠藥。按摩本身就是調節人體的各項機能的，安眠藥加按摩並不是很好的搭配，相反，還會造成分泌系統的紊亂，增加按摩的阻力。

4. 保持好心情，身體放輕鬆，按摩效果才能更好。

一揉一捏臃腫自消，身心輕鬆最健康

身體要是臃腫不堪，不僅穿衣服不好看，還很有可能是引發各類疾病的源頭。很多人身體變臃腫，主要是因爲人體的自律神經出現了問題，不能很好地協調身體的各部位正常運轉，無論是男性和女性都會有這種情況發生。

相比較於男性，女性尤其不愛「動」，身體產生熱量的功能明顯會低於男性。並且女性身體很容易就會發冷，因而身體的熱量得不到揮發，所以容易變得臃腫。

許多愛美的女性覺得自己變臃腫了，就會想盡辦法減肥。有相當一部分女性爲了愛美，想讓自己的身材像雜誌上的封面女郎一樣凹凸有緻，被市場上形形色色的廣告商所欺騙。吃各種各樣的減肥藥，或者乾脆啥都不吃，讓自己挨餓。不可否認的是，許多人通過一些十分極端的手段，讓自己擺脫了臃腫的身段，但與此同時，自身的抵抗力卻出現了顯著的下降，動不動就生病。

有很多白領人士每天的工作都相當辛苦，吃得也不是很豐盛，但爲什麼在如此高強度的工作中身材還是會日趨臃腫呢？按照「心寬體胖」的說法推衍，根本就無法解釋不少白領人士臃腫自來的原因。對於工作繁忙精神壓力大的白領而言，由於缺乏正常的運動，再加上精神的壓抑，導致血液和淋巴液循環的惡化，消化系統也出現了問題，身體內的廢物長期不能正常排出體外，從而才導致身體出現了部分浮腫或者整體變胖。像許多都市白領都會出現類似的情況：經常肩酸背痛，一日三餐飲食不規律，用咖啡飲料代替白開水，開車或者坐公車上下班，搭電梯上下樓，偶爾爬樓梯幾層就讓人上氣不接下氣，經常性便秘。當你出現這些症狀的時候，就該警惕了。小心身體變得越來越臃腫！

儘管市場上廣告打出的許多減肥藥，都說是能有效並快速地去除身體的多餘脂肪，但是其可信度值得懷疑。畢竟自己的身體還是要愛惜的。而許多身體臃腫的人有不少是身體的機能出現了問題，健康受到了威脅，這個時候更是不適合採用市面上的一些減肥辦法。臃腫在很多時候讓人聯想到肥胖，雖然身體的臃腫在某種程度上講和發胖並無二致，但並不能因此就一視同仁。即便你是眞的是胖了想減肥，也要採用一些合理且溫和的辦法來解決問題。

與市場上各類藥物相比，用按摩的方式解決身體臃腫的問題，是一種健康而又有效的方式。按摩這種中國傳統中醫的傳家寶，幾百年來被無數次地證明其對身體的無害性和有益性。甚至，也比許多方法顯得更加經濟。尤其是自己掌握了一定的方法之後，每天抽出一點時間給自己按摩，也是一種非常有樂趣的休閒方式。有的時候，還可以與自己最親密的人互相按摩，在相互切磋中培養情感，放鬆身心。

記住：不要一直把忙碌當做自己懶惰的藉口，再忙碌的人也可以抽出一點時間來爲自己的身心健康做一些事情，只要每天付出一點點的努力，你就會逐漸發現，自己臃腫不堪的身體再慢慢縮小，並且抵抗力不僅沒有下降反而得到了加強。還能實現多方受益，何樂而不爲呢？

【減壓ＡＢＣ】臃腫按摩大作戰！

一、告別臃腫的手臂　兩隻手的手臂是人體儲藏脂肪的三大倉庫之一，所以經常揉捏手臂有助於減少手臂脂肪的囤積。

揉捏手臂，方向和順序沒有一定的要求，可以根據自己的習慣開始。用一隻手的手掌抓牢一部分手臂的脂肪，將小臂朝上彎曲，使大臂與肩膀呈水平的直線，然後開始揉捏。最好是從大臂的內側脂肪開始揉捏，由內而外，力度逐漸加強。剛開始揉捏的時候會有一定的疼痛的感覺，根據自己的感覺來調整力度，不是越疼痛越有效。

腋下兩側的脂肪肉很容易被人忽視掉，在揉捏完大臂的內側和外側之後，有大拇指和其他四肢合力揉捏腋下的脂肪肉。在洗澡後揉捏效果最好，每次每隻手大約揉捏5分鐘，每天堅持，就會有效果。

二、**推腹**　腹部也是一個非常容易囤積脂肪的地方，特別是許多人習慣了吃完東西就坐下不動，久而久之，腹部脂肪就日益見長了。將兩手的手指併攏，自然伸直，左手手掌置於右手的手背上，右手掌貼著腹部用力向前推按，與此同時，左掌用力向後壓。由上腹推移到小腹，反覆3到5遍。然後再從左向右推，當你的腹部出現輕微的疼痛感的時候就可以停止了。剛吃過飯的人一定不要推腹。

三、**摩腰**　腰部上的「救生圈」是時候把它們給卸下了，用右手拇指和其他四指拿捏腰部的贅肉，從上到下，從左到右，反覆多次，一直到手掌下肌膚的溫度逐漸升高發熱爲止。

四、**臀部和腿部**　身體變得臃腫之後，最明顯的是臀部下垂，大腿變粗，穿褲子的時候顯得尤爲明顯，非常影響美觀。但是通過持續的按摩可以讓你逐漸擺脫這個困擾。

左手虎口朝下，放在腰骨的後側，用手將脂肪儘量往上提起，然後將右手置於前側，也將前側的脂肪儘量往上提。大拇指往下使勁，兩手的四指向上使勁，呈V字形揉捏。這種揉捏方法在日本非常流行，被許多日本明星廣爲推崇，可見效果眞的很不錯。

腿部也可以像臀部一樣實行V字形揉捏，但得特別注意大腿根部的脂肪，這部分的脂肪是很難消除的。反覆多次後，身體上被你揉捏的脂肪就開始發熱，這是一種好的徵兆，說明，你的身體的脂肪正在發出熱量。

【減壓禁忌站】揉捏也有禁忌

1. 一定不要在飯後進行。因為揉捏的幅度較大，力度也比一般的按摩力度稍大，範圍稍廣，飯後立刻進行，尤其是腹部的揉捏，很容易導致腸胃問題。
2. 揉捏之前不要喝太多的水，揉捏之後可以適當補充身體的水分。
3. 洗澡後身體溫暖了的時候揉捏的效果最好。
4. 半途而廢是大忌。

永保嫩膚水潤，按摩也美容

「面子問題」是永遠不可輕視的大問題。所以電視廣告中，護膚品化妝品隨處可見，各種品牌不絕於耳。現代生活中，無論男女老少，每個人的梳粧檯前，都有各種不同品牌不同功能的護膚品。但是隨著天空顏色的愈加灰暗，工作壓力的越來越大，生活規律的時時被打斷，以及歲月的無情流逝，需要的護膚品等級也越來越高，但是各種肌膚問題依然紛至沓來。

面對護膚品不能解決的問題，我們需要用來遮瑕的化妝品名目，也愈加繁多。化妝品使用過多導致的金屬中毒，又會引起更多的肌膚問題，因此而造成的惡性循環成爲許多人的困擾。加班越來越多，壓力越來越大，收入也越來越高，每個月用於解決肌膚問題的時間和金錢，卻也以雙倍的數字增長著。我們越來越相信科學的力量，越來越依賴於靠著各種化學製品一擦了之解決所有問題，卻逐漸淡忘了傳統中醫經絡按摩療法，忽略了自己的雙手，在自我肌膚拯救中的中的重要作用。

肌膚本身是具有其強大的修復功能的，只要不是皮膚病，而只是粗糙暗淡等問題，先別忙著找特效美容品迅速解決這些問題。繼續使用安全的護膚品，配合適當的按摩，持之以恆，便可以最終解決這些問題。因爲肌膚看起來暗淡無光，是血液循環不良，血液中的氧氣和養分不足造成的。如同人在缺氧的狀態下精神狀態也會委靡不振，會頭痛胸悶，只要到空氣流通的地方透口氣一般就可以精神抖擻。

定時的肌膚按摩，等於定時給肌膚做溫暖的「活力操」，像面部瑜伽一樣達到活絡細胞的作用，從而使肌膚健美，保持嫩白水潤，同時還能美化臉部輪廓。

面部按摩，可選擇專業性的按摩美容院，這對於工作壓力過大的人們來說，也是一種很好的放鬆方式。平時沒有特別需要時，可以自己在家裏做簡單的自我面部按摩，如果每日兩次堅持下來，其效果比美容院的一週一次式更加安全有效。

【減壓ＡＢＣ】八步完成你的面部按摩

第一步　額部按摩　額頭是最易出現皺紋的部分，額頭按摩助於預防和撫平額紋。按摩時先用兩手中指、無名指在前額畫圈，方向由下往上，自內側向外側。最後用手食指或中指由前額中部眉心開始，分別畫至兩側太陽穴，然後用兩手食指點壓太陽穴的美容點，按壓此點時一般會感到輕微的疼痛，可據此尋找它。重複20次。

第二步　眼周按摩　眼睛周圍的皮膚最容易出現皺紋和水腫，而如果此處的皮膚一旦鬆弛，就很難恢復原來的狀態。兩手拇指按於太陽穴上，用食指第二節的內側面分推上下眼眶。上眼眶從眉頭到眉梢爲一次；下眼眶從內眼角到外眼角爲一次。先上後下，一圈爲兩次共做20次。可以消除眼睛的疲勞，預防眼部產生皺紋，預防眼袋的出現，也有助於預防頰部皮膚鬆弛。

第三步　鼻部按摩　按摩鼻子時，鼻梁與鼻翼部分需要使用不同的按摩方式。鼻子與兩眼之間是最容易產生橫皺紋的部位。爲了伸展鼻梁，按摩時要由下往上進行，最後以手指夾住鼻子兩側，做壓迫動作。而鼻翼部分一般毛孔較爲粗大，容易長黑點。在按摩時，用兩手中指指腹，自鼻翼兩側外展推按鼻唇溝部位，然後兩手中指沿鼻梁正中上下推抹，重複20次。可以使鼻息通暢，也可預防鼻部產生黑點。

第四步　嘴角按摩　嘴角也是容易乾燥、產空皺紋的部位，必須時時注意預防嘴角下垂。按摩時做上抬嘴角的動作，兩手中指沿著嘴唇邊做畫圈動作，然後，分別由中間向兩側嘴角輕抹。上唇由人中溝抹至嘴角，下唇由下頦中部抹至嘴角，抹至下唇外側時，兩手指略向上方輕挑。重複20次。此法可以預防嘴角表情皺紋，防止嘴角下垂。

第五步　面頰按摩　輕拍面頰，鼓起頰部，用兩手輕輕拍打兩側頰部，拍打數次至面頰皮膚微微泛紅爲止。這樣可以促進兩頰血液循環。稍後，以手指在兩頰處，由下往上如畫圓般移動。首先按摩下頦到耳下的部分，然後由嘴角到耳中央，接下來是鼻的周圍到太陽穴，然後再依次按摩臉頰的下方，即眼睛正下方3公分處、鼻子兩側1公分處及下頦部分。可以使面頰肌肉結實，不易鬆弛。

第六步　下頜按摩　臉型同樣是年齡的外在表現，隨著年齡的增加，容易出現雙下頜。我們同樣需要在日常生活中，時刻注意緊縮下頜，預防雙下頜的出現。下頜處的按摩方法是：以手掌反覆做揉搓上抬的動作，最後用中指輕輕按壓耳朵下方後停止。此處有下頜神經，千萬不可施力過重。

第七步　頸部按摩　頸部生長的頸紋是洩漏年齡祕密的一個重要管道。頸部美容是面部美容的一個重要組成部分。頸部按摩時抬高下頜，用兩手由下向上輕抹頸部，由左至右，再由右至左。重複20次。可以防止頸部皺紋產生，防止因肌肉下垂而產生的雙下頜（下巴）。另外，在頸部後側的髮際部分，有三處美容點，按摩這些點不僅可使頸部舒適，還可改善頭部及肩部的血液循環。頸部兩側有頸動脈，要輕輕地按壓。

第八步　最後是整個臉部的按摩，用來強化效果　此時，宜用指腹按摩整個臉部，按摩時模仿彈琴的動作，以手指輕輕地彈打，但要注意不可太用力。頭部的穴位以兩手的中指來按壓，因爲頭部的美容穴位分散，如果能採用抱住頭部的方式來刺激，效果當然會更好。

【減壓禁忌站】按摩臉部，別這樣！

1. 太長的指甲和粗糙的雙手都不適合於肌膚按摩，容易造成疼痛感。
2. 在按摩前要均勻塗上按摩霜，以免按摩時皮膚太乾燥，對皮膚造成傷害。
3. 不要用力摩擦，按摩時，手法要輕柔，節奏要和緩。
4. 不要半途而廢，而且又要配合安全有效的按摩膏。

小肚肚「按」平，腸胃放輕鬆

惱人的小肚肚是許多愛美女士心頭的大患，夏天的時候穿上貼身的連衣裙，小腹那一塊地方就會不自然的凸起。當然，很多還不到而立之年的男士，也早早「挺起」了小肚子。雖然與那些彰顯著財富的大肚子紳士比起來，他們的肚子算是小得多，但隨著年深日久，飲食結構的不良，可以預見他們會越來越靠近「大肚腩」的狀態。

許多職場上的白領們，一日三餐的規律是：早餐有時吃有時不吃，中餐馬虎過，只有晚餐才是他們一天中吃得最好的一頓飯。偶爾的時候，晚上還有應酬，大魚大肉不說，還非得喝上好幾杯酒。寒暄完畢了，拖著疲憊的身體回家，倒在床上就蒙頭大睡了。腸胃裏的食物得不到消化，長期下去，腸胃裏囤積了不少體內的垃圾，得不到有效地釋放，脂肪也都囤積在了腹部，小腹自然就凸了出來。

從生理上看，腹部是由許多肌肉組成的，平時很難運動到這個位置。平時上班以坐爲主的人，中午吃過午飯之後，就直接坐下來休息了，更是加快了腹部贅肉的形成。從身體健康的角度看，腹部肥胖也是加速衰老的重要因素之一。目前一些醫療保健機構經過臨床案例證明，許多疾病都與腹部肥胖有著直接的關係，像冠心病、心肌梗塞、乳腺癌、腎衰竭等，你的健康也會隨著腹部的肥肉漸漸增多而悄悄溜走了。

養成良好的飲食習慣是關鍵，但是也會有許多不得已的情況。這個時候，就可以通過對腹部的自我按摩，有效調節人體的消化系統和分泌系統，讓腸胃功能正常地運轉。

人的身體器官周圍都分布著密密麻麻的穴位，腹部也是一樣。腹部的穴點，要比其他部位的穴點難找得多。但是，一旦通過正確的方法尋找到這些特效穴點，就能起到事半功倍的作用。腹部又是人體運動時很難讓其發熱的部位，穴位按摩可以有效做到促進血液循環，通過發熱來散發能量。小肚肚和人體新陳代謝失衡，脂肪堆積有密切的關係，腹部的穴點可以幫助我們改善這些不良狀況，小肚肚慢慢就會「平息」下去了。

【減壓ABC】「按」平小肚肚的有效穴位

一、腹部的有效穴位按壓法

人體的腹部同其他部位一樣，也有不少直接作用於腹部本身的有效穴位，不僅可以按平小肚肚，還能改善腸胃功能。

中脘穴：位於肚子的正中線上，肚臍正上方4寸處。這個穴位對於消化不良、胃痛、嘔吐、腹脹有顯著的療效。按壓此穴位10分鐘，有酸脹感最好。

天樞穴：肚臍旁開2寸處，左右各一個天樞穴位。以拇指指腹按揉這個穴位，先順時針按揉再逆時針按揉10分鐘即可。可以緩解便秘、慢性腸炎和胃炎的病症。

大橫穴：肚臍旁開3.5寸處，用雙手拇指分別按揉肚臍兩側的大橫穴約10分鐘，可治療腹脹、腹瀉、小腹痛、便秘等症狀。

氣海穴：肚臍正下方1.5寸處，用右手拇指按壓此穴位，中度力度不可太輕也不可太重，主要針對腹脹、腹痛、經痛、月經失調的患者。

關元穴：這個穴位是人體三大保健穴位之一，位於肚臍正下方3寸處，用右手拇指以中度力度按揉這個穴位，先順時針再逆時針按揉約10分鐘即可。這個穴位主要針對腹痛、腹瀉、月經失調、子宮下垂等症狀，正常人經常按揉這個穴位，可以疏通經絡，活散血脈，提高機體抗病能力，強身健體的作用。

水道穴：肚臍下方3寸處，關元穴旁開2寸處，按揉這個穴位的過程中，有酸脹感爲好，經常按摩此穴位有助於治療泌尿系感染和腹脹等。

中極穴：肚臍下方4寸處，用拇指指腹按揉此穴位，但採用間歇性刺激的手法，先按1分鐘，再停1分，再按5分鐘。反覆多次後，就會有明顯的感覺。對於經痛、尿頻、月經失調、盆腔炎的患者，有顯著的療效。

腹部的這些穴位都比較好找，躺在床上自己給自己按摩，既休閒又放鬆，還能保健身體。與此同時，還可以配合相應的其他的手法按摩此穴位，也能獲得不錯的效果。

二、團摩上腹　左手掌心疊放在右手背上，右手掌心貼在上腹部，適當用力順時針環形摩動1分鐘後，腹部就有明顯的發熱感。團摩腹部可以健脾和胃，寬胸理氣。

三、直推腹中線　和團摩上腹動作的疊放雙手的動作一樣，適當用力從劍突（胸骨中間最下面的部位）沿著腹中線向下推至臍部，反覆推1分鐘左右，腹部就會發熱，這預示著腹部的贅肉中的脂肪得到了有效地燃燒，還能通便降氣。

四、拿捏腹肌　將雙手拇指與其他四指的指尖用力對合，拿捏腹正中線的兩側肌肉，從上腹拿捏到下腹，反覆做滿3分鐘。能夠起到調和中胃，補腎納氣的作用。

五、分推臍旁　將雙手的中指分別放在肚臍的兩側，適當用力向兩側分推，感覺是要把腹部上多餘的贅肉往側腰方向推，以撫平凸起的腹部。反覆做3分鐘，到腹部發熱爲止。這個保健按摩方法的功能是消極導滯，還能泄熱。

六、推腹外側　將雙手分別放在同側的腹外側，用掌根從季肋（兩側的肋弓最低點）向下推至大腿根部，反覆做3分鐘。這個按摩方法可以健脾和胃，消積導滯。

【減壓錦囊計】按腿也能平小腹！

1. **足三里**：外膝眼下3寸，脛骨外側約2寸處。按壓這個穴位可以治療慢性胃炎、慢性腸炎、腹脹、便秘等。足三里穴為人體的三大保健穴之一，正常人經常按揉足三里穴，有健胃強身，增強抗病能力的作用。

2. **上巨虛**：足三里穴下3寸處，對於腹痛、腹瀉、胃炎、腸炎、消化不良等症狀有明顯的功效。用右手拇指指腹按壓、點揉上巨虛穴，約10分鐘即可。

3. **陰陵泉**：屈膝的時候，脛骨內側踝下緣，脛骨後緣和腓腸肌間凹陷處。主要治療腹脹、腸炎等症狀，用拇指指腹按壓陰陵泉穴，先順時針方向按揉10分鐘，再逆時針按揉10分鐘。

4. **地機**：在陰陵泉穴下3寸，脛骨後緣，對於治療腹肋氣脹有顯著的效果，用食指或拇指指腹按揉地機穴，兩腿各有一個穴位，每個穴位按摩大約5分鐘即可。經常按摩這個穴位還能緩解月經失調引起的疼痛，小便不利等症狀。

5. **三陰交**：位於內踝尖直上3寸，當腓骨後緣。以右手食指或拇指按揉三陰交穴，約10分鐘，對於腹痛、腹脹、神經衰弱、消化不良等症狀有很好的效果。

第七章

警戒壓力

——做自己的健康顧問

壓力的力量是不容小覷的，稍不留心，就會讓壓力乘虛而入。如果可以隨時了解自己身體的狀況，就可以及時地把壓力擋在門外。

許多的疾病就是在你稍不留心的時候，悄悄地潛入你的身體的。爲了能更好地在工作中實現自己的人生追求，身體是一切的原動力。許多的疾病在你的體內形成之前，都會以各種各樣的形式向你的大腦發送信號。利用這些紅色信號，將最壞的結果扼殺在萌芽之前。特別是許多職業都有自己所謂的「職業病」，在它向你進攻之前，就做好一切的防禦措施。所謂機會是留給有準備的人，有準備的你，自然會抓住保持健康的良機。就如同在工作中，抓住了好時機，就可以一覽眾山小了。壓力可以無限的大，但我們也可以有自己的良方。

在壓力襲來的時候，爲自己的健康拉一道警戒線，做自己的健康顧問吧！

別讓壓力將你壓垮了！

著名公關及活動策劃專家張會亭，把白領的工作職業生涯劃分爲五個階段，認爲那是白領職業生涯之中最難跨越的五個門檻，這個分類對職場中人很有啓發性。

・工作1到3年　是白領的職業生涯中「青黃不接」的時期。從校園走向社會，從學習走向工作，對於很多年輕的白領而言，還是很不能適應好的。這個時候常常會覺得自己這匹千里馬怎麼就遇不到伯樂呢？也有一些白領開始自怨自艾了。

·工作3到5年　這個階段，白領們進入了「職業塑造」階段，再經過「青黃不接」時期的摸索之後，開始有了一定的人際關係網，對於自己的特長也瞭若指掌了，就等待著時機一到就可以施展英雄本色了。但這個時候，在薪水上，仍然不盡滿意。

·工作5到10年　進入「職業鎖定」時期，有了豐富的工作經驗積累，也有了自己的工作導向，了解自己擅長的是什麼，不擅長的是什麼，也懂得在必要的時候揚長避短。

·工作10到15年　眞正的可以開始進入「事業開拓」階段，年齡和閱歷使你擁有了更加雄厚的資本，即便你還是在繼續爲老闆打工，你也可能已經成爲老闆手下的得力助手了。但這個時候要開始權衡家庭和事業的價值關係，很容易就遭受到危機。

·工作15年　進入「事業平穩」期，但你已經進入的「不惑之年」，因爲見多識廣的緣故，承受壓力的能力增強了許多，在很多地方已經遊刃有餘了。

在這五個階段中，不是每個白領都能很好地把握自己，從而使自己的事業能夠順利地從一個階段過渡到下一個階段。就像鯉魚躍龍門，極少的白領能夠在15年內成功實現自己的完美突破。對於張會亭的歸納，從實際角度出發，也只能代表一部分白領的工作歷程。

平均一天的工作時間長、壓力大，已經成爲白領階級的一個不爭事實。每一個人，都會在自己年輕的時候有過誓死拼搏一番的念頭。這份拼搏的動力，我們可以稱之爲「夢想」，也可以說成是，在滿足生活的基本需要之外還能有所結餘，當然結餘是越多越好。無止境的欲望和無止境的拼搏，使得很多白領常常會感覺到自己的時間不夠用。飲食、睡眠時間都會因此而減少，爲了給工作騰出更多的時間。在無休止的競爭壓力的逼迫下，白領們的工作時間，簡直就是在挑戰一個人的承壓能力。一個白領能工作多少年，就必定要面對來自四面八方的多少重量的壓力。

穿著大衣，拖著皮質的拉杆箱的唐先生，這個月已經是第四次出現在機場了，服務於一家大型跨國公司，被委以重任，收入頗豐的他這樣形容自己近一年來的生活——「沒有雙休日，沒有節假日，沒有8小時工作制的概念，已經習慣了。要麼繼續工作，要麼走人。」唐先生平均每天在辦公室的工作量遠遠超過了8小時的範疇，有些時候還不得不把工作帶回家做，再加上爲了完成各種各樣的業務不得不參加的應酬，而按照一種潛規則，這些辦公室以外的「加班」，基本上是得不到任何報酬的。

像唐先生這樣的有那麼一大群人，他們躋身於大都市，出入於一幢幢高樓大廈之間，衣著光鮮亮麗，自信的笑容，快節奏的步伐以及時刻相伴的智慧手機、信用卡、

VIP卡，甚至還有各種各樣名貴的奢侈品，標誌著這是一個讓人羨慕不已的族群。

及至今日，當我們站在都市摩天大樓看看自己所在的城市，放眼望去，似乎每一個角落都塞滿了像唐先生這樣的人，他們匆忙地奔走，「忙」是他們共同的標誌，也是他們堅守的生存法則。這群人數量增長的速度令人驚歎不已，城市也因爲有了他們變得更加禮貌，更加得體，也更加美麗了。我們用了很好聽的名詞「白領」來稱讚他們，並且時刻以此爲目標激勵著自己成爲「白領」中的骨幹和精英。

如果說你覺得自己還足夠年輕，足以抵擋來自各個方面的壓力，堅信自己的身體能夠支撐你走過你的職業必經的艱難的15年階段，那你就錯了。當壓力積累到一定程度的時候，必定需要爆發。無論你的意志多麼堅不可摧，可是你的身體已經背叛了你。最令人擔心不是你的身體背叛了你，而是當這種情況已經發生了的時候，你還被蒙在鼓裏，自己渾然不覺。壓力壓病了你，也必定會壓病了你的理想，拖累你的職業進程。

如何才能不讓壓力向你發飆呢？別小覷了壓力，注意身體的預警信號。

【壓力自測版】來自身體的預警信號

身體常常在受壓過度的時候，會自動生成一個類似警報系統的東西，以此發出警示引起人的關注。就像許多病症如果在早期發現，並得以適當的治療，就會很快使病人擺脫病魔的侵襲，重新回歸健康。因此，當你的身體出現這樣或那樣的不適的時候，千萬得留心，也許身體在向你發佈預警信號，你收到了麼？

1. 無論工作繁忙還是工作清閒的時候，都會感覺到累——警惕習慣性疲勞。
2. 經常會出現視力模糊，甚至頭昏——警惕性疲勞。
3. 換季時別人感冒你也感冒，平時別人沒事你還是感冒——警惕經常性感冒。
4. 每天早晨梳頭髮，頭髮掉落無數，真心疼——小心頭髮也開始早衰了。
5. 平時睡不醒，週末睡不著——睡眠也無力。
6. 常常感覺到餓，但是吃起飯來一點也不香，總比預期吃得少——食欲不振。
7. 晚上的應酬推不掉，吃大餐吃到反胃——腸胃的預警信號。
8. 鬱悶的時候，煙酒成了最好的朋友——你是不是煙酒上癮了？
9. 頭痛、背痛、腰痛、渾身上下到處痛——身體到底怎麼了？
10. 進了廁所出不來——便秘。
11. 月經不規律，常常經痛——看看自己最近生活習慣怎麼了？
12. 無論春夏秋冬，手指老是涼冰冰——我是否患上了「冰涼症」？
13. 性福越少，幸福越少——性功能的預警信號。

當你發現上邊列出的多種情況你也會經常遭遇到，千萬別因爲工作忙就耽擱了。這說明你的身體已經不斷地在向你發出預警信號，它在向你抱怨，你對它的不聞不問。儘管許多公司都會給員工進行定期的身體檢查，但是許多小毛病越早發現越能免去後患。

因此，經常留心自己的身體狀況，給自己準備一個小本子，記錄下最近的身體狀態和心理狀態，不僅可以幫助你緩解心理壓力，像是多了一個可以傾訴的朋友，也能讓你第一時間關注你的身體。

視覺疲勞：寫字樓的頑疾

鱗次櫛比的寫字樓，已經成爲各大城市最主要的建築群之一，這裏也是城市白領階層集中區。每天早上，從四面八方而來的車流匯聚於此，從車上走出衣著光鮮得體，髮型一絲不苟，卻在時髦的鏡框後有著微腫雙眼的各色男女。他們魚貫而入，輕推某個房門，走向那個屬於自己的辦公桌，左手尚來不及放下自己的公事包，右手已經按下電腦上的「power」鍵，趁著電腦啓動的一點空隙，給自己沖上一杯咖啡，由此開始展開一天的緊張工作。

熬到午休時間，方才從電腦前轉移視線，抬起澀澀疲累的雙眼，匆匆吃完飯，再次坐回電腦桌前，利用僅有的空閒瀏覽網頁掌握最新的時事資訊，或是使用聊天工具進行人際交流。待至下午下班時間，多數人取下眼鏡搓揉雙眼，隱形眼鏡的使用者們早已雙眼乾澀刺痛，甚至淚布滿目。但是眼睛的使命尚未完成，還需要它們好好工作，在下班的車流高峰觀八方來車，尋覓最佳車道。

以往人們，走出了寫字樓，只會覺得眼中景色不如早上清晰明麗。那時由於長期對著檔案，出現暫時性的視線模糊。這只是視覺疲勞的最初反應。近三十年以來，電腦和汽車已逐漸成為這部份人中的普及物。於是，每天長達一、二個小時的駕車時間，近七、八個小時面對電腦的工作，已經使這種視覺疲勞升級至眼睛疼痛。從過去到現在，視覺疲勞一直是寫字樓中的不斷升級的「頑疾」。從早到晚，眼腫脹、眼充血、眼疼痛、眼乾澀流淚，始終籠罩著現代寫字樓中的每一個人。

其實，幾個簡單的方法，就可以讓你驅走這一切視覺疲勞症狀，從早到晚雙眼熠熠生輝，成為寫字樓中神采奕奕的那一個。

【減壓ABC】從早到晚的護眼計畫

一、週日晚上

要想第二天能有明亮的雙眼，準備工作必須從晚上就開始。下面有幾個簡單的按摩方法，不僅能緩解一天的視覺疲勞，更能使你的雙眼在晚上的睡眠中得到充分休息。

〔準備〕

❶在清潔後的眼睛四周塗上滋潤眼霜或有舒緩作用的化粧水，以防過度拉扯皮膚。

❷採用平躺或斜靠的姿勢，頭部放平，閉上雙眼。

動作1：雙手食指和中指從內眼角起，向外分別在上下眼瞼部做彈鋼琴的動作，到太陽穴處輕輕按揉3～5秒。重複動作5～10次。

動作2：雙手無名指和中指指肚從內眼角起，輕輕撫過上下眼瞼。注意上下眼瞼分別以朝下和朝上的半弧形延長至髮際邊緣。重複動作5～10次。

動作3：雙手中指或無名指，從太陽穴處向內以打圈的方式，按摩容易出現皺紋的眼角外側及下眼瞼。重複動作5～10次至眼霜基本吸收爲止。

〔按摩〕

穴位一：睛明穴（位於目內眥旁1寸）。

❶指按法：坐姿，用兩手食指按住穴位，上半身稍向前傾，低頭。呼氣並數1、2，漸漸用力，3時強按穴位，吸氣並數4、5、6，身體放鬆，並恢復原坐姿。

❷指擦法：兩手食指從穴位至額頭上方，呼氣並慢慢擦揉穴位。

指按法一次，指擦法一次，即一回。左右各做3～6回。

穴位二：京骨穴（位於足外側中部）。

❶指按法：坐姿，右腳搭在椅子上，右手中指與食指重疊，按住穴位。呼氣並數1、2，漸漸用力，數3時強按穴位，吸氣並數4、5、6，身體放鬆。

❷指擦法：坐姿，右手中指與食指重疊，在穴位上下5公分處，由腳跟向腳趾方向，呼氣慢慢擦揉。

指按法一次，指擦法一次，即一回。左右各做3～6回。

二、週一早晨

寫字樓的工作雖是朝九晚五，但是算上每天早路上塞車的時間，許多白領都必須在早上六點就睡眼惺忪地按下歡叫的鬧鐘，急忙在跑到洗手間前趕走賴在眼皮上的睡意。

除了睡前少喝水，注意睡覺時的睡姿，只要一個小方法，就可以省時省力地消除這種狼狽：前晚將喝過的綠茶，用紗布包好放進冰箱冷藏室。早上醒來，把冰涼的茶包敷在雙眼上，這時，不妨窩在沙發裏躺上5分鐘，或者打開CD，聽一首自己喜歡的音樂。當你再次睜開眼睛的時候，保證睡意和腫眼泡雙雙消失。如果恰好沒有茶包，把咖啡勺放進冰箱的冷凍室，10分鐘後取出，在浮腫的眼瞼上冷敷按摩，是絕對SOS級的急救法，當然了，別忘了一次多凍幾把勺子以便交替使用。

三、週一晚上

你的眼睛已經在一個上午的辛勤工作下有些抗拒之意了，爲了下午能精神百倍的工作，你得聽從眼睛它的指示，讓它好好休息一下了。關上電腦顯示幕，身體放輕鬆，爲你的頭部找一個舒適的支撐點，然後合上雙眼，用手指溫柔地開始下面的動作。

動作一：按壓太陽穴（眼尾與眉梢之間凹陷處）。按時吸氣，鬆時呼氣，共36次，然後輕揉36次，每次停留2～3秒。

動作二：用食指按揉內眼角的睛明穴，然後四指平鋪在上眼瞼上，緩緩用力按住眼球，1～2秒鐘後，再輕輕抬起，重複5～10次。這時候眼球會有一種伸懶腰似的酸脹感覺。

動作三：雙手中指和食指從眉頭開始，由內向外沿著眼眶內緣點按穴位。首先是四白穴（位於下眼眶中部）。略仰頭，眼光下移到鼻翼的中點。按時吸氣，鬆時呼氣，共36次，然後輕揉36次，每次停留2～3秒。然後是攢竹穴：位於眉毛內側頂端。按時吸氣，鬆時呼氣，共36次，然後輕揉36次，每次停留2～3秒。最後是風池穴：位於耳後枕骨下。按時吸氣，鬆時呼氣，共36次，然後輕揉36次，每次停留2～3秒。

動作四：凝神浴面。將兩手掌心搓熱，吸氣，兩手由承漿穴（嘴角）沿鼻梁直上至百會穴（前額），經後腦按風池穴，過後頭，沿兩腮返承漿穴，呼氣。做36次。

簡單小動作，一日三次，趕走視覺疲勞，也趕走精神疲勞，既做亮睛美人，也成就工作能人。

【減壓禁忌站】若要眼睛好不要這樣做

1. 平時注意眼睛衛生，起居作息正常規律，減少熬夜。
2. 少吃辛辣、烤炸及過甜食物，過量食蒜也對眼睛有害。
3. 每工作30分鐘讓眼睛適度休息一下，閉目或看看綠色盆栽。
4. 在冷氣房裏放一杯水避免過於乾燥，並且多喝開水。視覺疲勞嚴重者不妨將咖啡換成決明子、菊花和枸杞茶。

經常性感冒：不可忽視的麻煩

感冒應該是所有疾病中最爲人們所熟悉的一種病症了。感冒，人人都會罹患。一年到頭，完全沒有感冒過的人，大概也數不出幾個來。對於這種極爲常見的呼吸道感染所引起的疾病，有的人堅決不吃藥也不打針，蒙頭睡上一、二天，也能康復。而對於有些人來說，每逢遇上感冒，吃藥打針一起來，還得耗上十天半個月。

對於根本沒辦法請假休息的人而言，經常感冒眞的是一大麻煩事。雖然感冒的時候，並不一定每次都會發燒，但是一些基本的感冒症狀，比如咽喉疼痛、鼻塞、鼻涕不止、打噴嚏、渾身發軟、精神不濟等症狀都會影響到工作的效率。最重要的是，感冒還是一種傳染性的疾病。有的時候，一間辦公室裏一個人感冒了，沒過多久，就會陸陸續續發現不少人也開始打噴嚏、流鼻涕了。

時不時地感冒，確實讓人非常受折磨。但平時多注意一些，也可以及時地預防感冒。特別是平時要多注意身體的鍛鍊，增強身體的抵抗力。

【減壓ＡＢＣ】預防感冒，從生活細節做起

一、每逢遇到季節轉換的時候，是呼吸道疾病的多發期。像早春和夏秋之交，一個是由寒變暖，一個是由暖入寒。早春時節，要防凍，而夏秋之交則要防寒。對於一些體質不是很好的人來說，早春和夏秋之交多穿些衣服，不要讓身體受凍。許多人因爲愛美，過早地在早春時節就穿起了薄衫，是很容易感冒的人群之一。

二、皮膚的接觸和手的觸摸都有可能會傳染上病毒，像公車上的手扶欄杆，商店裏各種各樣被大家摸來摸去的物品，無一不是傳染細菌的途徑。因而，出入公共場所無法避免要接觸到許多病菌，所以用餐之前一定要洗手，以免病從口入。

三、感冒與我們的飲食也是密切相關的。有些感冒的成因就是飲食不當導致的營養不良，尤其是身體內的水分沒有得到及時的補充，缺乏維生素C而造成的。在感冒多發期，尤其要注意飲食。肉類和蔬菜水果類不可偏頗其一，肉類可以補充人體必須的蛋白質和一些礦物質，而蔬菜水果類則是補充我們每日必不可少的維生素。尤其是蔬菜中的胡蘿蔔，還對視力相當有好處。

四、在早春季節多出門活動，曬曬太陽可以增添免疫力。早春的陽光對人體的傷害非常的小，把握好曬太陽的時間，比如上午8點到10點，下午3點到5點間的陽光，對人體是有益無害的。經常曬太陽，趕走身體上的感冒因子，也是一種不錯的優閒方式。

五、多喝開水。熱白開水對於許多已經患上感冒的人來說，有的時候效果比感冒藥還來得快。感冒的時候，人體的水分遺失得特別的快，如果得不到及時的補充，就會給病菌創造更好的入侵機會。感冒的時候，能夠出汗就能及時緩解症狀。大量飲用熱的白開水，很快身體就會感覺到熱量了，這個時候千萬不要脫衣服或者吹了冷風，堅持一會兒，等汗出來了就好了。人在沒感冒之前，多喝熱的白開水，也是可以起到預防感冒的功效的。

六、保持良好的情緒，積極的心態。情緒與人體的免疫力也有莫大的關係，精神緊張，情緒低落的時候，人體的免疫力也會相對減弱。因爲這種不良的精神狀態會削弱肌體殺傷、吞噬致病微生物和炎細胞的能力。雖然精神狀態的不佳對人體免疫系統的負面影響不會持續太久，但是仍然會給病毒體有機可乘。所以，要達到預防感冒的目的，最好是保持樂觀積極的人生態度，良好的精神狀態。

七、晚上睡覺前用熱水泡腳。泡腳的水溫不能太低，溫度熱到自己能忍受時爲止，泡上15分鐘，水要沒過腳面，甚至把腳踝也浸泡在熱水中。泡過之後，雙腳會有一些發紅，不過這很正常。在感冒多發期，每晚堅持用熱水泡腳，可以預防感冒。

八、按摩鼻溝。把兩手搓熱後，用掌心按揉迎香穴（位於鼻溝內，橫平鼻外緣中點），按揉的時間約5分鐘。此舉不但可以預防感冒，也可以減輕感冒引起的鼻塞、流鼻涕等症狀。

九、常備一些常用的感冒藥，在感冒初期就可以及時制止感冒朝著惡性方向發展。

【減壓禁忌站】感冒期的禁忌行爲

1. 感冒初期，一定要注意防寒，不可穿得太過輕薄。
2. 感冒的時候，忌吃生猛海鮮，過於辛辣或者油膩的東西，也要少吃或者不吃，飲食以清淡為主。
3. 感冒時，煙酒更是不能沾染，否則會影響到肺部健康。

4. 女性月經期間，一定要注意保暖，否則很容易就會引起感冒。

5. 戴隱形眼鏡的人，在感冒的時候，一定不要戴隱形，而換框架眼鏡帶，否則會引起結膜炎之類的眼睛炎症。

✎習慣性疲倦：「亞健康」典型症狀

在這個充滿了現代化技術的新時代，人們的生產和生活方式發生了質的變化。工業、農業都實現了現代化，各種各樣的家用電器紛紛湧入家庭，交通也越來越便捷。這一系列的變化表明一個事實：高強度的體力勞動大大減少了，人們反而擁有了比往常更多的休息時間——雙休日，還有各種各樣的黃金週假期。家務活兒也被一些家用電器給包攬了，甚至還有專門的打掃的鐘點工。

應該說生活方式的現代化，最大的受益者是城市居民。但是，情況卻恰恰相反，雖然體力勞動大大減少，但在城市生活的居民們下班回到家，啥事兒都不用幹，仍然覺得疲憊不堪。而且，越來越多的年輕人也加入了這種習慣性疲倦者們的行列。是不是隨著社會的進步，人體的機能反而退化了呢？這種被稱爲「亞健康」狀態的表現形式之一，引發了一個讓人思考的問題——爲什麼現代人會出現習慣性疲勞的症狀呢？原因是，腦力勞動的增加，使得心理的疲勞直接戰勝並且引導了生理的疲勞。

許多研究表明，人的肌肉活動過度時，人體新陳代謝的產物像乳酸、二氧化碳之類的物質在體內積蓄，會讓人感到疲勞。這種疲勞在充分休息之後可以消除。但是，現代人的疲勞多半不是因爲肌肉活動過度，而是肌肉缺乏鍛鍊，導致體力不足，機體運動功能減弱，所以一旦感覺到疲勞，即便是休息過後，仍然不會出現明顯的好轉，反而是更加覺得疲勞。長此以往，就形成了習慣性的疲倦。無論是工作還是休息的時候，常常感覺到疲倦。

許多專家都指出過，這種習慣性的疲倦是現代社會中，相當多見的一種似病非病的疲勞綜合症，多發生在商品經濟大潮中長期超負荷工作者身上。這些人因爲長期承受較大的心理壓力，緊張地工作，身心出於疲憊的狀態。如果不能或不會合理休息，並且很少或甚至從不參加體育鍛鍊，身體各種重要的器官，尤其是大腦皮質中樞神經系統活動失調，指揮失靈，就會出現倦怠、渾身無力、頭昏、頭痛、記憶力減退等症狀。情況嚴重的話，還會引發身體的其他的疾病。

因而，當我們在某段時間內總是感覺到身體疲憊不堪的時候，但又並沒有其他明顯的病症，就得當心了。這是你的身體向你發出的警告！

如果讓這種習慣性的疲倦一直保持下去的話，很容易就會引發各種各樣的身體上的和心理上的疾病。像抑鬱症，這種壓力狀態下非常常見的病症，慢慢在社會上引起了廣泛的注意。它不僅會影響你的工作和生活，嚴重的話，還可能會奪取你的精神的健康和生命。所以不但不能小覷了疲勞，而且還應儘快找到適合自己的解除疲勞的方式。

【減壓ＡＢＣ】抵抗久居都市帶給你的疲倦

一、抵抗單一的工作習慣　不管腦力勞動或體力勞動都要經常交替進行。無論你是從事以腦力勞動爲主，還是從事以體力勞動爲主的工作，都不要忘了偶爾交替一下。單一的勞動習慣是造成疲勞的直接因素，但在工作的過程中穿插一下另一種性質的勞動，則會讓你的大腦暫時擺脫一下單調，得到調節的功效。

比如在辦公室對著電腦坐久了，可以站起來做做小體操，也可以收拾一下自己的辦公桌，或者乾脆動手打掃一下辦公的地方，不僅可以使緊張的大腦放鬆一下，還能給自己創造一個良好的工作環境。看一份枯燥的文件看久了，不如找一份娛樂雜誌來消遣一會兒，讓大腦適時地偷個小懶，還能提高工作效率。

二、經常參加體育鍛鍊，提高體質抵抗疲勞　長期從事腦力勞動容易讓人習慣性地感覺到疲倦，很有可能你的體質正在下降，才會導致你不能像以前一樣承受住一定的精神壓力。體質好的人抗疲勞的時間要長一些，相反的，體質變弱了，稍微工作一會兒就會覺得累。所以，在下班之後或者週末的時間裏，參加一些運動，像打打籃球、跳跳繩、打拳、跳舞、練習瑜伽等，都可以增強你的體質。

三、熱愛自己的工作，提高工作的興趣　要知道，每一個人的工作都不可能讓自己完全滿意。但是，既然已經從事了這項工作，就要盡可能地調整自己對於工作的愛好。盡可能地發掘工作中的一些小樂趣，工作中可以認識到許多朋友，這些朋友也許對你的人生有一定的教益。任何興趣都不是天生就有的，大多數都是靠後天的培養。所以，熱愛自己的本職工作，讓你不再滿懷著抱怨，更加積極地應對工作中的問題，提高你的抵抗疲勞的能力。

四、健康的飲食，有助於消除疲勞　過分嗜辣或者過分嗜甜都不好，喜歡吃肉不喜歡吃蔬菜也不好。營養學家的研究表明，食物的酸鹼度可以影響疲勞的產生和消除。酸性食物可以使體內的酸性物質增多，降低血中的鹼儲備，使肌體容易疲勞，而鹼性物質恰恰相反。

因而，經常感到疲勞的勞動者和經常參加體育鍛鍊的人，應多吃鹼性食物。新鮮蔬菜和水果雖口感為酸性，但它們在體內的最終代謝物多為鈉、鉀、鈣、鎂等鹼性礦物質化合物，因此多吃蔬菜水果，對於抵抗疲勞是大大有益的。

【減壓禁忌站】那些越做越疲倦的壞習慣

1. 養成好的生活習慣，科學飲食，合理飲食，不暴飲暴食，不偏食，儘量減少熬夜的次數。
2. 戒除不良嗜好。像煙、酒、賭博等，直接導致體能的下降和抵抗力的衰退。
3. 不生悶氣，不鑽牛角尖，避免糾紛，保持心情愉快，情緒穩定，可以抵抗生理性疲勞。
4. 不依賴於抗疲勞的藥物，或抗疲勞的飲料，多從其他方面入手抗疲勞。
5. 不做懶人，讓自己勤快起來。

大量脫髮：早衰的不止是頭頂

脫髮是我們日常生活中最常見的一種現象，人體的新陳代謝必然會引起原有頭髮的脫落，另外新的更爲健康的頭髮會隨之生長。頭髮脫落是因爲頭部皮下層血液循環不良，毛囊未能運送氧氣及養分，以致頭髮得不到足夠營養而枯乾脫落。普通人每天約掉下50至80根頭髮，但若每天掉下80根以上便屬不正常。

據權威數據稱，脫髮年輕化現象是許多人常常碰到的一種困擾。尤其是男性脫髮，更是一大潛在的危機。在近幾年來脫髮的年輕化趨勢非常嚴重，約有60%的人，開始脫髮年齡小於26歲。

脫髮四大「眞凶」——

❶**遺傳**：禿頭是由於男性荷爾蒙過高，縮短了毛囊的生長期，甚至令毛囊萎縮，這多是由家族遺傳影響，若父母任何一方有禿頭情況，自己出現禿頭的機會也比較高。

❷**頻頻美髮**：某些燙髮水或染髮劑，容易引起接觸性皮膚炎，可令頭皮紅腫、發癢，甚至大量脫髮。不少美髮用品如定型液等，當中的化學物質或會阻塞毛孔，引致頭髮掉落。

❸**生活及工作壓力**：長期處於壓力下，頭髮變白及脫髮的現象會加快出現，若找不出病理上的原因，便應檢視自己是否承受過大的壓力。有些人因情緒緊張及抑鬱，便有扯頭髮的惡習，此時應找心理專家協助或尋找紓壓方法。

❹**藥物及疾病**：有些藥物會導致脫髮，最常見的例子是接受化療或電療的病人，但在停止療程後一段時間，頭髮是可以回復生長的，不過髮質可能有所改變。而一種由眞菌引至的脫髮名爲斑禿，俗稱「鬼剃頭」，則要假以時日才會痊癒。

在這四種常見的脫髮原因中，工作壓力大，易產生焦慮是年輕化的主要原因。據專家表示，很多脫髮患者，到冬季症狀開始明顯化，因爲冬季頭髮乾枯，易折斷，目前來求診的病人主要以斑禿和脂溢性脫髮患者居多，而20歲至40歲的青壯年男子最常見。雖然脂溢性脫髮中有部分是遺傳性的，但現代社會長期的精神緊張。用電腦、焦慮不堪等因素，導致脫髮的發病時間不斷前移。

【減壓ABC】聰明的頭腦不脫髮！

所謂防微杜漸，壓力造成的脫髮是一種可預防的疾病，注意日常生活中一些習慣和生活細節，是預防脫髮的有效方法，只要你稍加留意生活的小細節，即使壓力再大，脫髮也會對你敬而遠之。預防脫髮常見的幾個小竅門教給大家——

一、**不用尼龍梳子**　因尼龍梳子易產生靜電，會給頭髮和頭皮帶來不良刺激。最理想的是選用黃楊木梳和豬鬃刷子，既能去除頭屑，增加頭髮光澤，又能按摩頭皮，促進血液循環。

二、**勤洗髮**　勤洗並非每天洗，洗頭的間隔最好是2～5天（這要看你的髮質與工作場合）。洗髮的同時必須邊搓邊按摩，如此既能保持頭皮清潔，又能使頭皮活血。

三、**不用脫脂性強或鹼性洗髮劑**　這類洗髮劑的脫脂性和脫水性均很強，易使頭髮乾燥頭皮壞死。應選用對頭皮和頭髮無刺激性的無酸性天然洗髮劑，或根據自己的髮質選用不同洗髮劑。

四、戒煙　吸煙會使頭皮毛細管收縮，從而影響頭髮的發育生長。節制飲酒，白酒，特別是燙熱的白酒，會使頭皮產生熱氣和濕氣而引起脫髮。即使是啤酒、葡萄酒也應適量，每週至少應讓肝臟「休息」兩日（即停止飲酒）。

五、消除精神壓抑感　精神狀態不穩定，每天焦慮不安會導致脫髮，壓抑的程度越深，脫髮的速度也越快。對女性來說，生活忙碌而又保持適當的運動量，頭髮會光彩烏黑，充滿生命力。男性相反，生活越是緊張，工作越忙碌，脫髮的機會越高。因此，經常進行深呼吸，散步，做鬆弛體操等，可消除當天的精神疲勞。

六、燙髮吹風要慎重　吹風機吹出的熱溫度達100度，會破壞毛髮組織，損傷頭皮，因此要避免經常吹風。燙髮次數也不宜過多，燙髮液對頭髮的影響也較大，次數多了會使髮絲大傷元氣。

七、多食蔬菜防止便秘　要長年堅持多吃穀物，水果。如蔬菜攝入減少，易引起便秘而「弄髒血液」，影響頭髮品質，不但會得痔瘡還會加速頭頂部的脫髮。

【減壓錦囊計】治療脫髮的有效招數

脫髮雖然是醫學界熱中討論的問題，就目前所研究的成果而言，許多治療方法都出於摸索的階段，下面教給大家的治療方法，是許多脫髮者治癒後的回饋意見，將這些經驗分享給大家。主要的治療方法有以下四種——

1. 藥物治療，堅持就是勝利

美國著名脫髮治療專家羅伯特教授，是醫學界最推崇藥物治療的專家之一，在他的一項調查中表示，藥物治療可以使83％的病人消除脫髮現象，66％接受治療的病人，頭髮還可以重新長出來。重要的是，病人必須知道口服藥物，需要一個很長的療程，堅持服藥才會保證療效。但是需要提醒大家的是，藥物治療必須經過專家的確診之後才可以進行，現在市面上針對脫髮的藥物，並不全都適合每個脫髮的患者，致病原因不同，所採用的方法不同，提醒大家一定要懂得「對症下藥」。

2. 飲食調節，養髮又養口

所謂「病從口入」，人的疾病確實是由於日常食用食物不當而造成的，相應的疾病的治療也當然要靠嘴巴來解決。治療脫髮，雖然服藥是一個很有效的方法，但是長年服藥也並不是長久之計，「凡藥三分毒」，因此食物就成為藥物之外的一種治療方法。

通常比較方便的膳食治療法是，將中藥菟絲子、茯苓、石蓮肉、黑芝麻、紫珠米等，用旺火煮開後加適量水，用微火煮成粥，加少許食鹽食之。每日1～2次，可連服10～15日。此粥滋補腎陰健脾，適用於脾腎陰虛的脫髮者。

另外常見的黑芝麻，核桃，杏仁，花生，黑豆，首烏等都是治療脫髮的食物，不過這些如果直接食用難以下嚥，所以建議大家處理一下，如首烏可以炒熟，研磨成粉，用溫水送服，核桃等可以選擇超市的蜜核桃，非常可口，也是許多年輕人的最愛。

3. 推拿針灸，簡單好幫手

推拿是一種並不為大家所熟悉的一種治療脫髮的好方法，但正確的推拿方法確實是治療脫髮的奇招。

常見的方法是，用1支20 cc的維生素B_1液灑在頭上，用右手五指從前額神庭穴向後梳到後髮際啞門穴，共梳36次，然後用左手和右手的五指分別梳頭部兩側，各梳36次；五指合攏叩打百會穴54次；兩拇指分別點振兩側的翳風、翳明、風池等穴3次，每次10秒；用拇指壓揉三陰交穴15秒，壓撥5次，壓振3次，每次10秒，用掌心勞宮穴壓在脫髮處或頭髮稀疏處，震顫5次，每次持續10秒。

除了推拿法，針灸療法也是一種不錯的選擇，但這種方法都限於專業人士，適合於我們平時家居用的簡單方法是，選擇腎俞、三陰交、風池、百會、頭維、生髮穴（風池與風府連線的中點）等為主穴。均雙側取穴，風池用瀉法，其餘諸穴用補法，中等刺激，每日或隔日1次，留針20分鐘，10次為1療程。

推拿，針灸這種方法雖然都屬於專業的醫務人員所能操作的事情，但是以上推薦的這兩種方法操作起來並不困難，提醒各位的是這兩種方法重要的是堅持，只有每天堅持，才會有顯現的效果，否則也會前功盡棄。

焦躁不安：心理疾病一觸即發

焦慮不安是現代人經常會遇到的心理障礙，隨著社會結構、社會關係，以及人們價值觀念的變化，人們面對的焦慮狀況只會越來越多。在職場上，競爭的壓力處處存在，使得職場中的朋友心中的那根弦，似乎從來就沒有放鬆的時刻。

剛進公司不久的職員，有些是剛剛畢業的新鮮人，有些是中途招聘進來的。作爲新進職員的他們，經常陷在同一種困境中無法自拔。李先生在他現在所就職的公司屬於新人，以前他在別的公司上過班，但對於新工作的流程卻不是很了解。可是，已經30多歲的他，在遇到模稜兩可的問題時，由於諸多顧慮，再加上些微的膽怯，怎麼也說不出口：「我還沒明白您的意思，可不可以再說一遍？」只能靠自己暗中摸索，揣測上司指派給他的任務。無形之中，壓力便像滾雪球一樣越滾越大。

李先生的情況對於剛從學校畢業，也加入公司的小謝來說，似乎不存在，他隨時都會提問題。所謂初生之犢不怕虎。小謝的勇敢在李先生看來是既愚蠢又很難得的，但小謝也有小謝的苦惱，在遇到問題向前輩們請教意見的時候，幾乎每次都會遇到兩位前輩各執一詞的情況，這個時候，就是小謝最爲難的時候，想來想去，只覺得前輩們的意見都很中肯，但不知如何抉擇，於是焦慮便慢慢形成了。

焦慮不僅僅是在面對一次選擇的時候出現，在你面對一場重要的考試，或者和某一次重要的會面之前，當你得知你的親人或者自己得了某種疾病的時候，都會產生焦慮。雖然說，適當的焦慮可以激發人的積極性，對促進個人和社會的進步都有好處。焦慮還能促使你鼓起力量，以謙虛謹慎的心態迎接即將到來的調整。但是很多人都無法控制到這個程度，以至於形成焦慮症，就會成爲你行動上巨大的阻礙力量了。

在心理學上，焦慮有三種嚴重的發作形式——

其一、瀕死感　發作時你會感到胸悶，喘不過氣來，心裏難受得要命，就像快要死了一樣。但這種狀況一般不會造成眞正的死亡，但是對人的身體健康是非常不利的。

其二、驚恐萬分　隨時隨地心中都充滿了莫名的恐懼，害怕黑暗，擔心財物遺失，擔心會遇到不測等等，即便是平時很大膽的人，遇到焦慮發作的時候，也會驚恐萬分。

其三、精神崩潰感　這個時候就是覺得想找到一處發洩情緒的通道，但又覺得六神無主，心亂如麻，時刻感覺自己要瘋掉了，但又不會眞的精神錯亂。

這些狀況發作的時候往往只有幾個小時，逐漸平息下來之後，就恢復正常了。若經常因爲焦慮過度而發作的話，很可能患上焦慮性神經官能症、高血壓、神經性皮膚炎等疾病。有心腦血管疾病的人，更是要學會控制好焦慮的情緒，否則後果不堪設想。

【減壓ABC】緩解你的焦慮症狀

從心理的認知活動以及人格特點入手，改變對事物的一些看法。

焦慮症不是一朝一夕就會產生的，它有一個積累的過程。在這個過程中，一些偏激或者不健康的人生觀和價值觀，會直接影響人對事物的看法。比如對待相同的事情，有的人會表現得異常的煩躁不安，而有的人卻能靜下心來。

1. 不過分地追求完美　尤其是那些在工作中、生活中都追求完美化的人，一旦遇到不順心的事或者難以解決的問題就會焦慮不安。把自己逼得太緊太累，就無法逃脫焦慮的魔爪。學會「知足而樂」、「隨遇而安」，把自己精神上的枷鎖解開，別讓自己活得太累。

2. 做好迎接苦難的準備　沒有人能夠活在一帆風順的境地之中，這只是存在大家頭腦中的一個美好的祝願。適者生存的進化論觀點告訴我們，只有能夠面對各種突如其來的狀況的人，才能在這個社會上求得生存。苦難也是人生的一筆財富，敢於迎接苦難，也是一種抵抗焦慮的辦法，因爲它可以給你勇氣。

3. 矯正神經質的人格　這類人心理素質十分不好，對任何小小的刺激都會異常敏感，一觸即發。常常無病呻吟，杞人憂天。在他們眼中，世界就是殘缺不全的，總是找不到安全感，每天心驚膽戰地過日子。他們是最容易患上焦慮症的人群，情況嚴重的話，還應該積極就醫，通過專業手段幫助你克服神經質的人格缺陷。

心理的焦慮與肌肉的緊張息息相關，所以緩解焦慮，可以從肌肉放鬆入手。肌肉放鬆過程中可以運用一些積極的心理暗示。不斷地暗示自己「放鬆」、「放鬆」，並且配合適當的呼吸法，可以有效地緩解焦慮症。

冥想對於焦慮也是一個很有效的解決辦法。平時有時間的時候可以多做做靜思冥想之類的訓練，從生活的點滴入手，可以預防焦慮症的爆發。氣功、瑜伽、太極拳都是教人在練功中心態歸於平靜的方法，也可以消除人心中的焦慮。

情況很嚴重的焦慮症狀，可以在醫生的指導下，服用一些對抗焦慮的有鎮定舒緩效果的藥物。

【減壓錦囊計】笑能療心病

微笑能及時地放鬆自己，通過面部肌肉的神經衝動傳遞到大腦中的情緒控制中心，使得神經中樞的化學物質發生改變，從而使心情趨向平靜。

如果你感覺到自己的焦慮症狀難以及時化解的話，不妨對著鏡子微笑。平常我們的會心一笑是由內而外的，如今為了讓情緒平緩下來，我們來一次由外而內的微微一笑。笑一笑，也能消除心病！

睡眠障礙：睡之隱痛最可悲

吃飯、睡覺是人生存的最基本需求。可是當我們這些最基本的需求都遇到麻煩的時候，該怎麼辦呢？尤其是如今的白領們，每天不得不疲於奔命。穿梭在職場間，上有上司，下有下屬，回家還有老婆孩子，得有多少的難題亟待解決？在重重困難面前，不少的人出現了寢食難安的情況。

出現睡眠障礙不僅僅是表現在失眠這一方面，睡眠時間顛倒，夜晚睡不著，白天長睡不醒，也是一種睡眠障礙。還有嗜睡，不管白天黑夜總是睡不夠，以及夢遊，半夜無意識地到處亂走。一般情況下，產生嚴重的睡眠障礙的患者，多由精神上的因素導致。像興奮、抑鬱、緊張、焦慮、恐懼、幻覺或妄想等精神因素，非常容易引起睡眠障礙。長期處於這種精神狀態下的人，也許是患上了某種精神上的疾病。不僅需要自己多加調理，嚴重的話，最好是去看一下醫生。

偶爾有睡眠障礙的人，不少人是因爲生活習慣和生活環境的改變，短時間內心理壓力過大，情緒不穩定才會導致一段時間內的睡眠障礙。有時一些短時期內服用的藥物也會引起睡眠障礙，像利血平、苯丙酸、甲狀腺素、咖啡因等會導致失眠，停藥後失眠的情況就會消失。身體上的疾病也會造成睡眠的不安穩，像是腰痛、背痛、頭痛等症狀，直接導致無法安睡。

睡眠障礙對於用腦過度的年輕人是一大隱患。我的一個朋友，一個才24歲的程式設計師最近因爲睡眠問題去看了醫生。他說晚上睡覺的時候，每天都無法控制自己的思緒，只要一有空閒就不知道想到哪裡去了。而且每天晚上都做夢，一直持續到睡醒。早上起來的時候全身僵硬、乏力。記憶力連續下降，並且直接影響到了工作，已經持續了半年之久了。

像我朋友的這種狀況，對於許多上班族而言都不是新鮮事，但很少有人會及時地引起關注，並自己尋找一些有效的方式。或者想等忙過了這段時間再說。如果只是短時間內的睡眠障礙，及時調理就可以恢復。而一拖再拖，不管不顧的話，當然只會讓病情持續惡化下去。所以，在睡眠障礙出現的初期，我們就應該主動採取措施調節身心。

【減壓ABC】六招幫你除掉「睡障」

一、調整出一個好的睡姿　一般健康者順其自然也能睡得十分舒暢，對於睡眠有輕度障礙的人而言，最好向右側睡爲宜。因爲人的脊椎從正面看，胸部向左彎曲，腰部向右彎曲。而當你側臥時，胸、腰兩個中心和足跟三點恰巧在一個平面上，能夠使身體自然並且安定。還能放鬆臀部，使仰臥時不能正常伸展的臀部，得到自然伸展的空間。

二、熟睡可以恢復精神的疲勞　睡不著躺著也能恢復身體的疲勞，這就是睡眠的效應。因此，有睡眠障礙的人，到了睡眠時間，也應該在床上躺著。靜思冥想一會兒，尋找入睡的機會。

三、鹼性食品比酸性食品更加有利與睡眠　因爲酸性食品會導致神經的興奮，養成睡前一杯熱牛奶的好習慣，緩解睡眠障礙。

四、閉目入靜　上床之後，先合上雙眼，然後把眼睛微微張開一條縫隙，保持與外界的接觸，慢慢地用自我暗示的方法，暗示自己已經感覺到些許睡意了。雖然，精神活動也許無法即刻停止下來，但交感神經活動的張力已經大大下降了不少。結合自我暗示慢慢誘導睡眠朦朧的狀態產生。

五、鳴天鼓入睡　上床後，先仰臥閉上雙眼，然後左掌掩住左耳，右掌掩住右耳，用大拇指指腹扣住中指指甲彈擊腦後，能聽到嘭嘭的響聲。慢慢地感覺到微微有些累了，然後停止彈擊，向右側臥眠，對睡眠有一定的促進作用。

六、建立一定的睡眠誘導因素　平淡而有戒律的聲音，比如滴水聲、小雨淅淅瀝瀝的聲音、蟋蟀叫的聲音，都可以誘導睡眠的條件反射。一些輕音樂中就揉合了許多這種能誘導睡眠的聲音在裏邊，比如舒伯特的小夜曲，還有不少專門爲失眠患者做的催眠曲，都可以在睡前放小音量聽聽。

【減壓錦囊計】溫馨又安眠的睡前小點心

除了牛奶以外，還有一些小點心，對於睡眠障礙者十分有利。

小米熬粥：小米富含澱粉，進食後可促使胰島素的分泌，從而提高腦內色氨酸的數量，有催眠的作用。

蘋果、香蕉和梨：這類水果屬鹼性，能抵抗肌肉疲勞。它們本身的糖分在體內能轉換為血清素，也可促進睡眠。

大棗：睡前食用30到50克的大棗，催眠效果很不錯。

桂圓蓮子粥：無論是桂圓還是蓮子，都是催眠的好東西，睡前喝一小碗粥，然後過半小時後入睡，會有很不錯的效果。

銀耳百合湯：百合具有潤肺清涼的功效，銀耳也是上品的清涼劑，對於安定神經，促進睡眠有幫助。

動輒上火：做人不能太「火」

口舌生瘡、目赤耳鳴，還便秘，是上火的典型症狀，現代人時有發生，不足爲奇。動輒上火，我們誰也逃不掉。

身體的上火有不少時候跟人的精神有關，像許多沒日沒夜加班幹活兒的人，就經常會覺得自己「上火」了。在精神上表現爲，時常焦躁不安，吃飯不香睡覺也不舒坦。在身體上表現爲，口腔潰瘍、牙疼、咽喉腫痛，弄不好就長了滿臉的痘痘，眞是令人苦惱不已！

在中醫學家眼中，人體內積聚的「火」並非都是壞事，它能夠產生熱量，提供生存的動力，被稱爲「命門之火」。但是，人的自身調節功能常常被外在環境打亂，常常會把這團「火」弄得失去了制約，於是火勢蔓延開來，則會造成災害。浮炎於上，造成生理機能的紊亂。一般人稱自己「上火」，多爲這樣的幾種症狀——

心火，心煩意亂、失眠、口舌生瘡都是常見的現象。這種時候，需要用瀉火。

肝火，沉鬱寡歡，暴躁易怒，表現在身體上就是頭痛、頭暈、口乾胸悶。這個時候，需要滅火。

胃火，飲食不調，喝酒，吃得過於辛辣，積食難以消化，胃部灼熱難耐，口乾口臭，便秘。這個時候也需要瀉火。

肺火，氣候乾燥不能適應，疲倦過度，主要表現在呼吸急促不安，痰中帶血。這個時候需要清火。

每一種「火」都有它熊熊燃燒的理由，但大抵上都是精神的疲累和身體的不適相結合的產物。在面對這些火勢的時候，採取一些措施降降火，才是最應該做的事。

【減壓ABC】四季的「防火」食療

俗話說「病從口入」，「上火」大部分原因在於沒有根據季節變化，以及身體的狀況吃對食物才引起的，所以治「上火」從飲食入手，也是最有效的方法。

一、春季　人們開始從屋子裏出來，喜好到處走動走動，這樣人體的水分容易通過出汗和呼吸而大量丟失。冬天剛過，天氣變化也很無常，人體新陳代謝在這個季節極不穩定，生理機能失調引起的「上火」症是很多人都無法迴避的。像咽喉乾燥腫痛、眼睛乾澀、鼻腔氣流很熱、嘴唇很乾、食欲不振、經常便秘這些情況，在春季會根據個人的情況酌情發作。風寒乘機入侵，也極容易引發其他的病症。

春季要多喝水，喝白開水而不是酸甜的飲料。可以用芝麻紅糖熬粥喝，來緩解上火的症狀。芝麻50克，粳米100克，根據個人口味放適量的紅糖。芝麻炒過之後碾成碎末，等到粥煮成黏稠狀的時候，拌入粥中，加入紅糖再熬一會兒就可以吃了。對於春季很多人因爲上火而引起肺部乾燥，咳嗽等症狀非常有效。還實用於肝腎功能不足，經常頭昏眼花的人。芝麻對於愛美的女性而言，是一種天然的護髮素。

二、夏季　出汗量較大，主要在飲食方面要多加調控。夏季多吃水果，可以防止上火。許多人在夏天容易得「空調病」，因爲室內室外溫差大的原因，這個時候極容易出現嗓子乾癢，扁桃腺腫大等症狀。夏季可以泡一壺金銀花茶、菊花茶等，然後放涼之後收在冰箱裏，方便回家後隨時飲用。夏季不宜吃得過於辛辣，很容易上火，甚至灼燒胃部。由於夏季，有許多涼品可以袪火，因而，人們在夏季上火的機率反而不是很大。

三、秋季　此時氣候普遍比較乾燥，尤其是在北方，風沙大。調整好生活作息時間，儘量少熬夜。多吃新鮮綠葉蔬菜、黃瓜、柳丁等水果有清火的作用，胡蘿蔔可以補充人體所需的維生素B，防止秋季乾燥引起的口唇乾裂有十分好的效果。

四、冬季　因爲氣溫較低，大家在飲食上都比較喜歡吃火鍋、燒烤之類的，可以暖胃但也容易上火。北方的冬天因爲有暖氣，室內一般比較乾燥，容易引起上火。冬天運動較少，上火引起的便秘也是常有的事兒。冬季上火，可以吃一碗銀耳蓮子粥。

銀耳20克、蓮子20克、紅棗若干顆、粳米50克、冰糖適量，熬粥喝。銀耳和蓮子都具有非常好的清火功效。紅棗在冬天可以達到溫補的效用，與蓮子銀耳一起熬粥，在冬天既可以下火又可以滋補。上火的時候，每天早晚各喝一小碗，又祛火，又滋補養顏。

【減壓禁忌站】體內「消防」禁忌

1. 上火期間，暫停吃辛辣、油炸的食品，燒烤也不要吃。
2. 不要飲酒、抽煙。
3. 少喝碳酸飲料，多喝白開水。
4. 不要熬夜，儘量規範作息時間。
5. 不要動不動就發怒，儘量保持平和的心態。

消化不良：傾聽來自腸胃的預警信號

很多剛剛參加工作的年輕人，不久便發現自己的腸胃不那麼對勁了。緊張的工作導致飲食作息不規律，是直接造成腸胃疾病的原因。儘管沒有腸胃疾病的正常人偶爾也會吃壞肚子，或者胃部不舒服，腸道附近出現明顯的疼痛，但這種偶發性的症狀稍微注意就不會經常來犯。

不少年輕的白領吃晚飯之後腹部經常脹氣，一感到脹氣，就會給自己買一些胃散之類的藥來吃。特別是工作中不可避免的應酬，不僅吃得油膩，還經常煙酒伺候。長期下來，偶爾才犯上一次的腸胃問題就變成經常的事。

一些醫療機構的鑒定表明：年齡在25歲到35歲之間的人，很容易因爲工作壓力等精神上的問題，而引發功能性的消化不良。一般老年人和少兒易發的消化不良症狀，越來越多地發生在年輕人的身上，但這兩種消化性不良又有一定的區別。老年人和少兒的消化不良，多由身體本身的機能運行不暢而導致的，年輕人常患的名爲功能性消化不良的症狀，多由精神上的因素而產生。這種功能性的消化不良，表現出的症狀通常是腹痛、腹脹、噁心、嘔吐、反胃酸，主要是由於胃動力失常和胃部的感知過於敏感造成的。

一些剛踏入社會，或者工作時間不是太長的年輕人，因爲身體還沒有適應好這種高壓下的工作和生活狀態，加上常常因爲壓力過度而引發焦慮的精神狀態，是很容易出現功能性消化不良的症狀的。在一項關於職業病的調查中發現，從事金融、傳媒、銷售職業的人群中，有不少年齡階段在25歲到35歲之間，會經常因爲功能性消化不良而吃藥。

繁重的工作任務，使得不少人在工作之餘都嚴重缺乏體育鍛鍊，使得體質下降，體內的消化系統功能也相應減弱，經常出現胃動力不足。睡眠和飲食調理不當，經常便秘的人，也容易產生消化不良。經常吃油膩葷腥，不喜歡吃或者很少吃蔬菜水果的人，也是消化不良的「常客」。

儘管功能性的消化不良並不是什麼惡病，但還是會影響到正常的工作和生活。尤其是那些長期處於高壓狀態下工作的年輕人，更應該調理好自己的飲食和睡眠。經常利用週末或者假期出去旅遊放鬆身心，多參加一些體育鍛鍊，增強體質，也增強胃動力。精神的放鬆，腸胃也會更加的輕鬆。

【減壓ＡＢＣ】預防和保健，遠離消化不良

一、**少量多餐**　在某一段時間感覺到自己的腸胃出現明顯不適的時候，立刻採取少量多餐的辦法調養腸胃。選擇進食一些細軟易消化的食物，不給腸道增添負擔。在烹飪的方法上，以燉、煮、燒、蒸爲宜，避免油炸、爆炒、燒烤類的食品，減少脂肪的供給量。一般情況下，一天吃4～5餐，每次吃到半飽狀態就可以。

二、**嚴重腹瀉時的進食原則**　因爲消化系統出現問題而導致腹瀉不止的時候，是由於體內的電解質平衡遭到了破壞，所以要及時通過進食來補充電解質。在飲食中加入鮮果汁、無油的滋補類湯、蘑菇等，一些缺鐵性的貧血患者，還需要進食一些含鐵量豐富的食物，像肝、肺等動物肝臟。

三、**對付消化不良引起的腹脹**　可以通過飲用一杯新鮮檸檬榨成的果汁，儘量喝常

溫狀態下的果汁。從而平衡體內的PH值，促進體內排氣。

四、常常產生消化不良症狀的人　可以多吃白帶魚，可以改善症狀，還能補充皮膚的水分，既養胃又美容。

五、儘量保持好情緒　精神過於緊張不安或者抑鬱的情況下，胃的運動與分泌都會減弱，甚至可能停止。因此，在灰心、失落的時候，腸蠕動呈抑制狀態，焦慮的心理狀還可能引起體內某些激素分泌的改變和植物神經功能的改變，從而導致功能性消化不良。

六、輕微的消化不良，或僅是一時吃得過多過飽者　吃過之後不要立刻坐下來不動，走動走動，並且輕輕按揉一下腹部，增強身體熱量的消耗，可以儘快消除消化不良的現象。

七、身邊常備一些中藥成藥　像保和丸、山楂丸、沉香化滯丸，中藥成藥的藥性以調理爲主，不像西藥那麼猛烈地刺激腸胃。

八、清晨早起一大杯白開水　或者一杯檸檬汁可以清腸胃，安撫你的腸道，遠離消化不良的困擾。

【減壓禁忌站】令你腸胃害怕的飲食習慣

消化不良除了精神上的因素之外，最直接的因素就是自己的飲食和作息習慣了，好的飲食習慣可以降低許多腸胃道疾病的發生機率。

1. 易產生消化不良的人　根據自己情況的嚴重性少吃或者禁吃以下食物：蛋糕、通心粉、咖啡因、油炸食物、辛辣食物、紅肉、馬鈴薯片、碳酸飲料、乳製品，這些食物在消化系統不良的情況之下，會刺激黏膜的分泌過量，導致蛋白質消化不良。控制花生、扁豆及大豆的食用量，因為它們含有一種酵素抑制劑。

2. 食物的搭配多留心　蛋白質與澱粉、蔬菜與水果不是有益於消化的搭配，牛奶最好不要與三餐同用，糖與蛋白質或澱粉合用也不利於消化。對於消化能力本來就不好的人而言，無疑是會給腸胃增添負擔的搭配方法。

3. 避免暴飲暴食　節假日期間，很容易暴飲暴食或者飲食規律打亂。這個時候應該適當控制飲食，多吃一些富含纖維的食物，像韭菜、芹菜等，有助於消化和排便。還可以吃一些山楂，山楂有消食化積、活血化瘀的作用。特別是吃可過多油膩葷腥的食物之後，吃一些山楂或者喝一些山楂汁，都有助於化解體內的積食。

4. 避免飯後立刻從事運動量較大的體能活動　最好通過散步幫助體內食物消化之後，1到2小時之後再進行就沒影響了。

食欲不振：幹活越多，吃得越少？

我們常常可以聽到周圍的朋友和同事抱怨，最近壓力太大了，得大吃一頓緩解一下。我們自己也常常會爲了減壓而向美食求救。這是大多數人都有的一種心理依靠，利用對食物的興趣將注意力轉移。如果仔細觀察這些情況，我們會發現這種方法一般都發生在女性身上，吃東西減壓是女性常常會犯的「美麗錯誤」。

但是，最近心理學家又有一個新的發現，在他們追蹤觀察的上千名女性的日常生活中，發現一個奇特的現象，雖然許多人有依靠食物減壓的習慣，但是如果她們眞正下決心要去解決問題，用實際行動減壓的時候，她們對於食物的欲求就會下降。

這種微妙的變化帶來了另外一個問題，那就是每個人在緊張工作的時候，往往需要的能量是最多的，身體的消耗速度很快需要新的能量及時補充，但是正在專心於工作的他們，卻往往對食物不感興趣，出現所謂的「食欲不振」，一段時間之後工作效率會明顯下降，那麼怎麼才能解決這個矛盾？

所謂的「食欲」，是一種想要進食的生理需求。一旦這種需求低落、甚至消失，即稱爲食欲不振。簡單地說，就是沒有想吃東西的欲望。食欲不振的原因有多種——

一、疲勞或緊張　一般如上班族由於疲勞或精神緊張，可能導致暫時性食欲不振，這是屬於比較輕微的現象。

二、過食、過飲、運動量不足、慢性便秘　以上四種都是引起食欲不振的因素，但要注意一些潛藏的危機，諸如無緣無故的食欲不振、連續不斷的食欲不振等等。

三、精神因素　想要維持身材苗條，不想吃東西，體重因而大幅減輕。

四、懷孕　女性朋友在懷孕初期，或由於避孕藥的副作用，也可能導致食欲不振或嘔吐。

五、疾病因素　食欲不振通常會讓人直接聯想到胃腸問題，如慢性胃炎、胃遲緩、胃癌，都有可能出現這樣的症狀。肝病的初期症狀也會引發長期食欲不振。事實上，因肝病而引發的食欲不振通常呈極端化，嚴重時根本沒有食欲。患者的親朋好友只要稍加注意，即可看出病人對食物的嚴重排斥。

有時不願吃飯並非小問題。如果發現你自己或身邊的家人有食欲不振的現象時，可利用具有香味、辣味、苦味的食物，來刺激並且提高胃液的分泌及增進食欲，若仍然無法提高食欲，最好到醫院做一番檢查比較好。

不同原因導致的食物不振，解決的方法也多有不同，然而針對於一般白領用的，用以解決工作繁忙而造成的食欲不振，是一種比較容易克服的問題，下面的方法不妨大家一試，簡單方便，又有效。

【減壓ABC】讓你「想多吃」的錦囊妙計

一、食物多調節　要增強食欲，最直接的方法當然要從食物下手。首先要注意食物的選擇，許多食欲不振的人常常說，看見東西就沒胃口，許多食物因爲在視覺上缺乏美感，它本身就在客觀上拒絕了食客。因此，食物選擇首先要講求視覺上的賞心悅目，這是引起食欲的初步，也是關鍵。如食物選擇紅綠等不同顏色的搭配，這些較爲醒目的顏色最容易刺激人的神經，食欲也會隨之增強。

除了顏色之外，最重要的是食物的口感和功效。多吃新鮮少油的食品，此類食品水分多，容易消化，在胃中停留的時間短。而油膩食品難以消化，還會在進入十二指腸時產生一種化學物質，使胃的蠕動減緩，影響食欲。同時在飯前半小時內不宜飲水，以免沖淡消化液。

多吃含維生素和蛋白質較多的食物，由於夏季新陳代謝旺盛，各種蛋白質、維生素消耗大，人體常常處於蛋白質缺乏狀態，因此，應適量多吃豆製品、雞蛋及蔬菜、水果，以補充身體所需。

少吃甜食各種甜食如糖、糕餅等，都含大量蔗糖或果糖，這些糖類經人體胃腸消化分解消化後，變成葡萄糖進入血液，使血糖濃度增高，血糖過高會使人無饑餓感。

在攝入足夠蛋白質的情況下，宜多進食一些含脂肪、碳水化合物（即澱粉、糖類等）較豐富的食物。這樣，多餘的能量就可以轉化爲脂肪儲存於皮下，使需要能量者體態健壯起來。胃腸功能較弱的白領們，可選擇雞、鴨、魚、羊的肝臟來食用，除此，魚類也較易消化和吸收。

二、心情調節最重要　有壓力的時候造成許多女性選擇多吃，來解決問題，但是壓力過大時，引起食欲不振也是一種常常出現的不良反應，因此，這時候調節心情是增強食欲的最根本的方法。

三、增進食欲不等於增肥　增強食欲是保證工作效率的一個好方法，但是每個人不會精確的計算到我們每天所需的能量和所攝入的完全相等，爲保證工作的有效完成，食物攝入的同時也要警惕肥胖。此時不二選擇就是多參加運動。運動並不僅僅是消耗能量，減肥的長久方法，而且也是調節心情便利又實惠的選擇。許多人會抱怨沒有時間運動，其實這種說法並不可靠，而是一種心理慣性在作祟，每天上網的時間不超過20分鐘，就會有由充足的時間留給運動，睡覺前跳繩，瑜伽都是不錯的運動，是許多女性保持體型和心情的好方法。同時睡前運動也是可以保證好品質的睡眠。

【減壓錦囊計】增進食欲的零食

一些味道酸酸甜甜的小零食可以用來增進食欲，像陳皮就是一種增進食欲的好食品。乾吃陳皮製品或者將陳皮泡水喝，陳皮泡酒都可以增進食欲。給自己換幾個彩色的碟子，讓吃飯的時間擺脫視覺上的單調。還可以放一些有情調的音樂，在音樂旋律中進餐，也可以提高食欲。

8 職場抑鬱症：一週抑鬱五天

作爲公司職員的小白領們，是對「職場壓」最有發言權的人群。小白領這個「族群」，隨著社會結構的轉變變得越來越龐大了，與此同時，小白領的精神領域也在重重重壓之下變得不堪一擊了。當我們成長爲白領階層中的一員，就注定我們不再擁有憤怒青年般的肆意妄爲的精神，要想在嚴酷的社會中生存下來，就不得不遵循其生存法則。所謂「優勝劣汰」，這個生物進化論相關的術語，曾幾何時，讓我們卯足了勁往前衝。

當壓力一古腦兒向我們湧來時，要謹防患上「職場抑鬱症」哦！

著名的日本心理學家小杉正太郎是研究「職場抑鬱症」的專家，在他看來，在通過一系列的考證研究之後，他很斷定地告訴讀者，職場壓力是引發「職場抑鬱症」的罪魁禍首。不僅僅是剛剛進公司不久的年輕職員，還是資歷頗深的年老職員，都會不同程度地受到「職場抑鬱症」的困擾。

「職場抑鬱症」是在對白領的心理疾病研究過程中，發現發病率最高的一種心理疾病。根據小杉正太郎的研究，他在研究中表明：「職場抑鬱症」就是在工作過程中遇到困惑，或是對那些與工作有關的難題，沒能採取適當的處理方法而導致的一種心理結果。從心理壓力理論的角度去解釋就是，由於沒有恰當地處理壓力，從而引發的不良反應的逐漸積累，亦即「心理扭曲」。

小杉正太郎的研究或許令許多職場中人疑惑不解，或是心生恐懼。到底自己有沒有患上「職場抑鬱症」這個在白領階層中廣爲流行的心理疾病呢？或者自己已經站在了疾病的大門口，正準備往裏鑽呢？那麼，最好的辦法是，了解你已經承受的或者即將要承受的壓力值，自己給自己測試一下，看看自己的情況到底是怎樣的？

在職場中，白領們都有時候會體會到不平等的待遇和人際關係的糾葛。有的人不將其當作負擔，依然保持健康、積極的工作態度，從而成功避免了「職場抑鬱症」的發生。而有一些人，面對相同的情況，會將其當做一種沉重的負擔，並試圖通過努力，想減輕負擔，那些通過努力減輕了負擔的人重新找回了愉快的心情，他們也逃脫了「職場抑鬱症」的「追殺」。而最慘的就是那些通過努力，但沒有減輕負擔反而感到越發地苦悶的人，由於心理出現了越位，從而不幸地陷入了「職場抑鬱症」。

【壓力自測版】你離「職場抑鬱症」有多遠？

在經過專家將「職場抑鬱症」患者，與正常人的精神和身體的反映做出對比後，有不少因素是可以作為我們平常對自己進行自測的小細節的，讓我們近距離地觀察自己，儘早地將「職場抑鬱症」驅逐出我們的領空。

1. 食欲不佳或者沒有食欲。
2. 性欲不佳或者沒有性欲。
3. 睡眠有障礙，中途會突然驚醒，早晨醒來後，會不自覺地陷入抑鬱的狀態。
4. 體能明顯下降。
5. 感覺自己能力在下降，或者覺得自己的能力總是不如別人。
6. 對自己的未來沒有信心，甚至有時會產生絕望的思想。
7. 覺得自己總是在給周圍的人，增添一些不必要的麻煩。
8. 感覺不到對什麼特別感興趣，甚至對自己以前十分喜愛的東西也無動於衷。
9. 對於自己曾經一度十分擅長的興趣和愛好，感到厭惡。
10. 當別人談起他的第一次經歷異常興奮時，也會去想想——自己的第一次經歷，卻渾然不覺有什麼值得興奮的地方。

11. 聽笑話時，漠不關心。
12. 見到新鮮的事物，缺乏興趣。
13. 遭受到不公正的待遇時，責備自己並且儘量要求自己去容忍。

這是「職場抑鬱症」患者最具典型的13種表現情況，自己可以根據自己的真實想法進行測試一下，看看自己的心理狀況如何，如果情況嚴重，應該及時求助心理醫生，如果只是很輕微的症狀，就要多多關心自己，慢慢調理過來。

【減壓ABC】「職場抑鬱症」沒什麼大不了

一、壓力教育　在哪裡跌倒就要從哪裡爬起來，這個道理人人都懂。既然是敗在了壓力的手上，那也沒啥可怕的。首先，我們要以正確的態度來面對不管是多麼沉重的壓力，而不是迴避和拒絕。其次，我們可以通過各種學習管道，去認清壓力，獲取有關壓力的相關信心。再次，在獲得資訊後，就可以針對自己的情況，認眞體察自己的受壓狀況了。在接受這個壓力教育的過程中，每一個環節最好都是由受壓人自己自覺去完成。對自己進行壓力教育的過程，也是一個釋放壓力的過程，只不過採取了更爲科學更爲專業化的尋根溯源的方法。

二、興趣　無動於衷、漠不關心、缺乏興趣是導致抑鬱的關鍵因素。多和朋友交流，努力培養自己的興趣點，或者尋回曾經的愛好。有研究者推薦，進行一些有創意的DIY的小活動，是值得嘗試的方法。

三、說話　不能讓自己的嘴巴變得越來越慵懶，就當是給嘴巴做一次按摩，找一堆朋友拉拉家常，隨便聊聊，即便是說些無關緊要的話，也能起到放鬆心情的作用。

壓力是需要找到準確的釋放途徑，才能有效地轉化爲對自己有利的精神支持的。每個人都可以根據自己受壓的狀況，和自己的興趣愛好，調整自己的情緒，尋找到適合自己的釋放壓力的方法。無論這個方法是什麼，能夠讓人愉快的方法就是好方法。

交流障礙症：別讓壓力憋在嘴邊

隨著生活節奏的加快，我們越來越將注意力關注在自己的生活品質上，身邊的朋友過得好不好，他生病了嗎？今天開心嗎？這些生活中的瑣碎交流被工作的時間擠壓，人與人之間的對話，也成爲一種難得的奢侈。

但是，久而久之，我們會發現長時間缺乏溝通，當再次碰面的時候多少有許多不自然和尷尬，更嚴重的是，我們在生活中所遇到的許多問題，只有跟朋友在交流的時候才可以得到緩解，長時間缺乏交流使得壓力越積越多，甚至使人變得很抑鬱，如何暢通無阻地跟朋友交流，將自己的壓力在交流中排解，就成爲許多人常常遇到的困惑。

交流是消除壓力的清潔劑。在生活中遇到壓力是一種很正常的事情，儘管我們每個人的性格有多麼不同，即使最樂觀外向的人也會遇到壓力，也會有心情煩躁的時候。但是許多人由於不善於跟周圍的朋友溝通，將這種壓力放在自己心裡，得不到抒發，這種壓力會越來越重，成爲影響正常生活的障礙。

有研究表明，人面對壓力的時候總有一種本能的訴說欲望，向身邊的朋友訴說，跟父母抱怨，向老師求助，對愛人傾訴等等，這些都是我們常見的方法。

在心理學上，這種「訴說的欲望」是一種心理的依賴。如果從理性的角度考慮，人將自己的壓力轉訴給別的並不相干的人，對於事情的解決毫無作用，但是正是在這種訴說中，人會不自覺地將自己的壓力減輕或排解一部分，接下來他會努力尋求一種解決方法，其實心裏的包袱，在工作中最容易甩開。

性格開朗的人，往往容易訴說自己的煩惱，但是他們解決問題的效率也往往很高，這種溝通排解心理壓力的方法可見一斑。

【減壓ABC】巧妙地訴說對象

一、選擇正確的訴說對象

每個人在社會中都會扮演多個不同的角色，爲人子女、爲人父母、爲人師生、爲人益友等等。但這些並不都會成爲我們的訴說對象。生活的壓力來自不同的環節，有家庭，工作，親友等等，又很多問題往往不是可以暢通無阻的訴說給身邊的每一個人，因此面對不同的壓力，會選擇不同的訴說對象，這是許多聰明人在訴說之前，就預先考慮好的。

在工作中遇到的問題，最好不要跟自己身邊的同事說太多。同事之間在共同的空間工作，面對相同的上司、共同的同事，如果貿然地將自己的困難說給周遭的同事，常常會引起許多不必要的麻煩，有時候非但自己的壓力沒有得到有效的紓解，反而會在不自覺中陷入另外的人事糾葛中，那麼後果就是爲自己帶來更多的麻煩。

許多男性會有自己的好哥們，許多女性也會有自己的閨中密友，這些人往往是我們選擇訴說工作和感情的最佳對象。每個人的好友雖然都與自己的生活有交叉的部分，但是這部分往往不是工作，而更多的是個人的日常家居生活，因此如果跟這些朋友訴說自己的工作問題，往往來得更自然，更有效。

二、親情的依靠——是兄弟姊妹而不是父母

當我們還是孩子的時候，父母親是我們庇佑的守護神，許多問題都依賴於他們幫你解決，寬慰。但是當我們眞正步入社會的時候，父母與子女的角色往往會放任逆轉，父母往往也會求助於子女，向子女訴說自己的不快。値得高興的是在他們眼中，我們終於長大了，但是另外的訊號是，他們年紀大了，我們不能再給他們增加負擔了，因此不斷地向父母訴說自己心中的不快，往往容易讓她們成爲父母的一種負擔。

但是除了朋友之外，我們對於親情的依靠就此終結了嗎？沒有。我們有新的親情可以依靠，那就是自己的兄弟姊妹，自己的兄弟姊妹往往跟自己的年齡相仿，年齡上的差距往往也是縮短交流障礙的一個有利因素。相同或相仿年齡的人在溝通中容易產生共鳴，再加之間濃濃的親情，讓這種親近感變得自然而貼心。

另外一個問題是，現在有很多家庭都是獨生子女，沒有自己的兄弟姊妹，那麼就告訴自己的男朋友或女朋友吧，兩個之間的愛情中往往混雜著一種依賴，依賴中親情也在其中滋長，因此在自己的愛人中尋求安慰是非常不錯的選擇。所以建議沒有戀人的朋友，儘快尋找自己的另一半，因爲他或她不僅是你的戀人，也是你的親人。

三、安全選擇——心理醫生來幫忙

許多人覺得對於自己認識的人說自己的事情，會很尷尬，尤其是性格比較外向的

人，平時很難將自己的心事說給別人聽，擔心會給別人造成負擔，或者自己難以啓齒，害怕事情被傳給另外的人，認爲說給別人聽不安全，這些人甚至拒絕自己的父母。

如果從醫學的角度看，這種人往往是一種心理上的交流障礙，如果要讓這部分朋友舒緩自己的心理壓力，同時努力將自己的心聲說出來，那麼他們最有效的方法是求助於專業的心理醫生。守住自己病人的祕密，是每一個心理醫生最起碼的職業道德。所以在安全上，求助者可以完全不用顧慮。而且心理醫生不僅僅是傾聽者，同時他也會利用自己的專業素養，幫助你將心理的壓力排解乾淨徹底。如果從這個意義上來說，這要比對朋友或家人來得更爲有效。

所以有壓力或壓力大，並不可怕，可怕的是不懂得訴說自己的壓力，學會交流，懂得排解，是我們可以掌控壓力，消滅壓力的最終結的方法，既然我們生活在這個忙碌的世界上，就必須要面對來自各個方面的問題，不是要阻止壓力，而是學會訴說壓力，讓它們做你生命中的過客，匆匆來，匆匆往，這便是我們生活的最佳狀態。

【減壓錦囊計】給自己寫封「信」

對於性格內向的人而言，說話是一件相當痛苦的事情，寫部落格，也是如今減壓的一種新方法。尤其是網路上的許多個人空間都會有隱私保護這個功能。可以讓這個空間完全屬於自己，也可以讓有些好友或讀者（陌生人）通過網路與你傾心而談。

寫出來比說出來，對於某些人來講，要容易得多。寫出來製造一種不經意的氛圍，讓關心自己的人看到，比刻意找來朋友傾訴心事，對於有交流障礙的人來說，也要婉轉得多，容易適應得多。所以，不妨嘗試一下。（但可不要節外生枝啊！）

煙酒成癮：是解脫還是自殘？

煙酒已經成爲了許多男人，在遇到不順意的事情的時候做出的不二選擇。儘管每個人都知道吸煙有害健康，每包煙上也有一行這樣的字提醒吸煙者，但是把吸煙當做一種鬱悶時的解脫的想法，仍然存在於很多男士的頭腦中，甚至越來越多的女性煙民，也加入這龐大的吸煙一族中去。

與吸煙相似，借酒澆愁在很多人心目中也佔據著不可忽視的地位。儘管連古人都說「借酒澆愁愁更愁」，但是在愁苦當頭的時候，還是寧願讓酒精麻醉自己也不願意通過別的方法尋求解脫。遇到多年不見的好友聚在一起吃吃飯聊聊天的時候，小酌幾杯可以增添一些小情趣，但是每次遇到朋友聚會就不醉不歸還是很傷身體的。不管開心也好，不開心也好，許多人對於酒的依戀到了一種難以自拔的地步。這是一種典型的酒精上癮的症狀，和吸煙一樣，尼古丁與酒精一樣很容易讓人上癮。但是尼古丁與酒精對人的身體的戕害也是很大的，尤其是尼古丁。

吸煙對於人的健康的危害，尤其是肺部、咽喉部位的危害是顯而易見的，儘管也有不少的煙民和酒友在與煙酒相伴的日子裏也其樂融融，但大多數人的體質是經受不住煙酒對身體的傷害的。酒常常成爲宴席上人們的大愛，它能製造出一種快感，使得飲酒的人喝了酒就有了精神。但對於酒精上癮的人，如果一天不喝酒，或減少飲酒量，就會出現難熬的不適感。和酒精的功效一樣，煙中的尼古丁對於煙民而言，也能產生一種莫名的快感，這是一種典型的藥理性反應。

許多煙民在吸了一定量的香煙之後，體內積聚的尼古丁就開始刺激肝臟，並且使血液中的血糖升高，讓人覺得興奮，這就是吸煙的快感的藥理緣由。人的血糖升高，精力恢復之後，就能集中注意力，同時，尼古丁也會使人體的酸度提高，一旦停止吸煙，人體就會出現諸多的不適。像煩躁不安，精神不振，失眠，沒胃口等，而再次吸煙，這些症狀又會消失。所以，只有不斷地吸煙，依賴香煙。

飲酒過量還容易引起酒精中毒，如果說香煙只是一種慢性毒藥，它的後果是隨著年月的增長在身體中慢慢隱現出來的。且不說飲酒過量導致人的意識錯亂，幹出一些令自己後悔的事兒，更嚴重的是非常容易導致胃出血。而飲酒上癮的人——胃潰瘍、脂肪肝、肝硬化、心腦血管病、性功能障礙等等，其發病機率比正常人高出好幾倍。

煙酒都容易使人上癮，特別是對於自身的控制力不是很強的人，一旦沾染上了，就很難以戒除。但是，還有一大部分的煙民和酒友徘徊在成癮的邊緣，如果自己已經感覺到煙酒上癮的危害性，就可以採取一些措施來自我調控了。對於那些已經上癮，但極力想戒除的人來講，需要的不僅僅是毅力，還有時間。

【減壓ABC】煙酒不是不能戒

一、擺脫酒癮，從心開始　許多人飲酒成癮都有一個根深柢固的心理原因，就是酒可以讓人暫時忘卻一些讓人痛苦的念頭。有不少人喝酒就是因爲生活中的挫折。事實上，喝少量的酒，尤其是酒精濃度較低的酒，還有一些紅酒，對於心腦血管還有一定的幫助，可以幫助軟化血管，促進血液循環，增加身體的熱量。但是，絕大多數飲酒成癮的人，剛開始飲酒的時候，心理因素佔據了很大的一部分。因此，當你遇到人生中的低谷的時候，可以通過運動健身、外出旅遊放鬆、釣魚或者找幾個朋友喝喝咖啡、聊聊天的方式去尋求解脫，一定要控制自己想喝酒的衝動。

二、控制酒量　精神科學家們對酒量的多少做出了科學的鑒定。男性每天的飲酒不得超過二瓶啤酒或少許白酒，女性每天不超過一瓶啤酒。此外，無論男性還是女性，每週至少保證二天的時間內滴酒不沾。對於已經形成酒癮的人而言，切忌一次就戒掉，最好給自己制定一個減量計畫，然後堅決按計畫執行。

三、借助團隊力量　一些醫院還設立了戒酒協會，給那些酒癮很嚴重的患者提供服務，在這些協會中，情況相似的人可以通過心靈的溝通來戒除對於酒的心理依賴。在這裏，大家有著相同的感受，沒有歧視沒有鄙夷，還能互相幫助戒酒。

四、戒煙從逐日少抽開始　從你開始下定決心的那天起，就可以記載下每天吸煙的數量。儘量不要隨身攜帶打火機，把香煙放在不容易找到的地方。儘量爭取每天比前一天少抽一根到兩根。從減量抽而達到戒煙目標轉移注意力。

五、轉移注意力　吸煙對於很多男士而言不僅僅是保持冷靜思考的良藥，也成了他們手中的小零食。有的時候煙盒在身上，自然而然地就會想抽一根。可以把煙盒放在自己不是伸手可及的地方，隨身放一些口香糖之類的小零食，在想吸煙的時候，拿出來嚼嚼，可以控制吸煙的欲望。

【減壓錦囊計】別拿煙酒當「鐵哥們」

對於煙酒的依賴，從一開始尋求解脫的目的出發，到最後沒法擺脫它，是需要一個長期的過程。因此，儘量減少自己在失意的時候就想到它們的次數。發現新的興趣點，將注意力轉移到其他的問題上，用意志力來克服逐漸養成的依賴習慣。肯定一點，煙酒是敵人而不是朋友，也許你們曾經是朋友，但因為它們傷害到你，如今你們已經反目成仇了。你的好朋友大有人在，例如：閱讀、釣魚、下棋、打保齡球、以及各種戶外活動，或者乾脆用自己喜歡的一種零食來取代它們。總之，認清它們的真面目，絕非朋友而是敵人。

頭痛：搞清頭痛背後的隱義

俗語說：「牙痛不是病，痛起來要人命！」此話可以延伸到，「頭痛不是病，痛起來要人命！」相信許多人也會有同感。頭痛本身不是一種疾病，而是一種病徵。但是一旦頭痛，不但影響大腦的思維活動，更會影響個人情緒狀態，嚴重時，這種痛感本身也會讓人不堪忍受。

以全世界而言，頭痛患者遠遠高於牙病患者，而其發生頻率也遠非後者可比。一直以來，頭痛就是人類最常有的病症之一。現在，隨著學習、工作壓力的加大，生活節奏的加快，以及空氣品質的下降等原因，我們週圍患頭痛的人越來越多。根據英國統計數字顯示，有85％人口在一年之內最少會遇上一次頭痛，亦有38％成年人，將會在兩個星期之內遭受到頭痛困擾。

頭痛的病因不同，症狀各異，輕者頭部不適或脹痛，有時疼痛局限於某部位；重者頭痛頭暈，甚至頭部脹痛欲裂。如感冒引起的頭痛，痛連項背，伴有全身症狀；過勞的頭痛只限於前頭部或顱部。要徹底解除頭痛困擾，絕非一顆止痛藥就能了之。只有找出引致頭痛的病因，然後對準病症，採取相應醫療方案方是上策。

一般情況來講，頭痛症狀與引起頭痛的不同疾病相關。幸好大多數頭痛是由緊張性頭痛，混合性頭痛，脊骨錯位，頸椎退化，頸椎關節病所引致。只要尋找出正確的診斷，在治療上並沒有太大的困難。

頭痛背後有諸多隱義，而主要可以歸結爲以下幾個方面——

其一、如果頭痛每日發作，每次頭痛時間維持大約數小時，而頭痛時，痛楚的範圍通常是對稱的，由後枕伸延到前額。這種症狀稱爲緊張性頭痛。一般患者不會察覺到這種頭痛是與其精神緊張有關。但仔細檢查後，不難發現，患者的緊張情緒與其頭痛症狀有著直接的關係。另一方面，一名澳洲醫學權威Dr J.Murtagh在一九九四年的著作中就指出，緊張性頭痛除了精神因素以外，頭脊椎的功能失常，也是引致緊張性頭痛的主要成因。

其二、如果發病時與緊張性頭痛、頸椎病變性頭痛病症的症狀相似，但患者頭痛的程度有如頭顱就快爆裂般，整天都感覺到痛楚的存在，且通常維持三～七天，有時甚至會維持數個月之久。這種頭痛歸類爲混合性頭痛，主要發作期是工作忙碌的時候，有時也發生在交通意外後，頸部或頭部曾經受過創傷之後。

其三、如果頭痛大致症狀與前兩者相似，但是痛楚的範圍常常只是一側，由頸伸延到後枕，頭的側面及到達眼球的後面，這是頸椎病變性頭痛的表現。它是由頸脊骨錯位，頸椎退化，頸椎關節病所引致。更確切而言，主要是頸椎神經根第一、二、三條出毛病所引起，所以也有些學者稱這類頭痛爲後枕神經痛。但是在臨床診斷時，不少醫療人員把這種頸椎病變性頭痛錯誤地診斷爲偏頭痛，一定要深入檢查才能對症下藥。

除此之外，藥物依賴，情緒低落，血糖過低，糖尿病，貧血，甲狀腺毛病，牙科疾病，青光眼，眼部光學性毛病，鼻竇炎，頭創傷，脊椎手術後遺症，上呼吸道感染等等常見疾病都有可能引起頭痛，而一些較少見卻十分嚴重的病患，例如中風，腦出血，顱動脈炎，腦膜炎，腦壓上升，腦部腫瘤等也會成爲頭痛的誘發病因。

【減壓ＡＢＣ】治頭痛有良方

臨床醫生告訴我們，突發性的劇烈頭痛往往是較重的疾病反應，需得到相關醫院，尋求專家的診斷方可。而經常性反覆性的頭痛，則表明與屬於器質性疾病的可能性越小，多爲高血壓和頸椎病等引起。按摩天柱穴和太沖穴即可疏經活絡，使得這種頭痛症狀減輕或消失。

天柱穴　位於後髮際5分，第一頸椎棘突下旁開1.3寸，斜方肌外緣凹陷中，找準穴位之後，可採用指按法和指擦法兩種不同的按摩方式，二者交替進行效果更好。

一是指按法。此法採用坐姿，兩手交叉拇指分別按住穴位處。先按右穴，然後按左穴，頭部向左稍傾，呼氣並數1、2，漸漸用力，數3時強按穴位，吸氣並數4、5、6，身體放鬆，頭部恢復原位。注意要頭部向一方傾斜時，指按另一方的穴位。

二是指擦法，同樣保持坐姿，用雙手拇指在天柱穴上下5公分左右，呼氣並慢慢擦揉天柱穴。交替按摩時，左右天柱穴先做指按法一次，再做指擦法一次，即一回。每次重複動作3～6回。

太沖穴　位於足背第一、二趾縫上2寸凹陷中。此穴同樣可採用指按法和指擦法兩者不同的按摩方式。

採用指按法時，取坐姿，右腳搭在椅子上，右手中指垂直按住穴位處，呼氣並數1、2，漸漸用力，數3時強按穴位，吸氣並數4、5、6，身體放鬆。

取指擦法時，仍舊是坐姿，用右手拇指在右腳太沖穴上、下3公分左右，從腳前部向腳根部，呼氣並慢慢擦揉。指按法一次，指擦法一次，即爲一個回合，每次左右腳穴位各做3～6回。

【減壓禁忌站】容易招來頭痛的細節

1. 儘量避免強風吹頭部，尤其是前額部分，不要受冷風刺激，但要保持臥室或工作場所的通風，讓空氣清新暢通。

2. 不要熬夜，保證睡眠時間及品質，注意勞逸結合。

3. 飲食方面，少食或禁食辛辣刺激性食物，不宜食用乳酪、巧克力、紅酒、柑橘等，而偶爾發生輕微偏頭痛的人，則可以常飲用菊花茶、苦丁茶來預防此病的發生。

4. 保持健康平衡的心態，穩定愉快的心境，培養良好的生活情趣和愛好，積極鍛鍊身體，保持旺盛精力和精神狀態，則是從根本上預防頭痛的有效方法。

腰痛：這一痛牽動全身

以前只是覺得老年人經常會患上腰痛的毛病，但是現在許多上班族的人也開始大喊腰痛。進入E時代之後，每天對著電腦辦公的人，渾身上下幾乎沒有一個部位可以免受其害。從眼睛到頸椎，再到腰腿部位，都會出現不可預知的麻煩。

不良的生活習慣，不良的坐姿、站姿，以及長期彎腰，或者從事過重的體力勞動，很容易引發腰椎間盤突出症。腰部是身體的上下肢連接的紐帶，一旦腰部受了傷，甚至連行動都會受到牽連。

上班族的董先生，有一次撞到了腰部。剛撞上的那會兒，疼得連話都說不出來。去醫院檢查，也沒有發現明顯的外傷，拍片之後，醫生也沒有發現什麼特殊的情況。事實上，因爲腰部的傷，董先生連走路都受到了牽連。每走幾十公尺，就不得不因爲疼痛而休息一會兒。稍微用力過猛，站著、坐著、躺著都還能感覺到疼痛。

這種輕微的撞傷，對於許多好動的年輕男士而言是常有的事。但誰都不曾料到，這種看不到傷痕的撞傷，會影響到全身。

外傷和勞損儘管是導致腰痛的一大原因，對於許多女性而言，在經期、哺乳、分娩的時候，都會遭遇腰痛。尤其是辦公室的女職員，每個月例行的經期一到，要是正好趕上了工作的繁忙時期，不僅容易引發月經失調，腰痛也是在所難免的。

對於辦公室白領一族而言，因爲疲勞辦公引起的腰肌勞損，無論是男性還是女性，不少人都有過深受其害的慘痛經歷。

因此，針對白領一族，對於腰痛，不僅在疼痛時需要悉心調理，平時也需要多加留心。從各種各樣的生活習慣入手，防止腰痛牽動你的全身，

【減壓ABC】對抗腰痛的幾種方法

一、對於創傷引起的腰痛，可以用熱敷的方法來緩解疼痛。腰痛時，一般要以臥床休息爲主。尤其是腰部有傷，一定要停止與腰部有關的任何活動。比如：跑步、拎重物，甚至上下樓梯都得留心。拿熱水袋，或者用熱毛巾熱敷腰部疼痛的部位，可以促進腰部的血液循環，緩解疼痛。也有人習慣用冰塊敷，不過還是熱敷的效果會比較好。

二、如果是風寒、風濕或者腎虛引起的腰痛，則需要飲用一些中藥類的湯汁，通過內服來緩解症狀。

比如，一遭遇陰雨天腰部就會疼痛，靜臥休息都不能減緩疼痛，喝一些溫經通絡、驅寒的湯，比如薑湯。而腰痛的症狀還伴隨著口乾、小便赤熱、咽喉腫痛，感覺像是上火了，可以喝小柴胡湯，疏散風熱。最好在家裏製備一些治療疼痛的中成藥，嚴重的話，當然是要求助於醫生了。

三、一些中醫的治療方法對於各種原因引起的腰痛，也有很不錯的作用。比如按摩，常規推拿手法加腰椎後扳拔伸法，配合針灸、拔罐、腰椎牽引、中藥藥浴等綜合治療腰椎間盤突出症，不過要找正統的醫療單位，而不是胡亂找個國術館之類的民俗療法。

四、白領在辦公室因疲勞過度而容易引起的腰痛，可以通過方便易行的腰痛體操來預防腰部疼痛。

首先，用一條長毛巾，雙手拉直毛巾，舉起高過頭頂，向左右各移動10次。

其次，雙手在背後拉直毛巾，隨著腰部的扭動，向腰部扭動相反的方向拉伸。比如，腰部向左的時候，手臂向右移動，反之亦然。

再次，雙腳踏住毛巾，雙手拉住毛巾，用力向上拉，拉到不能拉動時，持續20秒。

回家睡覺前，還可以在床上完成一系列的動作。比如：躺在床上，屈腿，並且用腳慢慢劃圓圈；或者用雙手把腳儘量提升，接近身體。

通過這些小鍛鍊，都可以預防疲勞引起的腰酸背痛。

五、因爲勞損而造成的腰傷，還有一種偏方值得嘗試。用一兩艾葉，一兩炒黃的蟹殼，用一斤白酒加以浸泡三天之後，用毛巾蘸酒，塗抹腰部疼痛的部位，可以治療腰部長期的慢性疼痛。

【減壓禁忌站】你知道這些腰之禁忌嗎？

1. 腰痛不要亂按摩。最好是去醫院檢查之後，查清楚腰痛的原因，再找一些專門的機構進行按摩治療。在腰痛很厲害的時候，儘量臥床休息。

2. 腰痛不適宜幹體力活。體力活不利於腰部肌肉的恢復，稍有不慎，疼痛就會烙下病根，復發會比較頻繁。

3. 女性在經期不要穿高跟鞋。經期是女性腰痛的高發期，穿高跟鞋走路時間一長，不僅僅是腳部，連腰部也會受到一定的牽連。因此，經期多穿平底鞋，儘量減少走很長或很久的路。

4. 腰痛的症狀如果很厲害，不要自己亂抹藥水，亂貼膏藥，沒有對症下藥的話，後果反而會變得很嚴重了。

背痛：脊柱勞損病自來

背部又酸又痛，跟我們的坐姿或者站姿有很大的關係。而工作中，我們不可能時時刻刻注意到自己的坐姿或者站姿是否對身體有害。當這種疼痛的狀況，以更加頻繁的次數發作時，有沒想過更爲嚴重的後果呢？比如：脊椎骨關節炎，或者疼痛直接逼迫到神經，造成神經性的各種脊柱病症。

除去肌肉或骨骼的病變引起的背部脊柱疼痛以外，不少人經常因爲過於勞累而導致背痛。雖然說不至於嚴重影響到日常起居的生活以及工作，但是那種背脊上的隱隱作痛確實令人飽受折磨。腰背疼痛是常見的一種疾病，無論是外傷還是內傷引起的疼痛，又沒有引起太多的注意，再加上長期勞累，引起肌肉或者韌帶組織積累性勞損的話，後患就無窮了。

由於人體的背部是軀體的一大部位，其胸廓內有心、肺，膈下有胃、胰、肝、膽。背部骨脈縱橫，筋肉豐富。當人體的氣血津液及臟腑在病理狀態下，都有可能出現背部疼痛。一般情況下，若是上部背脊中線疼痛，與食管（食道）類的疾病關係較大，一些食管炎症、潰瘍等都可能引發背痛。如果是中部背脊中線附近疼痛的話，與胃部以及十二指腸關係密切，常見的胃病、十二指腸潰瘍都會引發背痛。而左下背部的疼痛與胰腺炎之類的病症有關，右中下背部的疼痛則與肝膽類的疾病有關。

總之，背部牽連頗大。人體各個部位也都處於相互聯繫緊密的狀態下。背脊是人體的支撐，背部疼痛一般都是背脊周圍，也可能就是背脊疼痛。在不斷地勞損下，身體的各項機能都會出現程度不一的問題，背部也是一樣，勞損過度，脊柱也會無法承受。

【減壓ABC】對抗背痛，自有方法

後背時不時地隱隱作痛，確實困擾著人。但是，雖然在許多嚴重的情況下，應該找醫生就診治療。但是平時也可以嘗試各種各樣的保健方法來與背痛做鬥爭。

一、抱膝滾動　仰臥在床上，膝蓋併攏，向胸前彎曲，儘量使大腿緊貼住腹部。雙手十指交叉，抱住膝蓋下的小腿肚，抱緊，使小腿儘量向胸部和腹部靠近，然後用力先讓身體向左側滾動，直到左耳、左肩、左手臂挨著床爲止。然後回轉身來，以同樣姿勢向右轉動。反覆左右各10次，腰部背部的疼痛就會舒緩很多。一般早上起床前和晚上睡覺前各滾動一次。

屈膝抱腿滾動的過程中，身體蜷縮成圓形，能夠自然牽引腰背部的肌肉，使其能舒展。滾動的過程中，可以使腰背部的肌肉在與床面相摩擦的過程中，使肌纖維拉長，血管擴張。增強血液循環，使得更多的養料和氧氣可以傳送到背部。增強腰背部肌肉的抵抗力，促進腫脹的小腿放鬆。伸展開來後，平躺著幾分鐘之後，就會感覺到身體非常的舒適了。

二、保暖防寒　現在人們的營養吸收能力較之於以前的人，好多了。抵抗寒冷的辦法也很多，屋裏有暖氣，或者空調，或者用電暖器等各種方便的途徑。在室外活動較少，偶爾出門，會抱著僥倖心理，覺得就在外邊待一會兒，穿得太臃腫也不太方便。對於腰背部經常疼痛的人來說，冬季的時候出門，穿一個貼身的保暖背心是防寒的最好措施。有助於保護已經有傷痛的腰背部，再次因爲受寒而疼痛不止。

三、保持運動的習慣和樂觀的情緒　有關醫學報告指出，保持運動的習慣和樂觀的情緒，是給慢性背脊疼痛的人的一個很好的治癒機會。這裏所說的運動，當然不是劇烈運動，而是在床上臥床休息時間太長之後，稍微做一些伸展的運動。即便是伸一個懶腰，向左右轉動一下脊背，向兩側彎彎腰，也算是一種康復運動。

四、給背部支撐力量　一般需要久坐的人，需要爲自己準備一個靠墊，放在背下部的拱柱部位，可以爲背部提供支撐，從而減少肌肉承受的過多壓力。尤其是坐在沙發上看電視，或者開車遠行的時候，靠墊的作用還是很大的。

五、在辦公室經常站起來活動活動　每隔一個小時就站起來就上幾步，有意識地去倒杯水或者收拾一下文件之類的活動經常做做。還可以找一面光滑乾淨的牆，把自己的後背完全緊貼上去。雙腳抵住牆根，後腦勺也緊靠在牆面上，感覺整個身體被牆面拉直了不少。可以有效防止駝背，也能緩解背部肌肉的勞累過度，減輕背部疼痛。

六、簡單易行的瑜伽動作　雙膝分開，保持與肩同寬的距離跪在地面上，用雙手撐住地面以及身體的上半身。膝蓋正好在臀部的正下方，雙手正好的兩肩的正下方。背部與地面保持平行。頭部略垂。抬起一條手臂，向正前方伸展，手臂與地面平行，像是要去抓住前方的某件物品似的。身體其他部位的姿勢不變，保持這種姿勢做腹式呼吸，堅持15秒後換一隻手臂進行。

手臂動作做完後，開始腿部動作。先抬起一隻腿向後伸，儘量使腿部線條與地面平行。剛開始的時候，實在抬不了那麼高，略微抬離地面，但腿一定要伸直。保持姿勢15

秒鐘，然後換腿進行。

這個動作最好配合瑜伽墊完成，否則地面太硬反而會影響到動作的品質，造成膝蓋的疼痛。

【減壓禁忌站】背部鍛鍊要注意的小問題

1. 不要用力過猛。很多人身體的柔軟性並不是十分的好，背部由於長期缺乏鍛鍊，會顯得比較僵硬。因此，在進行鍛鍊的過程中，以自己不感到特別為難為限度。
2. 如果背部疼痛得十分厲害，不適宜做背部鍛鍊，而需要臥床休息或者就醫。背部的一些肌肉鍛鍊主要起到預防的作用，和因為疲勞引起的輕微的酸痛症狀。
3. 背部疼痛的女性，在疼痛期間不要穿高跟鞋走太長時間的路，因為那樣會給脊椎造成一定的壓力。
4. 不要用力捶背，可以稍微通過彎曲身體的方式，來放鬆背部肌肉。

便秘：排毒不暢，渾身不爽

剛從廁所出來的小李，臉色蒼白，雙腿哆嗦，手裏捏著一份報紙，不僅引起了同事們的關切。沒等同事開口，小李長歎了一口氣，搖搖頭：「唉，我終於解放了！」原來小李已經長達一個星期沒有排便了！

通常情況下，正常的人大部分是一兩天排一次便或是一天排便一兩次，也有少部分人是二天一次或者一天二、三次，他們都有一個共同點，就是排便不費勁。

對於那些一個星期下來，排便次數不超過二次的人，並且排便又十分的困難，像這種情況就是便秘了。

通常便秘時，排出大便會非常艱難，太乾太硬，很費力也很費時間，經常便秘的人很容易罹患痔瘡。便秘的人排便，就會把注意力全部集中的排便上，越是排不出來就越是想一次排乾淨。不僅造成肛門的負擔，還會給自己的各個器官造成極大的壓迫，比如心臟。有心臟病的人，如果用力排便的話，會影響病情。

大便留在體內長久不能排出去，直接影響人的健康。如果是患有慢性肝病的人，還經常便秘的話，使體內的毒素囤積久了，就會使病情惡化。正常的人遭遇到便秘，情況發生得太頻繁，也會使神經系統受到損害，患上癡呆的比率會增大不少。毒素排得不暢快，對於皮膚也是一大損害，膚色會顯得黯淡許多，也會經常出現長痘痘的情形。經常便秘的人自身也是痛苦不已，不僅老是感覺腹部脹痛，食欲不佳，還會因爲大便的堵塞而直接導致盲腸炎，有的情況比較嚴重還不得不動手術。

導致人體發生便秘的原因是多種多樣的，生活不規律，長期狀態下飲食作息都很隨意，還有一些是藥物的原因。現在很大一部分年輕人士所患上的便秘，多屬於功能性的便秘，跟自身的工作性質、工作壓力、情緒狀況、飲食有密切的聯繫。喜歡外出旅遊的人，也會因爲生活環境的改變和疲勞等因素導致便秘，但這些都屬於功能性便秘的範圍。這種便秘一般通過一段時間的規律化的生活，合理調節好飲食，心情保持舒暢，養成及時排便的好習慣，就可以達到治癒便秘的目的。

【減壓ABC】排出便便，一身輕鬆的好習慣

一、晨起一大杯水　早上起來之後空腹飲用一大杯水，對腸胃有清洗作用，習慣性便秘的人，尤其需要這一杯水。最好是清水，溫開水最合適。要是覺得自己腸胃囤積了太多的積食，沒有及時排出，可以加入少量的食鹽，變成鹽水來飲用，效果會更好。

二、及時排便，把握好排便的反射時機　如果你在有便意的時候，沒有及時去上廁所，那麼時間一長，這種想排便的欲望就會消失了。這種欲望就是一種排便反射，每個人都可以培養自己排便的反射能力，甚至可以將這種排便反射時機，控制在每天的同一時間。養成習慣之後，每天一到那個時間，就自然會有便意產生。

三、按摩肚臍　經常在辦公室久坐的人，利用間歇按揉一些肚臍周遭，可以使排便

暢快。將右手手掌放在肚臍上，左手手掌放在右手背上，順時針方向揉動5分鐘後，再逆時針方向揉動5分鐘。每天上班前，下班前各做一次，既不影響工作，又可以預防和緩解便秘的痛苦。

四、按摩人中穴　位於人的鼻子和上嘴唇之間正中部位的人中穴，是一個有效防治習慣性便秘的穴道。自己每天抽出5分鐘時間，用食指的指腹按揉這個穴位。先順時針再逆時針地按揉，每天早晚各一次，就可以起到良好的預防效果了。

五、腹部呼吸法　吸氣時收腹，讓氣流進入胸腑，呼氣時，讓腹部鼓起來，堅持幾分鐘，就會明顯感覺到腹部發熱。用這個方法呼吸，可以增強食欲，促進腸的蠕動，使排便轉爲正常。

六、出差或出遊時，要多喝水、多吃水果　平時養成的大便時間在出差旅行的時候有時不得不調整，但爲了防止便秘，要記得多喝水、多吃水果，以及準備潤腸排便的藥物。

七、健康的飲食習慣　早餐不吃會影響一天的排便情況，中餐晚餐進食肉類太多，蔬菜太少，會直接導致便秘。所以，在用餐的時候，葷素搭配最好。許多五穀雜糧不僅對人的健康有利，還是防止便秘的好東西。像糙米、紅薯、玉米、燕麥，每天都能攝入其中一些，就能調理好腸胃，遠離便秘的難題。

八、心情愉快也能通便　如果經常憂思過度，會導致氣積淤滯而傳導不順造成便秘。因而，儘量讓自己遠離緊張和煩悶，保持精神上的輕鬆，便秘自然就不會來。

【減壓錦囊計】　煮給自己的「方便粥」

針對週期性便秘的人，可以通過調節自己那一個週期內的飲食結構，來緩解便秘的狀況。中醫認為便秘是脾虛、氣虛導致的。棗、豇豆（長豆）可以補氣，花生、黃豆、可以補脾通便。糖尿病人不能吃棗，但可以用棗核煮水，然後用煮的水煮粥。

用花生、黃豆各10克，糖尿病人不宜多吃，再加上1兩小米，5克枸杞煮粥。如果用棗核煮的水熬粥，效果會更好，並且糖尿病人也可以放心食用。

月經失調：多重原因，嚴重後果

作爲女性，一個月總有那麼幾天很讓人煩惱。

在中學當老師的李靜，每逢學生遇到期中、期末的考試時，壓力就特別的大，擔心自己的學生考得不好，直接導致任課老師的能力受到質疑。而近年來，李老師當上了高二年級的班導師，每天早起晚睡。每一名學生的生活、學習、思想狀況都必須密切關注。李靜發現在擔任班主任（導師）的這半個學期以來，本來應該一個月一次的月經，居然變成了兩個月三次，並且量明顯地增大。每次來月經的時候，身體還會忽冷忽熱，甚至站在講臺上講完一節課就十分的費力，感覺像是要暈倒了似的。尤其是每次來的第一天，會痛得無法下床行走。有一次正好趕上了上課，上了一半身體就開始冒冷汗，最後只好讓學生們自己上自習。

李靜不得已去看了看醫生，醫生很肯定地告訴她，是她長期壓力過大導致了精神緊張，從而使內分泌失調，改變了月經的規律。

像李靜這樣的在職女性，每逢每個月躲也躲不過的那幾天，就會由內而外地感到異常地鬱悶。如果能正常地度過也就罷了，在壓力的壓迫下，不少女性都會或多或少地出現月經失調的症狀。有的表現爲月經的不規律，估算不到具體是哪幾天可能會來，這是較爲輕度的。有的表現爲嚴重的經痛，或者出血量過大。更爲嚴重的是像李靜這樣的，次數增多，或者次數明顯減少，或者乾脆閉經幾個月。

李靜的月經失調主要是由工作中的壓力導致的。許多專家認爲，正值生育年齡的女性，一旦長期處於高壓狀態下，就會抑制腦垂體的功能，從而導致女性的卵巢排卵的週期紊亂，直接導致月經失調。

還有許多女性出於愛美的心理，在寒冷的冬天吃冰、穿短裙，即便是來月經的那些日子也不注意。女性在經期受寒，會使骨盆腔內的血管收縮，嚴重的情形還會導致閉經。另外，便秘、感冒、或者一些藥物也會引起月經不能正常地來臨。都會導致一系列的嚴重後果，甚至會影響到以後的生育。

因而，作爲女性每個月都應該花一些時間來關注自己的身體健康。每個月的月經就是女性觀察自己身心狀況的晴雨表，學會在經期自己照顧自己。

【減壓ABC】一點一滴做起，遠離月經失調

一、每個月的經期，盡力讓自己保持良好的心情　月經來臨的那段日子，身體的腹部以及陰道周圍都會出現明顯的墜脹感，這是生理原因造成的，多少會影響到人的心情。但是，可以找些輕鬆愉快的事來做，比如：聽聽音樂、廣播節目、看一些能逗樂的小品、相聲等電視節目、看一些幽默的短片或者電影、或者乾脆啥也不幹，想一些已經發生過的開心的事或者憧憬一下美好的未來。一切能讓自己開心，但又不勞神費力的事情都可以拿來做。

二、記錄下每個月來月經的那一天　有不少女性的經期每月都來得很準時，即便不是同一天，左右相差也不會太大。把每月來月經的那一天在桌曆上劃上記號，經期最後一天的日子也劃上記號。每三個月觀察一下自己所記錄下的資訊，左右相差不大過5

天，就算正常。否則就得及時反思一下，自己最近的飲食作息是不是出現了問題，或者精神壓力太大。在嚴重的後果產生之前，及時做出調整。

三、**月經期間多調養，少勞累**　月經期間容易犯睏，是許多女性共同的特點。疲倦的時候，就儘量找張床躺躺，經期的女性躺著比站著坐著都好。有些女性還會在月經期間食欲特別的旺盛，爲了怕自己長胖就控制食量。由於月經是女性生理週期的一個耗損期，這個時候吃好點吃多點，也不會嚴重影響身型的。總之，這段時間，可以儘量遷就自己的各種想法，想吃就吃，想睡就睡，重活累活兒，過了這段日子再說。

四、**多吃富含鐵質和滋補性的食物**　像烏骨雞、羊肉、魚卵、蝦和一些動物肝臟都能補充經期體內流失的鐵質，以免發生缺鐵性貧血。枸杞、蓮子、杏仁等熬粥，再放一些紅糖，可以達到滋補的功效。鯉魚熬湯對經期女性的身體健康非常有利。經常坐在電腦前的白領女士，還可以嘗試著用豬肝綠豆熬粥，不僅可以補肝養血，還能清熱明目，美容潤膚。

【減壓禁忌站】　經期當禁則禁的那些事兒

1. 經期不要游泳和跑步等高熱量的運動，多休息，散散步是可以的。
2. 避寒避濕。淋浴、冷飲、或者下半身受涼的情況，都應該極力避免。

3. 經期感冒要提防。經期是女性抵抗力最弱的時候，很容易就會傷風感冒，但藥效不可用得太強，一些小感冒，儘量多喝開水，以中成藥為輔助治療。

4. 避開噪音，儘量保證周邊環境的安靜。噪音會導致女性機能紊亂，對月經和生育能力，都會造成影響。

5. 吸煙飲酒是隱形殺手。不少女性有吸煙和飲酒的習慣，經期一定要禁止，否則這個時候對身體的殺傷力是以一當十的。

乳腺增生：白領麗人的難說之痛

近些年來，許多著名的影視明星在自己最好的年紀裏因爲乳癌而辭世，女歌星阿桑和陳曉旭的離去，不僅僅是讓人難過，還引起了關於女性應當關愛乳房健康的大討論。如今，隨著乳癌患病的機率逐漸上升，而且是在生活條件越來越好，醫療條件越來越健全的情況下，不少女人因此而失去生命，或者生活在精神的痛苦之中。她們都還正處在生命的綻放期，卻像一朵朵過早就凋謝了的花朵一樣。

雖然說乳腺增生的問題並不就等於乳癌，但是，就像羅馬不是一天建設起來的一樣，乳癌也不是即刻就患上的。近年來，乳腺增生的發病率增高得很快，尤其是在育齡婦女中，發病率高達28%～40%。與此同時，發病的年齡也急遽下降，最小的年齡居然只有16歲。

乳腺增生的病人，一般在乳房的一側或兩側都可以摸到大小不等、軟硬不一、界限也不是很明確的腫塊。而且皮膚表面還會出現一些小顆粒，用手指按壓會有明顯的疼痛感。並且，還常常伴有乳房酸痛或者脹痛的情況。少數患者的乳頭還會流出棕黃色或者暗褐色的液體。在經期前後會有明顯的疼痛感，經期中，症狀會減輕一些。遇到天氣陰冷，或者自己精神狀態不佳的時候，症狀會稍微加重。

儘管乳腺增生的發病率越來越高，但醫學上並沒有提出明確的界定，證明乳腺增生是由何種具體原因造成的。一般情況下，卵巢功能的紊亂可能會導致乳腺導管或者腺泡上皮增生，並且使乳管擴張成囊狀，從而形成腫塊。很多時候，女性的內分泌功能出現紊亂，都與日常作息和營養搭配不合理有一定的關係。

爲何乳腺增生的患者越來越年輕化？這跟現代人的「亞健康」狀態密切相關。平時的生活起居都隨心所欲，工作壓力大，常常加班熬夜，飲食無節制。身體偶爾出現的不適，也被自己忽略過去了，或者一拖再拖。或者是在重壓之下，一直找不到好的辦法調適自己的情緒，都有可能導致身體的許多部位的功能紊亂。

因而，白領麗人爲了逃離乳房疾病的魔掌，就要改變自己只關心工作不關心身體的作風。身體是工作的本錢。愛護自己身體的每一部分，乳房是影響身體美觀的一大要素，所以更是不容忽視的。

【減壓ＡＢＣ】乳腺增生早預防

一、內分泌系統紊亂是誘發乳腺增生的一個重要因素。所以，女性應當從生活的細節做起。尤其是白領麗人，在經期時，一定要避免熬夜，多休息。經期是女性每個月身體各種功能最弱的時候，在這時，就要多給自己一些關愛。防止出現內分泌紊亂的狀況。

二、雌激素偏高是導致乳腺增生的直接原因。白領麗人在職場上能經受住各種考驗，同時也不得不承受巨大的壓力，情緒不穩定是常有的事兒。一個月總會有那麼幾天不太高興，也屬於正常狀態。如果一段時間，情緒一直得不到有效調控，就會抑制卵巢的排卵功能，孕酮（黃體酮）減少，雌激素就會增高，就很容易導致乳腺增生了。一些含有大量雌激素的美容護膚產品，也不可長期使用。它會在無形中使體內的雌激素水準相對提高不少，也是乳腺增生的一大誘因。

三、保持性生活和諧。避免人工流產，對於一些婦科炎症的疾病要積極治療。有規律的性生活，有利於女性身體的自我調節功能。

四、多吃富含維生素B的食物，有利於肝臟，而且還能有效地抑制雌激素的過分增長。症狀較爲輕微的患者，可以多吃海帶，有消除疼痛、縮小腫塊的作用。

五、飲食以清淡爲主，減少高熱量的食品和補品。

六、定期進行婦科檢查。

【減壓禁忌站】關愛乳房，禁忌要知道

1. 在無醫囑的情況下，特別是對於處於更年期的女性，不要自行服用蜂膠、蜂王漿、花粉以及一些含有激素的口服液，更不能借助這些補品，來改善雌激素水準下降的現狀。

2. 內衣一定要以舒適為主，不要為了造型而讓乳房受到壓迫。過緊胸罩以及有擠壓隆胸效果的內衣，還有一些束腹、馬甲等衣物，都會影響到乳房的新陳代謝和淋巴系統的循環。

3. 哺乳時間一定要充分。不少女性產後，怕哺乳時間太長會影響到胸形，於是不哺乳或者哺乳時間不足八個月。很容易造成乳汁淤積，引發乳房類疾病。其實，哺乳是女性乳房發育的一個新時期，對於女性身體是有益無害的。

4. 保持乳房清潔，不要用太熱的水清洗乳房，常溫的水就ＯＫ了。

手腳冰涼：一個危害身體的信號

冬天的時候，人體無法抵抗住外部的嚴寒，手腳冰涼是常有的事兒。但是，有一些人，即便是在炎熱的夏季，手腳溫度也不高，也不像許多人一樣出熱汗。手腳冰涼，到底是不是病呢？在冬天，你若是擔心你的手腳冰涼，搞不好會遭到不少人的嘲笑。但實際上，有不少專家指出，習慣性手腳冰涼的人，是身體虛弱的一個信號。

外部自然界溫度的降低，像在北方，外邊經常是攝氏零度以下的天氣，即便是在有暖氣的屋裏待得渾身發熱，一走出大門，手腳就會變得很冰涼。一些人冬天的身體狀況與別人不一樣。同樣是在有暖氣的屋裏，大多數人都感覺到暖和，手腳都發熱的情況下，他/她也許還覺得冷，手腳都涼冰冰。而夏季的時候，這些人也不像其他人一樣愛出汗，甚至承受不了空調的溫度。專家指出，人體自身的陽氣不足，身體就會出現陽虛的表現。具體狀況最容易出現在手腳的溫度上。

那些手腳整年冰涼的人，或者冬季也會比別人反映得強烈些的人，就是人們常說的「神經末梢循環不良」而導致的冰涼症。這種冰涼症多發生在女性的身體上，尤其是中年以上的女人最爲常見。而與此同時，腦力勞動者也比體力勞動者，表現出更明顯的症狀，這也不能單單從缺乏鍛鍊的角度來解釋。身體健康的男性體溫通常會比較高，他們通常不會出現手腳冰涼的情況。

一般情形下，許多經常出現手腳冰涼的症狀的人，會採取一些從外部保暖的措施，比如多穿些衣服等等。但手腳冰涼與人體內部的血液循環，以及每個人的體質有關。手腳冰涼其實是一個身體現狀的反映，身體的體質開始下降，精神狀態不是太好，都會出現這種情況。只要從多個方面加以調理，手腳冰涼也是可以克服的一種病症。

【減壓ABC】如果你手腳冰涼……

一、一些情況嚴重的人，在冬天可以適當地吃些西洋參，或者用西洋參泡水喝數日。西洋參是一款補氣的良藥，性質比較平和，不容易引起體內的燥熱。

二、在北方生活的人，時常感覺到手腳冰涼，到冬季可以多吃一些羊肉，有溫補的功效；南方氣候較爲溫和，適合清補，可以多吃一些雞、鴨肉等，特別是喝湯，儘量少吃帶寒性的水果，像梨、柚子等。

三、橘子皮可以改善女性手腳冰涼的現象。經一些日本專家測試，從橘子皮中提取的橙皮甙，添加到飲用水中，可以明顯改善指尖的毛細血管的流量。可以到中藥房買些陳皮來沖開水喝，也能達到相似的功效。

四、冬季注意手腳保暖。本來就容易手腳冰涼，身體體性偏寒的人，在冬天尤其要注意手腳的保暖。穿厚襪，戴手套出門是必不可少的。睡前用熱水泡腳，手腳都會變得很暖和。每天堅持睡前泡腳，促進身體的血液循環機能的改善，慢慢地可以感覺到身體的溫度在逐漸回升。也會讓手腳冰涼的人，在冬天能夠睡個好覺。

五、進行穴位按摩可以改善手腳冰冷。像左右手掌的勞宮（屈指握拳時中指指尖所點處，位於第二和第三掌骨間）穴，左右腿上的足三里（外膝眼下3寸處，脛骨外側約1.5寸處）、湧泉（位於足掌心前三分之一後三分之二的交界處）穴位，都是促進末梢神經循環，有效提高手腳溫度的穴位。

六、加強體育鍛鍊，特別是有氧運動。比如：慢跑、健身操、有氧拉丁舞、瑜伽之類的，既可以提高生活的情趣，還能促進體質的增強。這是解決手腳冰涼症的最經濟也是最實用的辦法，身體上的各種疾病都有這麼一個共同原因，就是缺乏鍛鍊。對於長期坐在辦公室裏的人來講，尤其缺乏基本的體育鍛鍊，體質自然就會下降。

七、女士在經期時，手腳容易冰涼，即便是在炎熱的夏季也會出現這種情形，甚至手心還會冒冷汗。這個時候，多吃一些紅棗、核桃、芝麻之類的食品，勝過藥物的療效。還能補血提氣。再結合良好的睡眠，能夠很快得到緩解。

【減壓錦囊計】食療「冰冷症」

薑絲爆羊肉、大棗枸杞羊肉湯、乾辣椒（可以配合芝麻烙餅之類的一起食用）。這三種菜，以羊肉為主，菜品較為麻辣鮮香，做法也很簡單。手腳冰涼的人在飲食上可以適當吃一些辣味較重的菜，有助於恢復。這三種菜得到許多患有手腳冰涼症的患者的極力推崇，一定是有很不錯的效果的，值得嘗試！

性功能障礙：白領小家庭的災星

維繫夫妻間恒久的互愛關係，是婚姻家庭更加美好的重要方面之一。現代人老早就跨越了對「性」事兒難以啓齒的年代，而幸福指數與「性」福指數的密切關係是自不待言的。許多人對於自己的性生活羞於啓齒，即便是性生活遇到嚴重阻礙的時候，也不會輕易向親朋好友透露半點風聲。非要等到夫妻關係出現裂痕，婚姻生活出現危機的時候，才開始四處求援。

在調查中，有一位姓江的女士講述了自己與老公破鏡重圓的故事。江太太和老公江先生是大學同學，畢業後兩人都從事了資訊科技業，收入頗豐。由於資訊科技行業激烈的競爭形勢，為了想「製造」出的一個寶寶，江先生不僅僅效力於自己就職的公司，還不顧老婆的強烈反對，背著公司接了不少私人業務。

江太太每次和老公做愛時，不知爲什麼，總會想到老公私下接單所承擔的風險，一旦被揭穿了，不只工作不保，名譽也會受到極大的損傷。在擔驚受怕的心理引導下，夫妻倆的性生活非常不和睦。

據江太太估計，二人一年之中做愛次數平均兩個月一次都不到，江太太甚至坦言，以往在做愛中屢屢達到的高潮，如今對她而言簡直是妄想。江太太的苦悶一發不可收拾，自己與老公之間的隔閡，日漸加深。

還好，在老公的陪護下，江太太做了爲期半年的心理治療。同時江先生也抽身，放棄了私下接單的行爲，一心供職於自己所在的公司。

對於夫妻而言，「性福」指數與「幸福」指數，一直都是形影不離的，不管自己有沒有膽量勇於承認這個事實，不可否認的是，性福指數高的家庭，無一例外，幸福指數也相應很高。反之，沒有性福的人與幸福的距離，也就越來越遙遠了。

在醫學上，性功能障礙是指在正常的性行爲中不能獲得滿足，或者不能進行正常的性行爲。夫妻雙方都沒有出現性器官的病變，而由於心理因素造成。所以，也被稱爲性心理功能障礙。對於男性而言，是沒有能力進行性行爲，對於女性而言，是性行爲體驗不滿意，甚至拒絕性行爲。

【減壓ABC】提高你的「性商」智慧

一、製造一些浪漫氣氛，紅酒和音樂，無疑是很有效的製造浪漫氣氛與減輕壓力的方法。在做愛前喝點紅酒和音樂的配合，能營造出一個浪漫溫馨的氛圍。可以使雙方在放鬆中享受到非同尋常的美好感受。

需要注意的是紅酒不可過量，過量的話酒精的作用可能會麻痹，少量才會助興，放鬆情緒，使心情亢奮。音樂要以節奏舒緩的爲主，最好能夠使節奏、旋律完美的結合起來，音樂作用可以傳遞愛的信號。美國性心理學家朱麗亞·海曼認爲，一定的音樂刺激可以激發人的興奮和「性趣」，可以提高性興奮的強度，大多數情況下都會喚起男女的性欲。

二、據美國一項性學調查表明，夫妻裸睡，有助於肌膚的親密，還能促進睡眠。

三、善於在性愛中溝通。在性關係中，大多數的性要求都是由丈夫主動提出來的，因而丈夫不能充分了解妻子的慾求。有的妻子責怪丈夫太自私，想要的時候就要，不考慮對方的感受，就是缺乏溝通造成的。積極的溝通，了解彼此的感受，可以有效克服心理上的障礙，實現性的和諧

四、總是保持一種做愛姿勢，會導致一方對於性愛的興趣慢慢降低，因此嘗試著換一種做愛方式，可以提高夫妻雙方的性福指數。

五、性以外的情感溝通。感情是夫妻性福的基礎。因而，婚姻生活中，應該多關心彼此的情感世界，消除隔閡，才能在性生活中享受無障礙的樂趣。

【減壓禁忌站】健康的「性福」

1. 不恣情縱欲，不知節制，要以夫妻身體健康爲前提。
2. 男子在夏天時，不要天天穿牛仔褲，會造成局部溫度升高，使精子形成不利。
3. 不濫用網路或者黃色書籍上提供的性愛方法，夫妻間適時溝通，才不會對心理造成障礙。
4. 適時修補感情的裂痕，才是戰勝性心理障礙的法寶。
5. 採用健康的避孕方法，不要心存僥倖。
6. 注意個人的衛生習慣，除了清潔身體，床單被套等也要定時清洗，如此可以避免各種細菌的感染。

〈全書終〉

國家圖書館出版品預行編目資料

減壓平衡生活，宇琦、魯直　著，初版，
新北市，新視野 New Vision，2022.12
面；　公分 --
ISBN 978-626-96569-2-9（平裝）
1. CST：抗壓 2.CST：壓力 3.CST：生活指導

176.54　　111015445

減壓平衡生活

宇琦、魯直　編著

主　　編　林郁
出　　版　新視野 New Vision
製　　作　新潮社文化事業有限公司
電話 02-8666-5711
傳真 02-8666-5833
E-mail：service@xcsbook.com.tw

印前作業　東豪印刷事業有限公司
印刷作業　福霖印刷有限公司

總 經 銷　聯合發行股份有限公司
新北市新店區寶橋路 235 巷 6 弄 6 號 2F
電話 02-2917-8022
傳真 02-2915-6275

初版一刷　2022 年 12 月